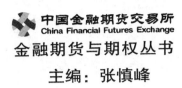

中国金融期货交易所
China Financial Futures Exchange

金融期货与期权丛书

主编：张慎峰

人民币国际化与外汇期货市场建设研究

RENMINBI GUOJIHUA YU
WAIHUI QIHUO SHICHANG JIANSHE YANJIU

刘文财　朱钧钧　黎琦嘉◎编著

中国金融出版社

责任编辑：戴　硕　李　融
责任校对：张志文
责任印制：毛春明

图书在版编目（CIP）数据

人民币国际化与外汇期货市场建设研究（Renminbi Guojihua yu Waihui
Qihuo Shichang Jianshe Yanjiu）/刘文财，朱钧钧，黎琦嘉编著 . —北京：
中国金融出版社，2013.9
　（金融期货与期权丛书）
　ISBN 978 - 7 - 5049 - 7077 - 0

　Ⅰ.①人…　Ⅱ.①刘…②朱…③黎…　Ⅲ.①人民币—国际化—研究
②外汇市场—期货市场—研究—中国　Ⅳ.①F832.1②F832.5

中国版本图书馆 CIP 数据核字（2013）第 177045 号

出版
发行　中国金融出版社

社址　北京市丰台区益泽路 2 号
市场开发部　（010）63266347，63805472，63439533（传真）
网 上 书 店　http://www.chinafph.com
　　　　　　　（010）63286832，63365686（传真）
读者服务部　（010）66070833，62568380
邮编　100071
经销　新华书店
印刷　北京松源印刷有限公司
装订　平阳装订厂
尺寸　169 毫米×239 毫米
印张　20.5
字数　293 千
版次　2013 年 9 月第 1 版
印次　2013 年 9 月第 1 次印刷
定价　48.00 元
ISBN 978 - 7 - 5049 - 7077 - 0/F.6637
如出现印装错误本社负责调换　联系电话（010）63263947

总　　序

20世纪70年代初开始，欧美国家金融市场发生了深刻变化。1971年，布雷顿森林体系正式解体，浮动汇率制逐渐取代固定汇率制，汇率波动幅度明显加大。同期，各国也在不断推进利率市场化进程。随着欧美国家利率、汇率市场化程度的提升，利率、汇率风险逐渐成为市场风险的主要来源，经济主体对利率、汇率风险管理的需求大幅增加。金融期货期权就是在这样的背景下产生的。1972年，芝加哥商业交易所推出了全球第一个外汇期货交易品种；1973年，芝加哥期权交易所推出了全球第一个场内标准化股票期权；1975年，伴随美国利率市场化进程，芝加哥期货交易所推出了全球第一个利率期货品种——国民抵押协会债券期货；1982年，堪萨斯交易所又推出全球第一个股指期货——价值线指数期货合约。金融期货期权市场自诞生以来，发展一直十分迅猛。近年来，金融期货期权成交量已经占到整个期货期权市场成交量的90%左右，成为金融市场的重要组成部分。

金融期货期权市场是金融市场发展到一定阶段的必然产物，发达的金融期货期权市场是金融市场成熟的重要标志。金融期货期权能够高效率地实现金融风险在市场参与主体之间的转移，满足经济主体金融风险管理需求。1990年，诺贝尔经济学奖获得者莫顿·米勒对其有过经典的评价："金融衍生工具使企业和机构有效和经济地处理困扰其多年的风险成为了可能，世界也因之变得更加安全，而不是变得更加危险。"

金融期货期权诞生以来，对全球经济发展起到了积极的促进作用。在宏观层面，金融期货期权显著提升了金融市场的深度和流动性，提高了金融市场的资源配置效率，有效改善了宏观经济的整体绩效；在微观层面，金融期货期权为金融机构提供了有效的风险管理工具，使金融机

1

构在为企业和消费者提供产品和服务的同时，能够及时对冲掉因经营活动而产生的利率、汇率等风险敞口，使它们能够在利率、汇率市场化的环境下实现稳健经营。

党的十八大明确提出，要更大程度、更广范围发挥市场在资源配置中的基础性作用，要继续深化金融体制改革，健全促进宏观经济稳定、支持实体经济发展的现代金融体系，加快发展多层次资本市场，稳步推进利率和汇率市场化改革。可以预见，我国将进入一个经济金融市场化程度更高的新时代，利率、汇率等金融风险将成为市场主体日常经营中必须面对和处理的主要风险。在这样的时代背景下，加快发展我国金融期货期权等衍生品市场具有格外重要的意义：

一是有利于进一步提升我国金融市场的资源配置效率。期货期权市场的发展，有利于提升基础资产市场的流动性和深度，从而为基础资产市场的投资者进行资产配置、资产转换、风险管理提供便利，促进金融市场资源配置功能的发挥。

二是助推我国利率和汇率市场化改革进程。随着我国利率、汇率市场化程度不断提高，机构面临的利率、汇率风险在增加。如果缺乏有效的风险管理工具，包括商业银行在内的各类市场主体无法有效地管理风险敞口。这不仅对金融机构稳健经营构成挑战，也会牵制利率和汇率市场化改革的进程。只有在利率和汇率市场化改革过程中，适时推出相应的期货期权衍生产品，才能保证利率和汇率市场化目标的实现。

三是有利于推动我国经济创新驱动，转型发展。实体经济以创新为驱动，必然要求金融领域以创新相配合，才能不断满足实体经济日益多样化、个性化的需求。金融期货期权是各类金融创新的重要催化剂和基础构件，发展金融期货期权等衍生品，有利于推动整个金融行业开展有效创新，拓展和释放金融服务实体经济的空间和能量，促进我国实现创新驱动的国家发展战略。

当前，我国金融期货期权市场还处在发展的初期，远远不能满足市场参与者日益增加的风险管理需求，也远远不能适应我国实体经济发展和金融改革创新的新形势和新要求，加快发展我国金融期货期权市场已经时不我待。

2010 年 4 月 16 日，中国金融期货交易所推出了沪深 300 股指期货，标志着我国资本市场改革发展又迈出了一大步，对于完善我国资本市场体系具有重要而深远的意义。中国金融期货交易所肩负着发展我国金融期货期权等衍生品市场的重大历史使命，致力于打造"社会责任至上、市场功能完备、治理保障科学、运行安全高效"的世界一流交易所，建设全球人民币资产的风险管理中心。加强研究和交流是推动我国金融期货期权市场发展的重要手段，中国金融期货交易所组织出版的这套金融期货与期权丛书，旨在进一步推动各方关注我国金融期货期权市场的发展，明确金融期货期权市场发展路径；帮助大家认识和理解金融期货期权市场的内在功能和独特魅力，凝聚发展我国金融期货期权的共识；培育金融期货期权文化，培养我国金融期货期权市场的后备人才。这套金融期货与期权丛书涵盖了理论分析、实务探讨、翻译引进和通俗普及等四大板块，可以适应不同读者的需求。相信这套丛书的出版必将对我国金融期货期权市场发展事业起到积极的推动作用。

中国金融期货交易所董事长

2013 年 7 月

中国金融期货交易所
外汇期货开发小组成员名单

组长：刘文财

组员：朱钧钧　黎琦嘉　辛　子　李　莹

　　　　陈一侨　陈　宪　孙　帆　李　成

　　　　陈俊宇　蔡文艳　薛贤杰

前　言

自 2005 年 7 月 21 日我国启动汇率制度改革以来，境外交易所就开始布局人民币期货交易。2006 年 8 月 28 日，芝加哥商品交易所（CME）上市了人民币期货与期权产品。由于 2009 年我国开始推动人民币国际化、金砖国家达成货币同盟等因素，境外围绕人民币定价权的争夺战趋于白热化。纳斯达克期货交易所于 2009 年 12 月上市了人民币对美元期货，南非证券交易所于 2010 年 11 月上市了人民币对兰特期货；2011 年 8 月，巴西证券期货交易所上市了雷亚尔对人民币期货；2011 年 10 月，CME 又上市了新款人民币期货。2012 年 9 月 17 日，港交所上市了美元对香港人民币期货。综观离岸市场，包括人民币远期、掉期、期货、期权在内的衍生产品体系已经形成。据统计，单在香港，围绕人民币的各类外汇交易已达到日均 300 亿美元，接近在岸人民币外汇市场交易规模。

在我国稳步推进汇改的过程中，2008 年爆发了国际金融危机。这场金融危机充分暴露了我国经济受制于美元的极大风险，直接推动了我国人民币国际化战略的实施。我国对美元的依赖不仅表现在贸易领域，还表现在信贷规模、金融市场和外汇储备等多个领域。美元在我国外币贷款中占有很高比率，我国银行间外汇市场中超过 90% 的交易与美元有关，美元资产也是我国 3 万亿美元外汇储备的主要组成部分。如此过度依赖美元，相当于将我国的国民经济绑在美国经济上，受到美联储的调节和控制。当我国经济达到世界第二的规模之后，这种过度依赖将非常致命，特别是美联储通过国债购买频频扩张美元信用。我国经济必须用自己的双脚站立。这里，双脚不仅指实体经济的继续发展和扩张，还指货币经济中让人民币发挥更大的作用，以便减少对美元的依赖。人民币国际化战略正是在这种环境之下酝酿的。长期而言，人民币国际化可以

人民币国际化与外汇期货市场建设研究

降低我国经济对于美元的依赖，减少国际美元资金的紧张程度对我国经济的影响，也减少美联储对我国货币政策的影响。

推动人民币国际化必须选择更加灵活、弹性的汇率制度。2012 年 4 月 16 日，人民银行扩大了人民币波动幅度，向着弹性的汇率制度迈出了重要一步。与此同时，汇率波动幅度的扩大，也意味着经济体将面临更大的汇率波动风险，更需要包括外汇期货在内的汇率风险管理工具。

为了在国家推动人民币国际化过程中有所准备，有所作为，中国金融期货交易所于 2011 年 4 月成立了外汇期货开发小组，着手外汇期货的开发研究工作。此书稿是小组研究过程一些主要成果的汇编。全书的构架如下：第一章是引言，指出人民币国际化、汇率制度选择、外汇期货市场三者之间的关系；第二章总结了国际外汇衍生品市场（包括场外与场内市场）的最新发展状况；第三章揭示了汇率制度改革与外汇衍生品市场发展的内在关系；第四章描述了在人民币国际化过程中离岸人民币衍生品市场的发展状况及其对在岸市场定价权的影响；第五章分析了金砖国家外汇管理体制变革与外汇衍生品市场的关系；第六章对发展我国外汇期货市场提出了政策建议。

本书在研究过程中得到了众多机构和朋友的支持。我们感谢中国外汇交易中心研究部、香港交易所交易科、复旦大学金融研究院的陈学彬教授、交通银行金融市场部、中国银行国际金融研究所和上海金融学会。我们也感谢所有参与调研的境内外银行、期货经纪公司和其他金融机构。我们还特别感谢复旦大学经济学院的博士研究生王培康和季成鹏，他们在实习期间做了很多工作，部分研究和翻译编入本书。

由于水平有限，不当和错漏之处在所难免，敬请广大读者见谅，并欢迎批评指正。

作者
2013 年 7 月

目　　录

1 引言：人民币国际化、汇率制度选择与发展外汇期货市场之间的关系

1.1 人民币国际化与汇率制度选择

1.1.1 G20 国家汇率制度

根据 IMF（2010）的分类，在 G20 成员中，有 10 个国家（组织）采取了自由浮动的汇率制度，分别是澳大利亚、加拿大、法国、德国、意大利、日本、土耳其、英国、美国与欧盟；有 7 个国家采取浮动的汇率政策，分别是阿根廷、巴西、印度、印度尼西亚、韩国、墨西哥、南非；1 个采取了其他类型管理浮动汇率，即俄罗斯；只有中国与沙特阿拉伯例外，是属于软钉住。其中，中国的汇率制度是属于稳定的安排①，沙特阿拉伯则属于传统的钉住汇率制度。

在 G20 成员中，大多数采取了浮动或自由浮动的汇率制度，这不是偶然的，而是历史选择的必然结果。虽然固定汇率制度有百般好处，但由于各国难以维持本国货币币值的稳定，且资本管制失效，所以固定汇率制度最终难以守住。1973 年，经过众多精英人士精密设计的全球固定汇率体系——布雷顿森林体系彻底瓦解了。它的崩溃是美元贬值、国际资本流动等因素共同作用的结果，也是经济理论的一次巨大胜利②。面

---

① Stabilized Arrangement，是软钉住的一种类型，是指在过去 6 个月或更长时间内，即期汇率的波动在 2% 之内，且非浮动。

② 弗里德曼早在 1950 年布雷顿森林体系如日中天之时就指出该体系的固有缺陷，并建议采用浮动汇率制度。

对巨额、快速流动的国际资本，要维持固定汇率必须有强大的外汇市场干预与国际合作，而这是难以做到的。在这种情况下，改变汇率制度是各国的必然选择。但究竟是选择继续维持固定汇率还是选择浮动汇率，各国表现出了两个极端。像美国与日本这样的大国，国际贸易的重要性还是有限的，所以选择了浮动汇率制度。虽然它们不喜欢浮动的汇率制度，但它们能够容忍。对于那些小的、更加开放的，特别是金融市场落后的发展中国家，浮动汇率制度将使汇率波动更大，影响更坏。它们选择了其他方案，企图建立钉住汇率制。发展中国家通过严格的资本管制以支持与主要贸易伙伴维持钉住汇率制。而西欧国家，由于内部贸易非常重要，并且它们的共同农业政策将受浮动汇率制度的影响，因此选择了彼此钉住的汇率政策。

但是时钟不会倒转。随着金融市场的发展，通讯与电子技术的进步，管制国际资本流动的努力逐渐失效了。继续管制不但是困难的，而且成本也日渐高昂。实施管制的国家，业务逐渐流向离岸市场，钉住汇率制度的困难重重，最后导致大多数发展中国家选择了浮动汇率制度。在G20的发展中国家中，巴西、印度与墨西哥是典型代表。

巴西在1999年之前主要采用了钉住美元的汇率制度。在这期间，1994年巴西雷亚尔计划推出，新的货币雷亚尔实行爬行区间（Crawling Band），后变成爬行钉住汇率制度（Crawling Peg）。直到1999年巴西发生货币危机，巴西央行才被迫放弃爬行钉住汇率制度，并开始实行管理浮动的汇率制度。

印度很长时期内也一直采用钉住英镑或美元的汇率制度。在这期间，1975年9月印度曾宣称钉住一篮子货币，但实际上其汇率制度仍然钉住英镑。1979年8月之后，实际汇率制度变成钉住美元。1991年印度发生货币危机，此后印度政府积极采取经济自由化改革和外汇市场改革，并于1993年宣布实行管理浮动汇率制度。

墨西哥在1970—1982年实行爬行钉住美元制度，1982年债务危机后，转向了有管理浮动汇率制度，分为两个阶段：1983—1992年，实行管制汇率与市场汇率并存的双重汇率制度；1992—1994年底，实行"钉

1 引言：人民币国际化、汇率制度选择与发展外汇期货市场之间的关系

住加区间"的汇率制度。实际上，为了保持低通胀水平，前者以管制汇率为主，后者的浮动区间极其狭窄（墨西哥规定每日的浮动范围为0.0002～0.0004 比索），因此，1983—1994 年墨西哥的汇率制度实际上是被称为钉住美元的汇率制度。1994 年金融危机爆发后，浮动汇率制度被认为是危机期间墨西哥汇率制度的唯一选择，1994 年 12 月 22 日，比索开始自由浮动。

在欧洲，也同样经历了这种转变，虽然这种转变是以其他方式进行的。欧洲大陆的主流观点认为，完全浮动的汇率体系必然刺激投机性冲击和价格信号的扭曲，对良好的经济管理和社会福利的提升有害无益。所以，相互依赖的西欧经济体不断地寻求集体钉住的汇率制度。1972 年 4 月，他们根据《史密斯协议》①设计了一种区域性汇率浮动机制，欧共体内部任意一对货币的汇率所允许的浮动幅度是 2.25%，是《史密斯协议》规定浮动幅度的一半，也被称为欧洲蛇形浮动机制。即将加入欧共体的英国、爱尔兰和丹麦一周后加入蛇形浮动机制。然而英国很快就被迫退出蛇形浮动机制。因为德意志联邦银行开始提高利率，国际市场立刻涌现出一波抛售英镑浪潮，迫使英国财政部和英格兰银行入市干预，试图维持英镑汇率，结果一周内就让英国损失外汇储备 26 亿美元，最终迫使英国于 1972 年 6 月退出蛇形浮动机制，并实行自由浮动汇率机制。1973 年 3 月 1 日，由于欧洲市场美元抛售的压力，当天美元汇率跌至布雷顿森林体系所能允许的最低点，德意志联邦银行被迫入市干预，买入27 亿美元。随后关闭外汇市场。当 3 月 19 日重启外汇市场时，蛇形浮动机制就几乎失效了。德国转向浮动汇率，欧洲各国货币汇率相互自由浮动的新时代终于降临（戴维·马什，2011）。

蛇形浮动机制失效后，欧洲经济陷入了乱局。1977 年 1 月，来自英国的詹金斯出任欧洲委员会主席。他认为欧洲的经济问题与浮动汇率机制之间的缺陷有直接关系，并呼吁货币一体化。1978 年 4 月在哥本哈根召开的欧共体首脑会议上，各国提出了建立欧洲货币体系（European

---

① 1971 年 12 月 13 日，布雷顿森林体系解体后西方十国所达成的新的国际货币制度的协定，由于会议在史密森尼学会召开而得名。

3

Monetary System，EMS）的动议。1979 年 3 月，在德国总理和法国总统的倡议下，欧洲经济共同体的 8 个成员国（法国、德国、意大利、比利时、丹麦、爱尔兰、卢森堡和荷兰）决定建立欧洲货币体系（EMS），将各国货币与对方货币的汇率的波动范围限制在 2.25% 以内，并共同对美元浮动。在欧洲货币体系成立后的 10 年内，它的内部固定汇率不断在调整，使它的汇率体制得以生存。但在 20 世纪 80 年代末，由于资本管制的放松，EMS 运作变得十分困难。货币之间的有秩序变化已经非常困难，强势货币国家不愿支持弱势货币国家，因为在高速流动的国际资本中，这些支持显得微不足道。在欧洲主权货币当局之间合作的局限逐渐显示出来，一系列危机最后迫使欧盟于 1993 年 8 月扩大 EMS 的波动区间，从 2.25% 扩大到 15%。

面对固定汇率特别容易遭到国际投机资金猛烈攻击的现实困境，总结多次货币动荡的经验教训，欧洲各国政府领导人坚信，EMS 过去没有、今后也不可能为欧洲带来持久的货币稳定。于是，1991 年 12 月，在马斯特里赫特会议上，他们与过去的经验彻底分道扬镳，采取了惊人的革命性行动：消灭各国主权货币，为共同利益创建共同货币，从而永久性地消除欧洲汇率动荡之源（戴维·马什，2011）。

但也有一些国家或地区向钉住汇率制度更进一步发展，如中国香港、百慕大、开曼、阿根廷、爱沙尼亚、立陶宛、保加尼亚等通过了建立货币局的制度。它们通过议会或修改宪法要求政府或中央银行钉住贸易伙伴的货币（Eichengreen，2008）。

显然，世界各国汇率制度选择的历史经验表明，从固定汇率制度走向浮动汇率制度是大国经济体的最终选择。但在此过程中，允许多种形式的中间汇率制度。根据易纲和汤弦（2001）的汇率选择理论，一个经济体在不同的发展阶段应该有不同的汇率阶段选择。改革开放以来，我国汇率制度的选择经历了多次变化，从实践角度表明在经济发展阶段允许选择不同的汇率制度。我国目前以市场供求为基础、参考一篮子货币调节、有管理的浮动汇率制度是 2005 年 7 月 21 日开始实行的。虽然我们把它称为有管理的浮动汇率制度，但 IMF 并不认可，仍把我国归入软钉住的行列。

存在的就是合理的，存在的也是要灭亡的。根据著名的资本流动、固定汇率与独立的货币政策之间的三元悖论，中国未来的汇率制度选择问题实际上是一目了然的。正如易纲（2010）所说，作为一个大国，中国不可能牺牲货币政策的独立性。因此，中国的问题是要在固定汇率和资本自由流动之间作出选择，一定程度上说就是要在稳定和效率之间权衡。从长远来看，资本自由流动和浮动的汇率制度将是中国的必然选择。只不过，在国家实施人民币国际化大战略的背景下，各方认为形成更有弹性的汇率制度的必要性与紧迫性进一步提高了。

1.1.2 人民币国际化对人民币汇率提出更大弹性的要求

1994 年以来，人民币汇率形成机制市场化改革不断推进，其具体历程大致可以分为三个阶段：一是 1994—1996 年汇率正式并轨，开始实行以市场供求为基础的、单一的、有管理的浮动汇率制度；二是 1997—2005 年，亚洲金融危机后，中国顶住各方面的巨大压力，保持了人民币汇率的稳定；三是自 2005 年 7 月 21 日开始实行以市场供求为基础、参考一篮子货币进行调节、有管理的浮动汇率制度。

2005 年 7 月 21 日到 2008 年下半年①的人民币汇率形成机制改革主要包括以下五个方面内容（易纲，2010）：

（一）扩大人民币汇率浮动的区间。2005 年 7 月 21 日后，中国人民银行在原有即期外汇市场结构的基础上，扩大银行间外汇市场人民币对非美元货币汇率的浮动幅度，改进银行柜台外币牌价的管理方式，扩大银行柜台人民币兑美元牌价的价差区间，取消对人民币兑非美货币柜台挂牌汇价的价差管理，使微观经济主体首先适应更具弹性的人民币汇率，保证了人民币汇率形成机制的平稳过渡。2007 年 5 月 21 日起，银行间即期外汇市场人民币兑美元交易价浮动幅度由 0.3% 扩大至 0.5%。

（二）完善人民币即期汇率形成机制。2006 年 1 月 4 日，在新人民

---

① 2008 年国际金融危机爆发后，我国采取了事实钉住美元的临时汇率稳定政策。2010 年 6 月 21 日人民银行宣布重启汇改。

币汇率形成机制平稳运行近半年后，中国人民银行改革银行间即期外汇市场结构，引入国际通行的询价交易方式。同时引入做市商制度，提高金融机构的自主定价能力，并通过做市商的连续报价为市场提供流动性，平滑市场价格波动，提高交易效率，为逐步形成以市场供求为基础、参考一篮子货币进行调节的即期汇率形成机制提供制度支持。

（三）建立并完善人民币远期市场。2005 年 8 月 10 日，中国人民银行建立了银行间人民币远期市场，初步形成有代表性的国内人民币远期汇率。2006 年初，中国人民银行在引入做市商制度的同时，将做市商结售汇头寸管理由收付实现制改进为权责发生制，使做市商可以在即期外汇市场对冲远期头寸，从而使做市商能够按照国际通行的利率平价原理在远期市场报价。2006 年 6 月 2 日，中国人民银行决定将对结售汇头寸实行权责发生制管理的范围进一步扩大到所有外汇指定银行，结合 2006 年 4 月 24 日推出的银行间外汇掉期交易，进一步完善了人民币远期汇率定价机制，使国内市场初步掌握了人民币远期汇率定价的主导权。

（四）改革中央银行的公开市场操作方式。根据新的外汇市场结构，参考发达国家中央银行的成熟做法，中国人民银行建立了外汇一级交易商制度，并于 2006 年 6 月 2 日发布《中国人民银行外汇一级交易商准入指引》。外汇一级交易商制度，有助于传导央行外汇公开市场操作的政策意图，通过影响市场预期，促使市场交易行为回归理性，从而以较低的操作成本迅速稳定外汇市场，实现较高的外汇公开市场操作效率，增强央行外汇公开市场操作的市场化程度，也为未来条件成熟时央行逐步淡出外汇市场做好了制度准备。

（五）创造有利于发挥市场供求决定汇率作用的外汇管理体制。1994 年以来特别是 2005 年 7 月 21 日汇改以后，我国加快了改善外汇管理，进一步促进货物、服务贸易以及投资便利化的步伐。经常项目强制结售汇制度向意愿结售汇制度过渡，多次提高企业经常项目外汇账户限额，对居民购汇实行年度总额管理，简化居民经常项目购汇和支付手续。同时调整部分境外投资外汇管理政策，允许境内投资者用自有外汇、人民币购汇及国内外汇贷款到境外投资。

1 引言：人民币国际化、汇率制度选择与发展外汇期货市场之间的关系

2005 年 7 月 21 日以来的人民币汇率制度改革基本符合我国经济的实际情况，适应了我国经济发展的需要（陈江生等，2011）。这一制度实行以来我国经济继续保持高速增长，无疑就是最好的佐证。但现行人民币汇率制度在实践中仍然有许多缺陷：一是由于人民币升值的预期，企业和银行不愿过多地持有外汇，加上国际热钱的流入，外汇储备持续大量增加，减少了央行货币政策调控的空间，削弱了央行货币政策的独立性，增加了央行外汇储备的风险；二是汇率变化依旧缺乏弹性，浮动区间过小，使汇率作为经济杠杆的职能未得到充分发挥；三是由于缺乏足够的可以对冲外汇市风险的金融工具，外汇市场未能发挥缓冲汇率风险的功能；四是由于政府对汇率稳定的承诺和中央银行的调控，使得金融机构和企业管理外汇风险的积极性仍然较低，累积了金融风险，对人民币汇率制度进一步改革和发展不利。因此，人民币汇率制度改革还远没有结束，特别是国际金融危机暴露出国际货币体系的问题后，在国家实施人民币国际化的大战略下，客观上需要更有弹性的汇率制度，进一步改革的动力更加强烈。

人民币国际化是在现行国际货币体系难以运转的情况下应运而生的。此次国际金融危机充分暴露了现行国际货币体系的不合理性，触发了对人民币的强烈国际需求。换言之，国际社会对人民币的需求在很大程度上亦代表着改革现行国际货币体系的内在需要（曹远征，2011）。2008 年金融危机加速推动了人民币国际化，并率先从人民币跨界贸易结算开始。2008 年 11 月，中国政府决定在珠江三角洲、长江三角洲及广西、云南等地开展针对东盟 10 国和我国港澳地区的人民币跨境贸易结算业务试点。2009 年 7 月 3 日，《人民币跨境贸易结算实施细则》公布，人民币跨境贸易结算试点首先由上海、深圳、广州、珠海、东莞 5 个城市 365 家企业开始，主要针对港澳地区，其结算方式分为两种模式，即内地代理行模式（上海方式）和相关直接清算模式（香港方式）。所谓内地代理行模式，是指境外银行通过内地的代理行与中国银行上海市分行和交通银行总行进行结算。所谓香港方式，是指境外银行通过中国银行（香港）进行结算，并由中国银行（香港）和人民银行进行直接清算。

人民币国际化与外汇期货市场建设研究

人民币跨境贸易结算试点的开展标志着中国第一次全面正式的人民币国际化安排的开启。

随着人民币跨境贸易结算试点范围的逐步扩大，香港离岸人民币市场快速发展起来，离岸市场自由浮动的汇率制度以及人民币回流的内在要求，都对内地进一步推动人民币汇率形成机制的改革提出新的要求。人民币汇率制度改革是影响人民币国际化进程的关键因素。因为只有汇率水平能够反映外汇市场的供求情况，货币的价值才是可信的，才会具有较高的信誉度，才能被国际社会所真正接受。虽然在国际化初期，对人民币价格的均衡性和资产转换的灵活性要求还不高，但当境外人民币流通达到一定规模时就会衍生出日益复杂多样的交易、投资需求，这就需要有更加开放和灵活的汇率制度加以保证。如果人民币交易受到限制，人民币价格面临政府操纵的威胁，就会阻碍非居民使用人民币作为计价、结算、储藏货币，而其他主权国家也不愿接受人民币作为其官方外汇储备货币（陈江生等，2011）。

在此背景下，2010 年 6 月 19 日，中国人民银行宣布重启汇改。重启汇改以来，主要改革包括以下内容：

（一）进一步放大人民币波动幅度区间。2012 年 4 月 14 日，中国人民银行宣布，自 2012 年 4 月 16 日起，每日银行间即期外汇市场人民币兑美元的交易价可在当日人民币兑美元中间价上下 1% 的幅度内浮动，当日美元最高现汇卖出价与最低现汇买入价之间由 1% 扩大到 2%。人民币波动幅度的扩大意味着让市场供求力量发挥更大的作用，进一步减少央行对市场的干预。此举是重启汇改以来央行力度最大的一次改革。正如国际货币基金组织总裁拉加德发表声明所说，这是"中国央行在增强人民币汇率弹性方面迈出的重要一步"，凸显了中国央行"让市场在决定人民币汇率方面发挥更大作用的承诺"。

（二）改革银行结售汇综合头寸管理制度。2012 年 4 月 16 日，外汇管理局宣布完善银行结售汇综合头寸管理制度，主要完善对象包括两个方面：一是对银行结售汇综合头寸实行正负区间管理，即在现有结售汇综合头寸下限管理的基础上，将下限降至零以下；二是取消对银行收付

8

1 引言：人民币国际化、汇率制度选择与发展外汇期货市场之间的关系

实现制头寸下限管理。这意味着外汇管理局允许银行持有美元空头，且收付实现制头寸可无限为负。

（三）发展了人民币场外期权市场。为了丰富市场主体的外汇风险管理工具，2011年4月1日，经国家外汇管理局批准，中国外汇交易中心在银行间外汇市场推出了人民币对美元、日元、港元、欧元、英镑的期权交易。2011年12月1日，为推动人民币对外汇期权市场发展，满足经济主体汇率避险需求，外汇管理局推出外汇看跌和看涨风险逆转期权组合业务，扩大人民币对外汇期权交易的范围，放松对银行办理人民币对外汇期权组合业务的管理规定。

（四）改革货物贸易外汇管理制度。2012年6月，国家外汇管理局、海关总署、国家税务总局联合发布公告，决定自2012年8月1日起在全国范围内实施货物贸易外汇管理制度改革。其中最重要的内容是逐步停止从20世纪90年代开始的核销管理模式。

重启汇改后，人民币汇率制度向更有弹性的汇率迈出了重要一步，在一定程度上满足了当前人民币国际化对汇率制度的要求，有利于进一步推动人民币国际化与国内外汇市场的发展。

1.2 弹性汇率制度与外汇期货市场

实行弹性汇率制度也就意味着开放型的经济体暴露在更大的汇率风险之中。据计算，到1979年2月，英镑、加拿大元、新西兰元、瑞士法郎、挪威克朗、瑞典克朗以及美元指数的月波动率比1971年2月分别上升了8.29倍、1.81倍、6.92倍、19.04倍、27.05倍、6.75倍、14.47倍。为了满足各类经济主体管理汇率风险的需求，发展汇率避险市场是顺理成章的事情。从发展历史来看，外汇期货正是全球汇率制度变革的直接结果。

1.2.1 布雷顿森林体系崩溃催生美国外汇期货市场

20世纪70年代初，在布雷顿森林体系处于风雨飘摇之际，市场已

经为汇率的波动准备了避险工具。先是国际商业交易所（ICE，原纽约棉花交易所）于 1970 年 4 月推出了外汇期货，但由于合约设计缺陷以及上市时机等原因，并没有取得成功。接着是芝加哥商品交易所于 1972 年 5 月 16 日上市了 7 种货币期货①。由于此前，即 1971 年 12 月 13 日，主要工业化国家丢弃了布雷顿森林协议，达成了史密斯协定，允许世界主要货币对美元的波幅扩大到官方汇率上下的 2.25%，因此 CME 外汇期货的上市大获成功。1973 年 3 月，西欧出现抛售美元，抢购黄金和马克的风潮。3 月 16 日，欧洲共同市场 9 国在巴黎举行会议并达成协议，联邦德国、法国等国家对美元实行联合浮动，彼此之间实行固定汇率。英国、意大利、爱尔兰实行单独浮动，暂不参加共同浮动。其他主要西方货币实行了对美元的浮动汇率。欧洲各国货币在史密斯会议上达成的蛇形浮动机制也破产了。至此，布雷顿森林协议彻底瓦解，1973 年，CME 外汇期货的交易量增长了两倍多，充分反映了浮动汇率制度下市场对避险工具的需求。1978 年，纽约商品交易所（NYMEX）也上市了外汇期货。1979 年，纽约证券交易所也建立了一个新的交易所从事外汇期货交易。1982 年，费城股票交易所上市了首个外汇期权。

1.2.2 其他国家汇率制度改革产生外汇期货市场

澳大利亚是在美国本土之外推出外汇期货的第一个国家。它也是伴随澳大利亚汇率制度改革的产物。布雷顿森林体系解体后，澳大利亚元一度钉住美元，并在 IMF 允许的上下 2.25% 的幅度内波动。1972 年，澳大利亚就曾提出在悉尼期货交易所上市外汇期货的计划，但未被批准（Caballero，2004）。1974 年，澳大利亚元转为钉住澳大利亚主要贸易伙伴国贸易加权指数一篮子货币。但由于当时澳大利亚相对通胀率较高，经济状况不佳，外汇市场投机气氛日益浓厚，澳大利亚元面临巨大的贬值压力。1976 年 11 月 29 日，澳大利亚政府将澳大利亚元对一篮子货币贬值 17.5%，宣告了澳大利亚元固定汇率制的终结（郑振龙等，2008）。

---

① 分别是英镑、加拿大元、德国马克、意大利里拉、日元、墨西哥比索和瑞士法郎。

1 引言：人民币国际化、汇率制度选择与发展外汇期货市场之间的关系

此后一直到 1983 年 12 月 12 日，澳大利亚实行爬行钉住制。外汇期货就是在这期间推出的。1980 年 3 月，悉尼期货交易所上市了的外汇期货。为了规避外汇管制，当时采用了澳大利亚元现金交割。

英国是在美国本土之外推出外汇期货的第二个国家。1972 年 6 月 23 日，英镑改为浮动汇率，外汇买卖完全由市场供求决定，不再受波动幅度的影响。1974 年 1 月，英镑实际汇率制成为有管理的浮动汇率机制。在 1979 年 10 月 24 日英国政府宣布全部取消外汇管制后，布赖恩·威廉森于 1982 年 9 月 30 日建立了伦敦国际金融期货期权交易所（LIFFE），并于 10 月推出美元/英镑、美元/德国马克期货交易，随后又推出美元/瑞士法郎、美元/日元等期货品种。短短两年之后，LIFFE 的外汇期货交易量就达到了让人欣喜的地步，年交易量为 199.1 万手。1985 年，LIFFE 推出英镑的外汇期权交易，之后又逐渐推出其他货币的期权。

巴西是发展中国家中最早推出外汇期货的。1987 年，巴西放松了资本流入和流出的限制，投资项下的资本可通过境外资本投资公司、投资基金等流入，自此以后又有一系列的宽松政策。正是在这个大背景下，成立于 1985 年的巴西期货交易所（BM&F）于 1987 年上市美元期货。1988 年末，巴西创造了浮动汇率市场，也称旅游美元市场（Dollar – tourism Market），与商业或自由汇率市场（Commercial or Free Exchange Rate Market）并存，这是另一个资本项下自由化的重要时点。这一政策的目标是打压黑市，使市场的兑换活动回归监管之下。尽管这两点都并没有完全改变外汇管制，尤其是外汇期货实际上从来都不涉及旅游美元市场而是在商业或自由汇率市场进行交易，但是这些措施在极大程度上提升了市场对更为深入的汇率制度和资本管制改革的预期。另外，这一时期政府对即期市场和 OTC 市场的压制为外汇期货市场提供了发展空间。实际上早在 20 世纪 50 年代巴西就有 OTC 外汇远期交易，但受制于实需原则，交易并不活跃。1988 年前后，一方面政府试图通过货币贬值维持低通胀水平，另一方面政府不希望看到资金外逃，因此严格控制即期和 OTC 市场。这时美元期货的上市显得极为重要并迅速获得了巨大的流动性。

人民币国际化与外汇期货市场建设研究

日本在布雷顿森林体瓦解后，外汇管理经历了一个由全面管制转为放松管制、再转为初级自由化、最后实现全面自由化的过程。特别是在1985年9月"广场协议"签订后，按照协议日本开始推行外汇自由化，先后废除了日元兑换限制并实现了资本项目的开放。在此过程中，日元汇率波动逐渐扩大，自1985年9月至1986年8月的短短一年间，日元兑美元汇率升值了42%。也是在外汇管理自由化以及日元升值压力的推动下，1989年东京国际金融期货交易所成立，并在同年推出了美元对日元的外汇期货。

墨西哥在1970—1982年间实行爬行钉住美元制度。1972年，芝加哥商品交易所上市了墨西哥比索期货。1982年债务危机后，墨西哥转向了有管理浮动汇率制度。1985年10月，墨西哥中央银行迫于投机压力，禁止墨西哥银行在CME比索期货市场交易，比索期货市场停顿。1994年墨西哥金融危机后，比索于12月22日开始自由浮动。1995年4月，CME比索期货市场恢复。1997年，墨西哥中央银行相继推出期权、货币掉期等金融衍生品，允许得到监管当局批准的金融机构开展外汇期权业务。1998年12月，墨西哥衍生品交易所成立，并推出比索/美元期货。

韩国在东南亚金融危机爆发后，于1997年11月19日将韩元的波动范围从2.25%放宽到10%，并最终于1997年12月16日废除了韩元波动范围的限制，允许韩元自由浮动。1999年4月，韩国颁布新的《外汇交易法》，废除外汇及外汇衍生品交易的实需原则。1999年2月1日，韩国期货交易所（KOFEX）在釜山成立，并于4月23日同时上市美元期货、期权产品。

印度自1993年3月开始，按照Rangarajan委员会的规划，实行钉住一篮子货币的管理浮动汇率制度，同时放松经常项目的外汇管制，并于1994年8月宣布实现经常项目可兑换。汇率制度的变迁导致汇率波动逐步增加，印度银行和企业的风险承受能力面临考验。为此，印度央行又成立索哈尼委员会，专门探讨外汇市场的改革、建设和发展问题。根据索哈尼委员会的建议，印度央行允许企业运用远期合约对冲汇率风险，初步建立了卢比外汇远期市场。继卢比外汇远期产品之后，印度央行又

1 引言：人民币国际化、汇率制度选择与发展外汇期货市场之间的关系

陆续推出外汇掉期、货币掉期和期权产品，建立了齐全的场外外汇衍生品市场。2007 年 6 月，迪拜黄金与商品交易所上市印度卢比期货。这一事件刺激了印度监管当局的神经，并促使印度央行组建内部工作小组研究外汇期货市场的优势，以促进场内场外衍生品市场的协调发展。2008 年 4 月，印度央行采纳了内部工作小组的建议，准备推出外汇期货产品。同年 8 月，首份美元/卢比外汇期货合约在印度国家股票交易所（NSE）挂牌交易。

1.2.3 我国汇制改革已经催生了场外外汇衍生品市场

自 2005 年 7 月 21 日汇改以来，人民币汇率总体波动明显提升，实体企业规避汇率风险的需求大幅提高，为了满足各类经济主体规避风险需求，我国已发展了外汇远期、掉期与期权等场外衍生品市场。2005 年 8 月 15 日，中国外汇交易中心正式推出了银行间人民币远期交易，并在 2006 年 4 月 24 日引入了远期交易的孪生产品——人民币外汇掉期交易，此后 2007 年 8 月又进一步开设了货币掉期交易。2011 年 4 月 1 日，我国推出人民币期权交易；同年 12 月 1 日，允许银行推出人民币风险逆转期权组合交易。场外衍生品市场的发展既为进一步汇改奠定了基础，也为外汇期货市场建设准备了条件。

2012 年 4 月 16 日，央行放宽人民币波动幅度。自放开之后，人民币兑美元汇率的波动幅度逐步加大，人民币双向波动的特点十分明显，持有外币资产的企业和金融单位面临的汇率波动风险扩大，规避外汇风险的需求增加，对银行间外汇衍生品市场和场内外汇期货建设提出了新的要求。

一、新政实施之后美元兑人民币汇率的波动情况

新政实施之后，美元兑人民币汇率的中间价和交易价分别呈现出不同的特点。

（一）美元兑人民币中间价双向波动的特点十分突出

从 2005 年汇改以来，人民币基本是以升值为主，即使在国际金融危机期间、国际资本流出的情况下，人民币也保持了相对稳定，未出现实质性的贬值。2011 年底，美元兑人民币盘中连续十几个交易日触及交易

区间下限，即出现跌停板，但人民币中间价仍然保持小幅上涨，未出现贬值走势。但是 2012 年 4 月中旬人民币波动区间扩大以来，美元兑人民币中间价表现出非常明显的双向波动的趋势。

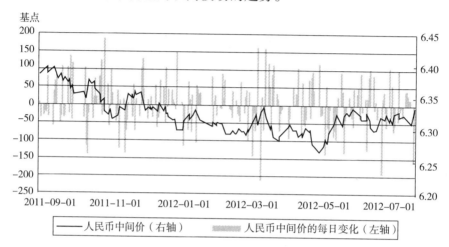

资料来源：外汇交易中心。

图 1-1　人民币中间价走势及基点变化

2012 年 4 月中旬以来，美元兑人民币中间价基本围绕 6.30 上下波动。5 月 2 日，美元兑人民币中间价为 6.2670，创 2005 年汇改以来的新高。在随后的十几个交易日中，人民币不断贬值，累计回落 560 多个基点。6、7 月，美元兑人民币中间价一直上下震荡。7 月 25 日，美元兑人民币汇率中间价为 6.3429，创 8 个月以来的新低，是 2011 年 11 月底以来首次跌破 6.34 关口。

（二）美元兑人民币交易价格波动幅度加大，贬值趋势明显

人民币波动区间扩大之后，市场并未立即作出反应，仍然围绕着中间价在 0.5% 的范围内小幅波动。2012 年 4 月 27 日，美元兑人民币最高价偏离中间价的幅度为 0.54%，交易价格首次突破 0.5% 的区间。6、7 月，美元兑人民币的波动明显扩大，每日最高价较中间价的偏离幅度均超过 0.5%。7 月 20 日，美元兑人民币最高价为 6.3743，首次达到 1% 的波动上限，随后几个交易日的波动幅度均逼近上限。

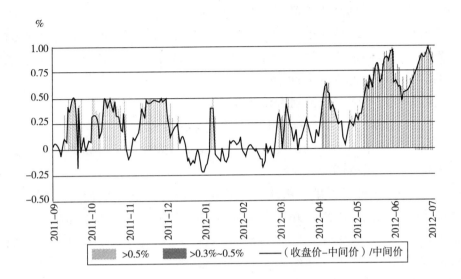

资料来源：根据 Wind 数据绘制。

图 1 - 2　银行间外汇市场美元兑人民币收盘价相对于人民币中间价

2011 年下半年美元兑人民币的波动较大，从图 1 - 2 可以看出，2011 年 9 月到 12 月，美元兑人民币最高价/中间价大多在 0.3% ~ 0.5% 的区间内波动。2012 年第一季度，美元兑人民币的波动较小。4 月中旬之后，美元兑人民币波动区间扩大，但外汇市场并没有立刻作出反应。6 月份开始，超过 0.5% 的波动幅度在银行间外汇市场已经成为常态。从 2012 年 4 月 16 日到 7 月 25 日的 70 个交易日中，人民币最高价高于中间价 0.5% 的交易日有 43 个，占比接近 50%。尤其从 2012 年 7 月 9 日开始，美元兑人民币最高价与中间价的偏离幅度均超过了 0.7%。

2012 年 7 月 20 日，美元兑人民币的中间价为 6.3112，当日波幅一度触及 6.3743 的上限。在市场力量的引导下，随后的 3 个交易日中间价不断下跌，7 月 23 日中间价较前一交易日下跌 158 个基点，24 日下跌 69 个基点，25 日进一步下跌 9 个基点。与此同时，市场上的最高价也一度逼近跌停价。

近期美元兑人民币波动不仅幅度较大，而且还有另一个明显的特点，即人民币的走势以贬值为主。从 2012 年 4 月下旬以来，不论是最高价还

15

是收盘价，均大幅高于中间价。收盘价高于中间价，意味着银行间市场人民币相对于中间价是贬值的，一方面说明市场并不看好人民币未来的走势，另一方面说明市场力量在人民币汇率决定中的作用增大，汇改新政推出后人民币汇率的弹性增强。

二、人民币波幅扩大对外汇市场的影响

（一）代客（远期）结售汇差额下降并出现逆差

随着人民币汇率波动幅度加大和贬值预期的加强，外贸企业的结售汇策略发生了微妙的变化。

从图1-3可以看出，由于人民币贬值预期强烈，银行（远期）代客结售汇净额大幅下降，并且出现负值。2012年4月结售汇净额为-37亿美元；5月由于进出口增加，结售汇差额为51亿美元；6月再次出现售汇大于结汇的情况，净额为-35亿美元。

代客远期结售汇净额下降的趋势更加明显。2012年4月代客远期结售汇净额为-18亿美元，5月为-53亿美元，6月进一步下降为-107亿美元。

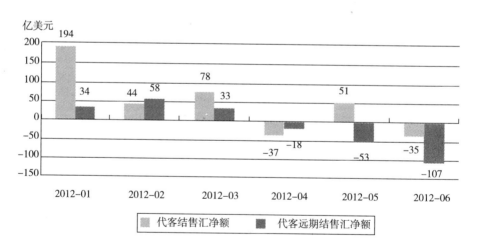

资料来源：国家外汇管理局。

图1-3 银行代客（远期）结售汇净额

在人民币升值的情况下，出口企业收到货款后会立即到银行办理结汇，或者在签下订单后，马上到银行办理远期结汇，以此来锁定结汇价格，避免升值造成汇兑损失。但是随着人民币贬值预期的出现，企业持有外汇的需求日益强烈。2012 年 3、4 月开始，越来越多的企业选择将外汇留在手中，延长结汇时间或者提前购汇，所以结售汇净额出现了明显的下降。

（二）外汇避险需求上升

随着人民币汇率波动幅度越来越大，企业和银行持有的外汇头寸将面临更大的汇率风险，利用衍生工具规避汇率风险的需求也越发强烈。

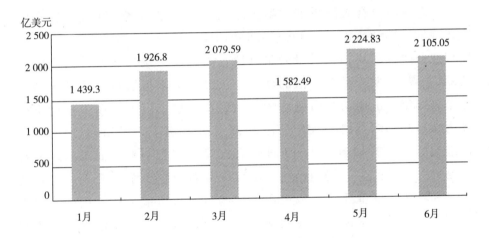

资料来源：外汇交易中心网站。

图 1 - 4　2012 年 1 ~ 6 月银行间外汇衍生品市场掉期成交量

从外汇掉期交易量来看，2012 年 4 月掉期交易下降幅度较大，这可能是由于汇率波动区间刚刚扩大，原本单向升值的趋势发生改变，市场不能准确判断人民币未来的走势，遂"以静制动"，避免盲目采取对冲措施，因此掉期的交易量有所降低。但由于美元兑人民币波动加大，企业和银行客观上存在规避风险的需求，经过政策变化之后短暂的"潜伏期"，这种需求逐渐被激发出来，因此掉期迅速恢复到之前的水平。2012 年底，美元兑人民币汇率的波动较之前有明显的扩大，外汇市场上的波动风险会逐步转化为实际的避险需求，因此，未来掉期交易量还会逐步增加。

随着我国汇率波动幅度的扩大，实体企业和金融体系规避外汇风险的需求也会越来越强烈。从新兴市场国家汇率波动情况来看，由于资本流动规模较大，汇率大幅波动是常态，在金融危机期间更是如此。虽然目前我国美元兑人民币汇率的波动区间已经扩大到中间价的上下 1%，但与其他新兴市场国家相比，汇率波动幅度依然十分平缓。可以预期，随着我国汇率制度改革的深化和资本账户的放开，未来汇率波动的幅度要远远高于目前的波动幅度。

目前我国只有人民币汇率衍生品的场外交易市场，主要是银行向客户提供远期结售汇业务和银行间的远期、掉期和期权业务。人民币期权业务刚刚起步，交易量微乎其微，而远期市场的流动性已经极度萎缩，不足以发挥套期保值的功能。人民币汇率形成机制改革已经走过了 7 周年，正在朝着市场化的方向稳步迈进，但人民币汇率衍生品场内交易却仍然空白。CME 早在 2006 年便推出了人民币期货和期权，而港交所也于 2012 年 9 月 17 日开启人民币期货交易。如果内地没有自己的人民币衍生品场内市场，不仅仅是企业缺少了一个规避风险的工具和场所，更重要的是人民币汇率的定价权可能旁落。因此，建立和完善人民币汇率衍生品场内交易市场应该成为人民币汇率形成机制改革的一部分。

1.3　外汇期货市场与人民币国际化

众多研究表明，目前，制约人民币国际化的主要因素是国内金融市场的广度、深度与开放度不够（孙海霞，2011）。建设外汇期货市场将从以下几个方面助推人民币国际化。

1.3.1　建设外汇期货市场可以迅速增加金融市场广度、深度，从而为人民币未来的国际地位建立坚实基础

金融市场的深度将决定人民币未来的国际地位。一般而言，经济规

1 引言：人民币国际化、汇率制度选择与发展外汇期货市场之间的关系

模、对币值稳定的信心和金融市场深度是决定一个货币国际化程度的重要条件。对于人民币，前两个条件已经具备，而第三个条件即我国金融市场的广度、深度和开放度还远远比不上其他国际货币。人民币未来的国际化地位将取决于这个短板因素。

人民币外汇期货可以迅速增加我国金融市场广度和深度，从而为人民币国际化建立坚实基础。

一是我国外汇市场异常薄弱，外汇期货产品能快速增加外汇市场广度和深度。我国经济规模居于世界第 2 位。而据国际清算银行数据，我国外汇市场仅位于世界第 22 位，与我国经济规模和外贸总额极不相配。大力发展外汇市场可以快速提高金融市场深度，从而为人民币国际化奠定更坚实的基础。

外汇期货产品创新将提升我国外汇市场的规模。历史经验显示，我国外汇市场的每一次产品创新都快速扩大了外汇市场规模。2005 年，中国外汇交易中心推出外汇远期，2006 年推出外汇掉期，2007 年推出货币掉期。这些新产品都使外汇市场规模迅速提高。当前，我国已经形成较完备的场外外汇衍生产品，而场内交易的外汇期货是我国唯一没有推出的重要外汇产品。该产品的推出必定能再次推动外汇市场规模的快速扩大。

二是其他金砖国家的发展经验表明，发展中国家的外汇期货市场能够快速发展。印度、俄罗斯、巴西和南非的外汇期货市场建立之后都发展快速，其中印度和俄罗斯按照交易量计算排名世界前两位。金砖国家场外外汇衍生品不够发达，因此外汇期货市场拥有足够的发展空间。另外，由于存在信用违约风险，银行不愿意服务于中小企业，更使得场外外汇衍生品市场的服务对象有限。还有，部分国家由于担心额外风险，而限制企业灵活地交易外汇远期合约，也使企业的风险需求得到压抑。这些都推动了这些金砖国家外汇期货市场的快速发展。

我国国民经济和外汇市场与其他金砖国家拥有诸多相似之处，因此人民币外汇期货市场一旦推出，也能够快速发展，拓展外汇衍生品市场乃至金融市场的深度。

19

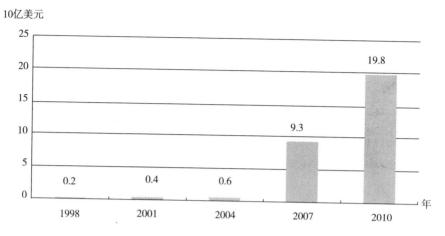

资料来源：国际清算银行。

图1-5 我国外汇衍生产品创新促进外汇市场爆炸式增长

1.3.2 发达的外汇期货市场有助于抵御人民币国际化进程中的系统性金融风险

我国人民币国际化战略伴随着资本账户的逐渐开放过程。历史经验表明，很多发展中国家在这个过程中积累了系统性金融风险，最终导致金融危机，而将几十年经济发展的成果毁于一旦。

发达的外汇期货市场将有助于抵御人民币国际化过程中的系统性金融风险。

一是有深度的外汇期货市场能够抵抗跨境资本流动带来的风险。发展中国家易于受到国际资本流动的影响，其原因除了实体经济竞争力不强导致整个经济体系脆弱之外，与金融市场的不发达也息息相关。一个完善并有一定深度的金融市场可以吸收一定规模的外来冲击或经济波动，以防止这些外生冲击对实体经济产生负面影响。2007年国际金融危机之后，我国货币当局希望用各"资金池子"来吸收不断涌入的国际资本。这里所称的"资金池子"实际上就是境内的金融市场。

二是有深度的外汇期货市场有利于抵抗境外无本金交割远期外汇交

易（Non - deliverable Forwards，NDF）市场对汇率的影响，从而减低货币危机发生的概率。境外 NDF 市场经常是对冲基金发起货币投机的根据地。而 NDF 市场的贬值风波如果快速传导入境内，则将导致境内市场产生巨大压力，从而积累系统性风险。外汇期货产品的交易原理与 NDF 非常相似，让外汇期货市场承担部分压力，将可以降低境内其他市场所面临的金融风险。况且，外汇期货市场采取中央对手方清算和集中交易，更有利于控制金融风险。

三是外汇期货市场部分抵消了银行面临的风险，从而降低了整个外汇市场的系统性金融风险。场外外汇衍生品市场以银行为做市商或中介而运转，人民币国际化之后，我国银行将面临更多的交易对手，包括众多交易经验丰富的跨国银行和机构投资者，无形中也增加了银行所面临的风险。而我国银行的公司治理水平和风险管理能力都还有待提高，建立外汇期货市场，让这些境外投资者进入这个市场交易，将能降低我国银行所面临的风险，从而降低整个金融体系所面临的系统性风险。

1.3.3　外汇期货市场是发挥价格发现能力的重要场所，有助于人民币国际化过程中把握汇率定价权

人民币汇率定价权对于我国的金融安全意义重大，特别是我国汇率形成机制还在不断改革过程中。一旦汇率形成方式被境外市场所掌握，将给我国银行和企业带来巨大的潜在损失。特别是随着离岸人民币外汇市场的快速发展和离岸人民币汇率体系的逐步完善，境内市场能否在未来几年中继续掌握汇率定价权是一种现实的忧虑。

外汇期货市场有助于我国继续掌握人民币汇率定价权。一是人民币外汇市场实行集中交易，交易信息透明，并且传播更远更快，有助于提高价格发现能力。二是人民币外汇期货市场吸引各类型的投资者进入市场，这个价格将影响整个市场，有助于提高价格发现能力。三是研究证明，外汇期货市场比场外市场拥有一定的信息优势。

1.3.4 发展外汇期货市场能增强国际社会对人民币的信心，促进国际社会接纳人民币

人民币要成为国际货币，前提条件是国际社会对人民币有信心，能够接纳人民币。虽然我国目前通过推动跨境贸易人民币结算的方式推动人民币的国际使用，表面上已取得明显成就，以人民币结算的贸易额占中国贸易总额的比例已从 2010 年的 2% 升至 2011 年的 9%，但正如余永定（2011）所指出的，这种表面成绩的背后是中国企业一直借助人民币贸易结算机制，利用在岸和离岸货币市场的价差获利。该机制允许他们将人民币转到香港，以比内地更低的汇率购买美元。实际上进口仍然是美元结算。在这个过程中，外国企业实际上很少接纳人民币作为贸易结算货币。发展外汇期货市场一方面意味着汇率由市场决定，减少国际社会对我国政府操控汇率的担心，增强国际社会对人民币的信心，有助于推动人民币的国际使用；另一方面也为国内外企业在使用人民币结算过程中提供风险管理工具，促进人民币在贸易结算中的使用。

本章参考文献

［1］戴维·马什：《欧元的故事———一个新全球货币的激荡岁月》，北京，机械工业出版社，2011。

［2］易纲、汤弦：《汇率制度"角假设"的一个理论基础》，载《金融研究》，2001（8），5～17 页。

［3］易纲：《人民币汇率变化背后的原因和制度性因素》，见《中国发展研究基金会报告》，2010。

［4］陈江生等：《国际金融危机后中国汇率制度改革和人民币国际化》，载《新远见》，2011（12），18～26 页。

［5］曹远征：《人民币国际化：缘起与发展》，载《中国经济观察》，2011，特刊（14），博源基金会，14 页。

［6］Ricardo J. Caballero Kevin Cowan Jonathan Kearns，2004，Fear of Sudden Stops：Lessons from Australia and Chile，www. iadb. org/regions/rel/

econ/caballevo_ cowan_ kearns. pdf.

[7] 郑振龙、陈蓉等：《外汇衍生品市场：国际经验与借鉴》，北京，科学出版社，2008。

[8] 孙海霞：《货币国际化条件研究——基于国际货币三大职能》，复旦大学博士论文，2011。

[9] Barry Eichengreen, 2008, Globalizing Capital, A History of the International Monetary System, Princeton University Press.

[10] Frankel, J. , 2011, Historical Precedents for Internationalization of the RMB, Council on Foreign Relations.

[11] 余永定：《再论人民币国际化》，载《国际经济评论》，2011 (5)，7~14 页。

2 国际外汇衍生品市场概况

2.1 国际OTC外汇市场交易与结算模式的演变①

全球外汇市场的重要性不论如何强调都不为过。外汇市场通过影响真实汇率而影响产出和就业，通过影响进口成本和商品价格而影响通胀，通过影响不同资产的风险收益而影响国际资本流动。汇率理所当然地被政策制定者、公众以及媒体所关注。

要理解汇率，首先要知道汇率是如何决定的。近几十年来外汇市场和外汇交易的巨大变化，集中展示了当前交易中技术的进步。25 年前，外汇交易主要是通过声讯方式交易，交易者主要是机构，个人投资者几乎被排除在这个市场之外。当时外汇交易是不透明的，交易商之间的交易价格和交易商对客户的交易价格差别很大，交易商市场的集中度也不高。

如今，只有那些流动性很差的外汇市场还保留当年的那种情形，在流动性好的市场中声讯交易已经很少。新的电子交易平台主导了外汇交易和结算，减少了操作失误风险并降低了交易成本。更低的交易成本让零售外汇交易和高频外汇交易成为可能，高频交易是一种利用计算机程序自动发现市场中很小的差价并快速成交的技术。因为价格被实时地发布给市场中每一位参与者，所以可以认为当前的外汇市场是比较透明的。在一些新的交易平台上，任何交易者都可以提供流动性，因此交易商和他们的专业客户间的差别变得模糊。为了保持竞争力，主要的交易商银

---

① 这部分内容参考和翻译自 King, M. R., Osler, C. and Rime, D., Foreign Exchange Market Structure, Players and Evolution, Working Paper, Norges Bank, 2011.

行对交易活动所需的软件和硬件进行大规模的投资，而这又导致外汇市场上做市商的集中度进一步提高。

2.1.1 外汇交易的地区分布和产品构成

毫无疑问，汇率对经济的影响是无处不在的，外汇市场中即期和远期外汇交易量让其他经济指标相形见绌便充分说明了这一点（BIS，2010）。这两个外汇产品的交易量最新估计是日均2万亿美元，分别是全球最大的35个国家进出口总额的36倍、GDP的16倍、证券交易的10倍。

外汇交易量的爆炸式增长反映了电子化交易降低了交易成本，低成本吸引了更多新的交易群体，从而进一步推动了更加积极的交易策略。1998年到2010年间，外汇交易总量增长超过了250%（BIS，2010），平均年增长8.4%，增长率远超同期全球真实GDP5.5%的年增长率。

表 2-1　　　　　　　外汇交易量和外汇交易增长：
与国际贸易、GDP和证券交易的比较　　单位：10亿美元

年份	1992	1995	1998	2001	2004	2007	2010
	a）交易量						
所有外汇产品	857	1 135	1 713	1 480	2 013	3 296	3 981
即期	434	475	637	461	657	996	1 490
远期	65	93	143	156	217	359	475
即期和远期增长率		44%	54%	9%	40%	65%	32%
	b）比率						
即期/贸易总量	31	29	30	18	21	23	36
即期/GDP	10	10	11	7	10	12	16
即期/证券交易量	35	25	14	4	9	7	9

注：a）部分：2010的交易量数据单位是10亿美元，来自BIS三年一度的调查报告，同时对数据进行交易商间市场和跨市场的双重计算修正（根据BIS报告的术语"净额对净额"）。"所有外汇产品"包括：即期、远期、掉期、货币掉期、期权和报告中定义的其他衍生产品。b）部分：即期和贸易总量（进口＋出口）、GDP和证券交易量是来自35个国家的数据。月度即期交易量是日均交易量乘20（月交易日），贸易总量、GDP和证券交易量月度数据是年度数据除以12。2010年的数据是IMF的预测数据。

资料来源：贸易总量、GDP的数据来自IMF《世界经济展望》（*World Economic Outlook*），证券交易量数据来自世界证券交易所协会（WFE），外汇交易量来自BIS三年一度的调查报告。

人民币国际化与外汇期货市场建设研究

尽管有电子化革命，外汇市场其他许多方面依然保持不变。其中之一是，过去几十年来，由于外汇市场的高度流动性和 24 小时连续交易，这个市场依然分散（Lyons，2001；Rime，2003；Osler，2009）。和以前一样，当澳大利亚和亚洲的交易商开始上班时，外汇市场开始一天的交易。当法兰克福、伦敦和巴黎的市场开市时，外汇交易活动转到了欧洲。最后当纽约外汇市场下午收市时，一天的外汇活动结束。一如既往，尽管格林威治时间 19：00 到 22：00 大多数美国交易员已经下班而悉尼的交易员还在上班路上，但这段时间内还是有交易活动，从而一天之内外汇市场没有真正的闭市（见图 2 - 1）。和往常一样，当伦敦和纽约的外汇市场同时交易时，整个市场的流动性最大，其他单个货币的交易量在这个国家的外汇市场开市时最大。

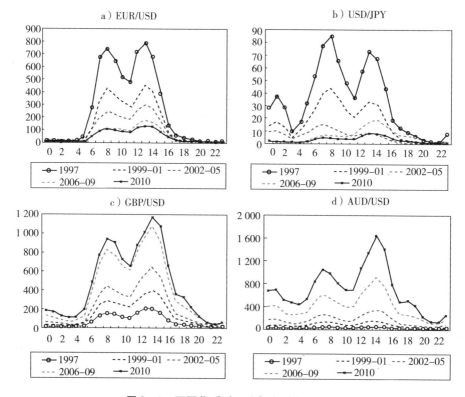

图 2 - 1　不同货币对日均每小时交易活动

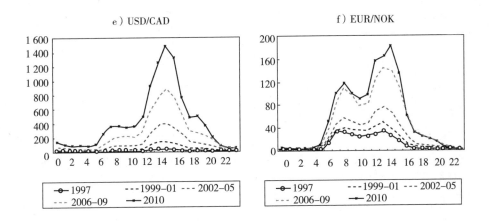

注：横轴是每天时点（GMT），纵轴是平均交易量。五条线分别是1997年、1998—2001年平均、2002—2005年平均、2006—2009年平均和2010年。例如，c）图是英镑/美元，我们看到1997年以来交易量不断上涨。欧元/美元和美元/日元交易主要在竞争对手EBS上完成，因此看到1997—2010年交易量不断减少。

资料来源：Thomson Reuters Matching。

图2-1 不同货币对日均每小时交易活动（续）

总的来讲，外汇交易主要集中在伦敦市场，交易量占到全球的三分之一，同时纽约市场几乎交易量占到五分之一（见表2-2）。伦敦外汇市场的垄断地位起始于大英帝国19世纪在全球经济中的绝对统治地位。这一垄断地位在21世纪初还能继续保持得益于其地理位置优势：伦敦的早市衔接亚洲市场，伦敦的午市刚好又衔接纽约市场。亚太地区外汇交易量占到全球交易的四分之一，分散在东京、香港、新加坡和悉尼市场。拉美、非洲和中东的外汇交易在全球外汇交易中所占份额都不到百分之一。

尽管伦敦和纽约市场继续保持垄断地位，但外汇交易的全球分布还是有一些小的变化。欧元的诞生带来了伦敦之外欧洲市场外汇交易份额的下降。亚洲地区经济的快速增长带来了亚洲的外汇交易量的增加，中国香港和新加坡地位超过了欧洲传统的交易中心，如瑞士和法国。

表 2-2　　　　　　　　　全球外汇交易的地区分布　　　　　　　单位：%

国家（地区）	1995 年	1998 年	2001 年	2004 年	2007 年	2010 年
英国	29.3	32.6	32	32	34.6	36.7
美国	16.3	18.3	16.1	19.1	17.4	17.9
日本	10.3	7	9	8	5.8	6.2
新加坡	6.6	6.9	6.1	5.1	5.6	5.3
瑞士	5.4	4.4	4.5	3.3	5.9	5.2
中国香港	5.6	3.8	4	4.1	4.2	4.7
澳大利亚	2.5	2.3	3.2	4.1	4.1	3.8
法国	3.8	3.7	2.9	2.6	3	3
丹麦	1.9	1.3	1.4	1.6	2.1	2.4
德国	4.8	4.7	5.4	4.6	2.4	2.1
加拿大	1.9	1.8	2.6	2.3	1.5	1.2
瑞典	1.2	0.8	1.5	1.2	1	0.9
韩国	0	0.2	0.6	0.8	0.8	0.9
俄罗斯	0	0.3	0.6	1.1	1.2	0.8
卢森堡	1.2	1.1	0.8	0.6	1	0.7
比利时	1.7	1.3	0.6	0.8	1.2	0.6
芬兰	0.3	0.2	0.1	0.1	0.2	0.6
西班牙	1.1	1	0.5	0.5	0.4	0.6
意大利	1.5	1.4	1	0.9	0.9	0.6
印度	0	0.1	0.2	0.3	0.9	0.5

注：4 月全球日均交易各国份额百分比。各国交易量对双重计算进行了修正。国家的排序是依据 2010 年市场份额来排列的。

资料来源：BIS 三年一度的外汇调查报告。

一、交易哪些货币

外汇市场另一个不变的是美元的统治地位，美元依然参与了全球即期外汇市场四分之三的交易 '（见表 2 - 3）①。美元的交易反映了全球小币种和主要货币之间的交易，主要货币被看做是中介货币②。比如，墨西哥比索（MXP）和澳大利亚元（AUD）间的交易分为两步，先把墨西哥比索（MXP）换成美元，再把美元换成澳大利亚元（AUD）。这种中介货币的方式主要是通过减少货币对来集中市场流动性，从而降低总的交易成本。

欧元占到总交易量的 46%，部分是因为它充当了欧元区的中介货币③。活跃度其次的货币是日元（20%）、英镑（14%）。总之，这四种货币是众所周知的"主要货币"④。

表 2 - 3 外汇即期交易量的币种分布 单位: %

币种	1992 年	1995 年	1998 年	2001 年	2004 年	2007 年	2010 年
美元	72	71	78	84	85	79	80
欧元*	69	75	58	43	44	42	46
日元	20	22	24	26	21	20	20
英镑	14	9	12	11	13	15	14
瑞士法郎	9	8	7	7	7	9	6
澳大利亚元/加拿大元/挪威克朗/新西兰元	4	5	5	9	10	12	15
雷亚尔/卢布/卢比/人民币			1	2	3	4	3
其他	12	10	15	18	17	19	15
合计	200	200	200	200	200	200	200

注: 全球即期外汇市场中各币种的交易量的百分比。首先是四大主要货币。欧元包括欧元区残留货币。每次交易包括两种货币，因此总比例是 200%。雷亚尔/卢布/卢比/人民币代表金砖四国货币。

资料来源: BIS 三年一度的外汇调查报告。

---

① 每种货币有三个字母的代码，如 CAD 代表加拿大元。这些代码由国际标准化组织（www. iso. org）设定。在标出的货币对中，市场的实际操作是基础货币在前，如"美元—日元"或 USD/JPY，读做每美元日元的价格。主要货币对有俚语: USD/CHF 称为"Swissie"; NZD/USD 称为"kiwi"; GBP/USD 称为"cable"，指连接伦敦和纽约的外汇交易的第一根跨大西洋光缆。

② 中介货币，vehicle currency。

③ 比如在交易商间即期外汇市场中，欧元和挪威克朗间的交易是美元对克朗、英镑对克朗和日元对克朗交易量总和的 10 倍多。

④ 交易最活跃的货币对必然含有美元或欧元。

主要货币的下一个档次货币包括澳大利亚元（7.5%）、瑞士法郎（6.2%）、加拿大元（5.2%）。一个明显的变化是所谓的"商品货币"地位的上升，尤其是澳大利亚元、加拿大元、挪威克朗和新西兰元。这些货币总份额从1998年的7%上涨到2010年的16%。

新兴市场的货币份额在20世纪90年代上涨很快，但后来一直稳定在18%。但是，来自新兴市场的货币，如韩元和港元自1998年以来市场份额翻了一番多，现在和瑞典克朗相当。在其他一些新兴市场国家，如土耳其、泰国、巴西和印度，它们的外汇交易量也增长很快。

随着时间的推移，不同的货币对的报价习惯却一直保持不变。大多数汇率报价为1美元兑这种货币的价格。也有例外，如欧元，英镑、澳大利亚元和新西兰元，以这些货币作为基础货币（如1欧元＝美元的价格）。大多汇率是5位数报价，最后的一位数字作为一个"点差"①。

二、交易哪些外汇产品

外汇市场另一个不变的是即期外汇交易的主导地位②。2010年即期外汇市场日均交易量为1.5万亿美元，同期远期外汇市场日均交易量远低于此，只有5 000亿美元（BIS，2010）。加上其他的货币产品如外汇期货、外汇期权、外汇掉期和货币掉期，外汇市场总的日均交易量超过了4万亿美元（见表2-4）③。这些金融产品有别于即期和远期交易，目的也完全不同，对汇率的影响很小，因此本书不作讨论。

---

① 一个点差是汇率价格的最小变化。如EUR/USD，价格从1.2345变为1.2346，变化一个点差，一个点差近似为一个基点。

② 在即期合约中，外汇的价格和数量先被确定，两个工作日后交割（美元/加拿大元一个工作日后交割）。远期合约结构类似，但交割期常常大于两个工作日。当然，内部远期（Inside Forwards）两天内交割。

③ 外汇期货像远期一样，今天签订合约，将来交互两种货币。期货合约在交易所内交易，所以它们的合约大小和期限是标准化的。相反，外汇（或货币）期权给期权所有者在特定时期内按商定的汇率买卖货币的权利，而不是义务。

表 2 - 4　　　　全球外汇市场上交易的外汇产品　　单位：10 亿美元，%

品种	1992 年	1995 年	1998 年	2001 年	2004 年	2007 年	2010 年
总计	857	1 135	1 713	1 480	2 013	3 296	3 981
				a）占比			
即期	51	42	37	31	33	30	37
外汇掉期	42	46	48	53	49	52	44
远期	8	8	8	11	11	11	12
货币掉期		0	1	1	1	1	1
期权和其他	4	3	6	5	6	6	5
				b）增长率			
总计		33	51	- 14	36	64	21
即期		9	34	- 28	42	52	50
外汇掉期		47	57	- 5	27	71	4
远期		44	54	9	40	65	32
货币掉期			207	- 23	156	42	37
期权和其他		16	148	- 27	74	69	- 1
			c）增长各部分贡献率				
即期		14	28	75	37	26	72
外汇掉期		60	52	17	39	55	10
远期		10	9	- 5	12	11	17
货币掉期			1	1	3	1	2
期权和其他		2	10	12	10	7	0

　　注：数据由当期汇率换算得到。比率是各项占总计的百分比。增长率计算公式是 $\Delta x_t = (x_t - x_{t-1}) / x_t$。增长各部分贡献率计算公式是 $(x_1 - x_0) / (Tot_1 - Tot_0)$。

　　资料来源：BIS 三年一度的外汇调查报告。

　　但是，外汇掉期值得讨论，因为这个市场的日均交易量达到了 1.8 万亿美元。就像固定收益市场上的回购，外汇掉期主要被银行用于隔夜头寸管理。2008 年雷曼兄弟倒闭之后，掉期市场交易量极度萎缩，各国监管当局通过央行掉期向市场注入流动性以稳定世界银行系统（Baba and Packer，2009；Melvin and Taylor，2009）。2010 年外汇掉期的交易量依然低于其峰值时的交易量。

人民币国际化与外汇期货市场建设研究

三、外汇交易如何监管

和大多数证券、债券市场存在广泛的监管不同，外汇市场的交易绝大多数不受监管①。一国的管理者通过实践明白，一旦监管，交易商会轻易地流向其他地区的市场。比如20世纪60年代当美国当局打算监管国内市场上美元计价的外国债券时，债券交易商轻易地转移到海外离岸市场。

一些在其他资产市场知名的监管条例在外汇市场上也是缺失的。这些监管缺失由于外汇市场的特有性质而不会引发问题。比如在大多数发达的证券、债券市场采用的卖空限制条款在外汇市场就不适用，因为一种货币的卖出就意味着另一种货币的买入。一些行为在其他市场被认定为非法，但在外汇市场上由于习惯和最佳操作行为的原因只是不提倡而已。比如虽然谈不上是非法，但在外汇市场上客户优先原则居然不被认同，被广泛看做是不好的操作行为②。幸运的是，在主要货币交易活跃时间段内外汇市场的流动性非常高，任何单个交易行为对市场价格的影响非常小。

既然外汇市场的监管很少，那么交易者需要报告的信息也很少，而这也正解释了为何有关外汇市场的数据是如此的稀缺。尽管证券市场的交易量每晚的新闻都会报道，但却没人知道外汇市场每天的交易量，市场监管者不知道，货币当局不知道，甚至市场的主要交易商也不知道。唯一可信的信息来源是国际清算银行（BIS）三年一度，在第三年的四月联合全球各大央行共同发布的《外汇市场三年期央行调查报告》③。由于缺少高频数据的官方来源，大多数关于货币交易的调查数据来自各大

---

① 在不同国家外汇产品交易被相关的管理法案所监管，比如芝加哥商品交易所受美国期货业协会和商品期货交易委员会（CFTC）监管。2010年美国《多德—弗兰克法案》通过后，虽然即期与远期市场仍被豁免监管，但其他外汇产品如外汇期权、NDF与货币掉期被纳入了统一监管。同时CFTC也开始对OTC零售市场进行监管。

② 交易商优先是指在将客户买入指令执行之前，交易商先为自己的账户买入从而推高了市场的价格。如果被怀疑有这样的行为，客户会联合抵制或惩罚交易商。

③ King和Mallo（2010）出版了一个三年期调查报告的指导手册。从20世纪90年代以来，三年期调查报告补充了调查更加频繁的地区报告，有澳大利亚、加拿大等国以及香港、伦敦、纽约、新加坡和东京等地。

银行和交易商各自的数据库。

2.1.2　外汇市场的参与者和信息

汇率经济学的一个根本目的是理解货币的收益。像更一般的资产价格，汇率针对有关货币基本面的信息发生变动。在过去十年内有关汇率的微观结构研究揭示了包含不同参与群体的价格发现过程。每个参与者的角色是由两方面决定的：参与者是做市商还是交易商，参与者能够接触到的信息量。

外汇市场最初的参与者是提供商品和服务的贸易商。货币的存在解决了商品的供求在时间和空间上的匹配问题。绝大多数国家有自己的货币，因此国际贸易需要不同货币之间的交换。经过几个世纪的发展，货币交易需求范围扩大，包括不同参与群体对应的投机需求、对冲风险需求和套期保值需求。除了进出口商，当前外汇市场的主要参与群体包括资产管理公司、交易商、央行、外汇零售商以及最近加入的高频交易者。

交易商或做市商的存在是为了满足交易对手方的交易需求。交易商随时准备满足外汇市场上出现的交易需求。一个外汇交易的开始是一个客户向交易商报出要交易的币种和数量并询问交易价格，交易商报出买入价和卖出价。最后客户决定是否买入、卖出还是放弃。交易商承担外汇头寸风险和监管客户的信用质量，通过外汇买卖差价来获得补偿。这种结构的市场被称为场外市场。尽管场外市场的交易商没有义务一定要提供流动性，但是他们还是值得信赖的，因为他们如果不这么做，那他们的信用（市场份额）将会遭受损失。

已有的理论表明市场中的信息是由流动性的接受者而不是流动性的提供者（做市商）带来的。在外汇市场上的流动性接受者当中，有证据表明信息来自金融客户尤其是杠杆投资者。信息不来自外贸企业、小的个人交易商或是政府、央行（Bjønnes，Rime and Solheim，2005；Evans and Lyons，2006；Nolte and Nolte，2009；Osler and Vandrovych，2009；King，Sarno and Sojli，2010；Bjønnes，Osler and Rime，2011）。找出哪个交易群体掌握信息，标准的方法是检验他们的交易是否预示着有外汇收益。如果一个交易者在价格涨之前买，在价格跌之前卖，以及后续的价格变化至少是部分持续的，研究者可以推断这个交易者是依据资产价值基本面的信息来交易的。学院派的长期研究表明，外汇交易商掌握信息。但是直到最近，理论和实践都假定信息主要来自终端客户（Evans and Lyons，2002），而交易商给市场带来自己独有的信息（Bjønnes et al.，2011；Moore and Payne，2011）。

一、谁需要流动性

传统上，从惯例上讲外汇流动性的最终需求者一部分是非交易商的金融机构，另一部分是政府和企业。在过去十年内，活跃的外汇最终需求者主要是由外汇零售投资者和计算机自动交易者（算法交易者）组成的。

直到20世纪80年代，外汇市场的这两类终端客户的交易量基本相当。从那时起，尽管有时随经济的波动有涨落，企业客户和政府的交易份额仍平均保持在17%。比如，在2001年到2010年衰退期间，它们交易的份额降到了15%。与此相反的是，金融部门的交易份额从1998年的20%上涨到2010年的50%（见图2-2）。这个趋势部分反映了零售交易平台交易量的快速增长[1]，据估算，2010年这些平台的日均交易量达到1 250亿~1 500亿美元，占到全球即期交易量的8%到10%（King and Rime，2010）。这也反映了算法交易尤其是高频交易的高速增长。尽管算法交易的数据可得性有限，第四部分的调查报告表明在流动性最高的货币当中算法交易占到了三分之一到一半。

（一）金融机构

金融机构是个分散的概念，包括对冲基金、资产管理公司、地区性和地方银行和中央银行。相对于企业客户，金融机构交易量更大、持有外汇头寸的期限更长。因为对信息获得投入很多，相对其他终端客户，金融机构有更多的信息。既然金融机构把货币作为资产存储，那么货币价值的将来变动决定了资产价值的涨跌。

---

① 零售交易平台，即所谓的零售集中交易商，被报告为金融机构。更多的情况参见零售集中交易商。

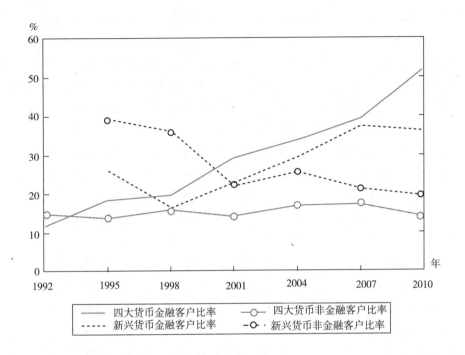

注：本图显示了整个外汇即期交易中金融客户的比率（左轴）和非金融客户的比率（右轴）。图中未出现的第三大交易群体是交易商。实线代表的是四大货币：美元、欧元（1999 年前是德国马克）、日元和英镑。虚线代表的是新兴市场国家（地区）货币：墨西哥比索、台湾币、俄罗斯卢布、波兰兹罗提、土耳其里拉、韩元、印度卢比、匈牙利弗林、南非兰特、巴西雷亚尔。

图 2－2　按交易对手方分类的外汇即期市场

　　金融机构当中高杠杆机构投资者如对冲基金和相似的商品投资顾问（CTAs），它们的信息是最充分的。这个发现的背后逻辑是高杠杆投资者最有激励去获得信息。对冲基金经理每年收取管理资产的 2% 作为基本管理费，外加投资收益的 20% 作为管理回报。高杠杆的货币基金 20 世纪 90 年代末期高速成长，这些基金的四个著名的投机策略是：基本面策略、息差策略、机会策略和波动策略。

　　无杠杆的资产管理公司投资经理（全款投资者[①]）包括开放式基金、

---

　　① Real money investors.

养老基金、捐款基金和保险公司。可能有些奇怪，这些基金在配置资产的时候很少考虑汇率的收益（Taylor and Farstrup，2006）。它们只关心用本国货币计价的外国资产收益最大化。在大量证据表明主要货币的汇率基本是随机游走的情况下，它们这种策略是理性选择。有些基金把货币的外汇头寸管理外包出去，而让经理只需要关注风险最小化目标、收益最大化目标或是两个目标的组合。

金融危机以来对冲外汇风险对资产组合经理变得更加重要（Melvin and Prins，2010）。市场参与者报告显示对冲掉50%的汇率风险很普遍，同时还在一定期限后作调整（比如一月一调）。50%比例风险最小化操作意味着要不是一个绝对损失（汇率向货币敞口不利的方向变动），要不是一个机会损失（汇率向有利于对冲头寸方向变动）。

虽然每天的交易中私人金融机构占到绝大多数，但各大央行的参与还是值得关注的。当公共机构打算干预汇率时，它们的交易被认为是向市场发出信号。主要的交易商银行一定通过这些公共机构每天的交易知道背后的市场信息。央行外汇交易的背后反映了一些军事的或其他政治方面的信息。央行提前宣布的防止市场误解的干预被认为不包含过多的信息①。

（二）公司客户

公司客户利用外汇市场来进行和公司核心业务相关的票据操作，这些业务有矿业、运输业和制造业。比如一家公司用外币作为交换媒介，持有量相对较小，这些头寸只是部分拥有。大多数公司客户不愿在外汇交易中进行投机，有些公司明文禁止外汇投机。从公司的管理制度上看，这样的限制是合理的。外汇预测不是公司的"核心竞争力"，所以致力于外汇的专业投机是不被提倡的（Goodhart，1988）。更为重要的是，外汇投机交易成本高昂。除了雇用货币分析师和交易员费用，还要雇用另外的人员来防止交易员的道德风险，这种风险意味着一个交易员就可能

---

① 比如挪威银行代表主权财富基金——挪威投资管理银行进行交易。这些交易是网上提前公布的（http：//www. norges - bank. no/en/pricestability/foreign - exchange - purchases - for - gpfg/）。

会让整个公司破产（Osler, 2009）①。甚至已经对冲外汇现金风险的公司也很少关注汇率将来的走势。根据 Bodnar、Hayt 和 Marston（1998）的发现，在已对冲外汇敞口的公司当中，被对冲的头寸也只占到总敞口的40%到50%，期限主要是6个月以下的。它们一年内重新设定对冲比例好多次。既然公司客户一般不致力于投机交易，也就不奇怪公司的交易不能预测短期收益，因此交易背后的信息量很少。

公司一般只利用外汇市场为持有敞口做单边操作。比如一家美国的跨国公司要用欧元在德国纳税，在外汇市场上卖出美元买入欧元然后直接把欧元交给德国政府，完全绕开外汇市场。类似的，一个日本制造企业把产品出口到美国，从美国进口商收到美元后在外汇市场卖出美元。

（三）零售投资者

历史上，很少有个人投资者满足与外汇交易商银行直接交易的信用要求。这个进入的障碍使得外汇市场变成完全的批发市场。100万美元以下的小额交易者也会受到歧视，他们的买卖差价相对较高。2000年左右因为面向零售投资者专门设计的网络交易平台的出现，零售投资者开始加入外汇市场。这些交易平台就是所谓的零售集中商。

尽管新兴市场的货币交易量也在增长，零售投资者主要参与即期外汇市场上主要货币对的交易。这些个人或小机构集中于一两种货币，持有头寸的时间很短，一般短于一天。根据最近的调查（CitiFX Pro, 2010），这些交易者认为外汇市场具有吸引力是因为外汇市场和其他市场关联较少，以及它24小时都有的高流动性。

零售交易者应该有很强的意愿获得信息，因为他们交易的目的是投机和采用杠杆交易。但是事实表明零售交易者没能获得信息。零售交易者的交易一般不能预期有收益，他们本人一般也没能获得收益（Heimer and Simon, 2011）。2011年，OANDA公司宣布它48%的零售客户收益为正。交易敏锐的系统性缺失同样也在证券零售交易者中出现（Barber and Odean, 2000, 2002; Linnainmaa, 2010）。对前景的美好想象力和过度自

---

① 在2008年9月金融危机之前，有些跨国公司把外汇交易席位作为它们的资产管理的一部分。现在大多数公司后来关闭了这项业务。

信等因素促使交易者即使亏损也积极交易（Oberlechner and Osler，2011）。

（四）算法交易和高频交易者

算法交易就是电脑算法（或程序）决定指令的策略以及没有人为干预下执行交易的电子化交易方式（Chaboud，Chiquoine，Hjalmarsson and Vega，2009）。人的参与只是设计这些算法，监视算法，同时偶尔修改一下交易参数。有些算法只是简单自动交易策略，如把大额交易打散来最小化交易成本，同时其他交易者利用算法交易的超快的执行速度进行高频交易。

高频交易利用其技术优势在不同的在线交易平台发现很小的价差。高频交易的执行时间用微秒来衡量（眨下眼耗时100微秒）。因为速度是如此重要，所以高频交易者尽量把他们的电脑服务器建在离交易平台报价引擎近的地方。流行的高频交易策略包括三角套利和利率价差套利。更普通的策略是高频交易者简单地利用交易商的报价即在交易和执行交割间有短暂的时间间隔套利。

二、谁提供流动性

历史上，货币市场上的流动性由大型的商业银行和投行提供。在过去的十年里，流动性的提供者增加了，包括全球托管银行、零售集中商和高频交易者。这些新增的交易者是否信息灵通还没被研究。

（一）外汇交易商

在过去的几十年内，外汇交易商通过投机和为市场提供流动性来获得收益。投机是银行间交易商的职责所在，他们的头寸只保留几分钟或几个小时，而自营交易者的头寸则会保持更久（Bjønnes and Rime，2005）。销售人员有责任和客户保持良好的联系，他们是交易场内的第三大群体。为了分配好外汇交易商和股东之间的收益，交易商的收益和他们个人的收益以及整个场内交易的收益相挂钩，而他们个人所承受的风险受头寸和止损所限制。

历史上，最大的那些交易商银行从投机交易和为客户提供流动性来获得收益。小点的交易商银行主要是通过向客户提供服务来获得收益

（Mende and Menkhoff, 2006）。2007—2009 年全球金融危机以来，自营外汇交易活动急剧萎缩，因为更严的交易安全管理和更小的风险承受不鼓励这样的交易。最大几家的交易商报告显示它们最大的收益来源是为客户提供流动性。

历史上，当不为客户服务的时候，交易商倾向在交易速度快、成本低的交易商间市场上进行交易。在 20 世纪 80 年代和 90 年代早期，交易商间的交易量占到即期外汇交易量的 60%。最近这几年这部分交易份额逐步下降，目前估计只有 35%（BIS, 2010）。下降的原因将在第三部分详细讨论，包括不断增加的透明度和电子交易匹配的高效率。交易商间的交易，要不在场外市场直接交易，要不通过外汇经纪人在限制指令的外汇市场间接交易（Lyons, 1995）。在场外市场上，所有的交易通过指定的做市商来完成。在限价指令市场上，没有特定的参与者提供流动性。每个交易者通过提供一个交易指令来提供流动性，或通过执行一个交易指令来变成流动性的需求者。限价指令显示在特定数量上交易者愿意买卖的价格。指令会一直保持在限制指令本当中，直到指令被执行或是被取消。最优的买卖报价被称为报价，在这个价格上提供的数量被称为市场深度。当市场上另一个交易商通过执行交易指令，并表示愿意立即交易时，则交易完成。市场指令通过报价盘中的限价指令交易，对于交易量大的指令，先从最优限价指令开始执行，再通过次优的限制指令执行。

在主要货币中，交易商间的买卖价差一般为 0.5~2.0 个基点；在一些流动性差的货币中，由于外汇管制，价差可能会达到 40 个基点（Osler, Mende and Menkhoff, 2011）。这些价差和证券市场、债券市场上的价差一样，受持仓风险影响，与平均价差和市场平均波动率呈正相关（Bollerslev and Melvin, 1994）。但是，竞争压力促使外汇交易商间的价差不同于证券和债券的价差，当交易小、波动低时，隔夜价差是最高的。这个不同主要是因为外汇市场缺乏监管，尤其外汇市场没有正式的开市和收市时间（Osler and Yusim, 2009）。

交易商一般倾向于零持仓，所以当和客户交易后交易商一般很快将头寸转移给其他的交易商（Lyons, 1995; Bjønnes and Rime, 2005）。

人民币国际化与外汇期货市场建设研究

2000 年的数据表明，大交易商的一般持仓时间少于 1 分钟（Bjønnes and Rime，2005），小型交易商的持仓时间少于 12 分钟（Osler et al.，2011）。这些年，由于电子技术的进步，持仓时间下降得很快。如果一个交易商把头寸转移另一交易商，这个交易商再转给下一个交易商，这个过程被称为"烫手山芋交易"（Lyons，1997）。从另一方面讲，头寸会不断转移，直到一个交易商把这个风险转移给他自己的客户。从这方面讲，外汇市场不同于其他的场外市场，比如美国的市政债券市场和欧洲的政府债券市场，在这些市场上交易商"储藏风险"，通过以后与客户交易消除头寸风险，通过报价吸引交易向他们所希望的方向转移（Dunne，Hau and Moore，2008）。

交易商可能是外汇市场中消息最灵通的人，不但他们的交易预示着收益，而且他们比任何其他交易者包括杠杆交易者都做得更好（Osler and Vandrovych，2009）。这个优势被认为部分反映了他们所拥有的庞大的客户网络。如果是这样，那么大的交易商会比小的交易商做得更好，这点也被事实所支持（Bjønnes et al.，2011）。

为了让更多的客户信息汇集到他们那里，交易商历来会给大额交易和金融机构客户更小的买卖差价（Osler et al.，2011；Ding，2009）。这点和纽交所这样知名的证券交易市场的做法截然相反。正如 Osler 等（2011）所认为的那样，这些交易商的选择受固定操作成本和交易商与拥有最新信息的客户之间的讨价还价的能力所影响。

最近的证据表明，交易商独立于客户之外创造与市场相关的信息（Bjønnes et al.，2011）。和这个相一致，Moore 和 Payne（2011）发现致力于高流动性的美元利率的交易商能够预测和回报相关的指令动向，以及和指令动向不相关的收益。

（二）全球托管银行

大的资产管理者通过雇用管理者或托管者来管理他们的资产，计算资产组合的价值，核算股息和利息支付，买卖资产，以及清算交易。当他们需要交易外汇时，资产管理公司一般不联系大银行，而是和他们的托管银行交易，主要是从管理效率上考虑（DuCharme，2007）。

40

　　和外汇市场上的标准操作相一致，托管外汇交易依据一定原则执行交易。因此全球托管银行成为外汇市场提供做市商服务的第二大群体。托管银行先从它们的交易商银行那里获得流动性，然后再向客户提供流动性。托管银行通过在银行间市场价格加上一定利润向客户报价。

　　托管外汇交易的买卖价差平均为 30 ~ 40 个基点，高于银行间市场的价差（Osler et al. , 2011），这是因为这些交易相对不透明。典型情景是，当基金经理以托管方式构建他的基金账户买卖外国资产时，指令包括任何和外汇交易相关的安排。其结果是托管银行的客户对交易知之甚少。实际成交价格可能晚几天甚至几个星期才被通知，客户对交易的时间和有效的买卖价差更是无从知晓。这样的不透明使得基金对托管银行的执行质量监管困难。

　　最近几年，机构投资者对外汇交易的成本更加关注。交易成本分析是一项快速成长的业务，养老基金和信托基金对其需求不断上升。

　　研究还不能证明全球托管银行在银行交易方面是否信息灵通，但是不同的托管银行间的信息掌握程度差异很大。中小规模的托管银行主要致力于客户服务，因为其杠杆交易的客户很少，他们的客户交易背后的信息量很少（Osler et al. , 2011）。但是，托管行业变得更加集中，一些大的托管银行通过从客户那里获取的市场信息来支持投机业务（Rama-dorai, 2008）。

　　（三）零售集中商

　　最近几年由于新型金融媒介（零售集中商）的发展，外汇零售交易成为可能。零售集中商通过互联网交易平台进行操作，把小的零售交易打包成为大的交易，从而便于和交易商银行进行交易。一些零售集中商纯粹充当外汇经纪人的角色，用银行报价匹配零售外汇交易。另外一些零售集中商充当外汇经纪人和交易商两个角色，他们匹配交易，但也战略性地扮演交易对手方的角色。零售集中商一般给客户提供杠杆交易，杠杆率最高达到 200 倍。他们要求每个客户缴纳初始保证金来防止客户的违约风险，保证自己免受损失。当客户的保证金用完后，零售集中商将客户头寸平仓，同时关闭账户。这项操作可以使零售集中商避免承担客户的违约风险，因此客户必须更加关注自己的活跃交易。

三、不对称信息和汇率决定

建立汇率决定模型不但要知道哪些参与者给市场带来信息，而且要知道这些信息如何包含到市场的价格当中。在外汇市场，这个过程至少有三步。第一步，终端客户通过和做市商交易把他们的信息传递给做市商。第二步，将信息纳入交易商间汇率价格当中。第三步，交易商依据交易商间市场价格对给客户的报价作出相应的调整，信息被广泛传播。

交易商通过他们的客户获取信息的过程已经被描述，这过程的下一步是考虑交易商在提供流动性给客户后如何调整自己的头寸。就像前面阐述的那样，交易商从客户那里买来货币再将货币在交易商间市场上卖出。当交易商和掌握信息的客户交易后，将会非常急切地进行快速并且激进的交易（Osler et al.，2011；Bjønnes et al.，2011）。一个掌握信息的客户的购买意味着价格可能会上涨。如果交易的结果是交易商的看空货币，那么这个仓位的头寸是一个的风险。但是如果客户不掌握信息，那么交易商没有理由进行激进的交易，因为相关头寸有一半的机会可以获益。

Osler 等（2011）提供的证据也验证了上面关于交易商行为的假设，如果客户掌握信息，那么交易商就很可能和客户有相同的交易方向，交易也会很激进。类似的，Bjønnes 等（2011）提供的证据也表明交易商和更大规模的金融客户交易后交易一般会更激进。相反，交易商交易的激进程度不受与公司或政府的交易影响。

若交易商以更低的价格激进地卖出，同时买入价没有吸引力，那么就要把交易商这时的行为和价格发现联系起来。交易商的价格向下移动跟先前掌握信息的客户卖出行为预测价格下降所传递的信息相一致。交易商价格变动所包含的信息通过终端客户传递给市场。价格变动之所以能够持续是因为其他的交易商通过观察交易商间市场的交易把他们自己的报价也做了相应的调整（Goodhart，Ito and Payne，1996）。交易商间市场价格立刻影响给客户的报价，因为给客户的报价是在交易商间市场价格加上利润报出的。

外汇的日回报率和交易指令动向的即期关系为价格发现的观点提供支持。指令动向定义为激进净买入交易或净卖出交易。金融客户的交易指令动向和外汇回报率是正相关的，他们的买入（卖出）预示着价格的上涨（下跌）。交易商的交易指令也和每天外汇的收益正相关。

既然公司客户不掌握信息，那么价格发现过程应该意味着，公司客户的交易动向和外汇回报之间没有关联。但是公司的交易动向和外汇回报实际上是负相关的。那就是，公司是某种货币的净买入者（卖出者），公司的外汇收入为正（负）（Lyons，2001；Evans and Lyons，2006；Marsh and O'Rourke，2005；Bjønnes et al.，2005）。

一天内公司客户的货币价值波动解释了交易和每天外汇收益是负相关的。公司客户希望进口买的便宜点或出口卖的贵点。一旦一种货币价值下降，从这个国家进口会更便宜；如果这种货币升值，那么出口到这个国家利润会更高。这样汇率的变动带来了公司客户交易的相应变动。即使公司客户不紧跟市场，他们也可以敏捷地作出反应，因为他们可进行限价交易，或是更有效地雇用交易商来替他们监管市场（Osler，2005，2003）[①]。

因为不同的交易意愿，金融客户和公司客户在汇率决定中扮演了不同的角色。Sager 和 Taylor（2006）采用了一个"推拉"的隐喻来打比方。当推方的参与者向交易商卖出一种货币时，货币贬值。贬值又把参与者作为买方"拉入"市场。这个过程与 Evans 和 Lyons（2002）提出的模型类似，当然他们的模型当中"推"的参与者是不掌握信息的金融客户，"拉"的参与者是风险厌恶的投资者。的确，证据表明，推方参与者是掌握信息的金融客户，拉方参与者是非投机的交易者。

公司客户被认为无意中充当了隔夜流动性的提供者。交易商提供即期流动性，和客户的交易被假定能够在当天被平仓掉。但是既然交易商在交易日末是零仓位的，那么如果一部分终端客户是净买入者，另一部分终端客户必然是净卖出者。公司客户作为客户中的第二大群体提供了

---

① 限价交易就是当价格低于一定程度时买入一定数量货币，高于一定程度时卖出一定数量货币。

隔夜的流动性，证据表明金融客户是隔夜流动性的需求者，公司客户提供了这个流动性。

流动性供给的分析在汇率模型设定中有两个关键含义。第一，模型必须包含非金融参与者和投机参与者（投资者）。第二，模型不能只关注货币的保有量。很长时间人们一直认为货币存量模型和货币流量模型是相当的，因为流量只是存量的简单一阶差分。但是不是所有的流量都决定汇率，汇率只受传递到货币市场的流量影响。正如前面提到的，公司客户创造的流量只有一半包含到了货币市场的流量当中，因为公司客户在外汇市场增减头寸，只有一半包含到外汇市场流量中。总之，货币持有量的一阶差分不等同于驱动汇率变动的资金流。

2.1.3 外汇市场电子化交易变革

外汇市场电子化交易的变革改变了外汇市场的结构，因为这提高了市场的质量，尤其是提高了透明度和降低了交易成本。这一部分描述这个改变过程，这个过程分为两个阶段：第一阶段，电子交易平台从根本上取代声讯交易；第二阶段，市场参与者通过以前难以想象的方法来开发新的交易技术。

为了有助于剖析外汇市场结构，我们用图 2 - 3 展示了不同阶段外汇市场的典型画面。在每幅图中，阴影的方框里面代表交易商间市场，方框外面代表客户市场。外汇的交易渠道用箭头表示。实线代表电话方式的声讯渠道，虚线代表电子交易渠道。

一、声讯时代

20 世纪 70 年代早期汇率开始浮动之前货币交易比较沉寂。货币交易开始兴起时，场外外汇交易主要通过电话完成。图 2 - 3 （a）描绘了这个时期的典型市场结构。一个客户（C）想要交易，须向交易商（D）询价，询问交易商当前的买卖报价。根据报价客户决定是否买入本币，还是卖出，抑或放弃交易。交易确认是通过两个支持办公室之间的文书实物交换完成的。这个支持办公室的交换过程是纸质的，过程烦琐，极易犯人为错误。

2 国际外汇衍生品市场概况

在交易商间市场，交易商间既可以直接询价（线1），也可以通过声讯经纪人（VB）下单保持匿名（线2）。声讯经纪人通过一个开放式多用户电话系统把最优的买卖价格报出来，在每个交易商的台面上有一个发音盒式的小扬声器作为声讯终端。一些流动性较差的发展中国家的货币市场仍然用这种方式交易。

这个时期的外汇市场比较不透明，外汇交易的信息是两大交易群体的专利。信息通过声讯经理人持续的报价中宣布出来。大银行间有隐蔽的协议买卖差价较小，而小银行承受的买卖差价更大。为了收集信息，交易商常常相互询价，实际操作中有时需要他们进行一定的交易。交易商也通过相互询价把不想要的货币头寸转移另一个交易商，第二个交易商再转给第三个等等，这个过程被称为烫手山芋交易（Lyons，1997）。因为这样那样的原因，交易商间的交易占到总交易的一半以上。

二、计算机的兴起

20世纪80年代末期电子化交易平台首先在交易商间市场出现，90年代在客户市场出现。这些计算机系统只是替代声讯系统而没有改变交易商和客户间的关系结构。

（一）交易商间市场的电子化交易

1987年路透开发了一种在交易商间双边交易的交易系统，命名为汤姆森路透社处理（Thomson Reuters Dealing，线5）。尽管实际上这个系统只是简单地用打字发送信息代替声讯交流，但是它对交易商来讲，速度更快效率更高。电子化的交易记录提高了操作效率，很快这套系统就成为交易商间市场的主要交易工具（Rime，2003）。

交易商间市场的透明度是通过路透同期的一个粗糙的产品提高的，即FXFX页面。这个电脑页面是一个屏幕上提供给交易商的高流动性货币实时的指导性报价，汇集来自许多交易商的一站式即时价格信息。对交易商来讲，FXFX是有关大多数高流动性货币交易价格信息的主要来源。

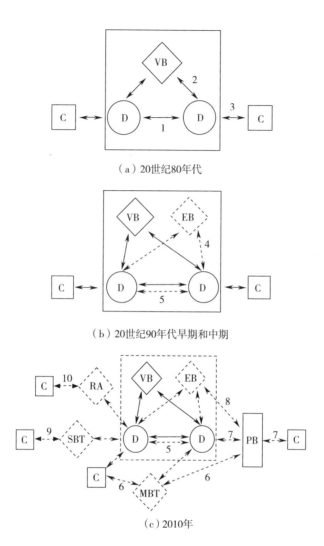

（a）20世纪80年代

（b）20世纪90年代早期和中期

（c）2010年

注：D：交易商，C：客户，VB：声讯经纪人，EB：电子经纪人，PB：大宗经纪人，MBT：跨银行交易系统，SBT：单个银行交易系统，RA：零售集中系统，实箭头是声讯通信，虚箭头是电子网络通信。

图2-3　外汇市场结构演变

1992年，路透在外汇市场上推出第一个电子化限价交易平台，如今被称为 Thomson Reuters Matching。其他银行担心路透会垄断交易商间市场交易，组成财团一年后成立另一个相似的电子交易平台，即电子经纪服务（Electronic Broking Service，EBS）。由于这些电子经纪人（EB）的出现，交易商可以匿名电子化交易，如图 2 - 3（b）线 4 所示。交易商偏好这些平台的匿名交易多于和另一个交易商直接交易，因为通过这些平台可以不惊动竞争对手而减少头寸。也就是说 EBS 屏幕前的德意志银行的交易员不知道哪家银行制定了限价交易指令①。交易商偏好这些交易平台还因为这些平台速度更快，操作效率更高。

20 世纪 90 年代末电子经纪人主导了高流动性货币的交易商间市场的交易。由于网络的外部性，一种货币只会更汇聚于一个交易平台。EBS 长期垄断了欧元、日元和瑞士法郎的银行间交易，同时路透垄断了英镑、澳大利亚元、加拿大元和北欧货币的交易。但是声讯经理人对于低流动性货币还是很重要，这些货币不是通过电子化经纪人交易的，所以到 2010 年声讯经纪人依然占到全球即期外汇交易量的 10%。

交易商间限价交易市场的推出降低了小银行的交易成本，因为匿名的交易环境不存在价格歧视。电子经纪人还促进了市场的透明度，因为限价交易指令价格是真实的，经纪人的最优买卖报价相比于 FXFX 页面的指导价提供了更加可信的市场信号。交易后的透明度也提高了，因为电子经纪人相比于声讯经纪人报告交易的效率更高。但是电子经纪人关于交易量的作用是模糊的。电子经纪人匹配交易对手方的效率更高，减少了不需要的货币头寸在交易商之间转移（所谓的烫手山芋交易）。另一方面，因为降低了交易成本，电子经纪人鼓励了更多的投机交易。

（二）终端客户的电子化交易

20 世纪 90 年代中期，交易商间市场的买卖差价已经收窄，但客户市场的买卖差价却没有改变，这样保证了交易商获取了更多的利润。高利润加剧了客户市场的竞争，针对客户的新的电子交易平台开始引入客户市场。与此同时，外汇市场的结构也变得更加复杂和多层次，很难轻易分类。

---

① 为了确保交易商只和信用匹配的对手方交易，外汇经纪人的屏幕只显示已有报价，比较报价银行（花旗银行）和信用等级类似的潜在观测银行（德意志银行）两者的报价。

如图 2 - 3（c）所示，交易目前被分散在许多交易场所。因为跨银行交易系统（MBT）（线 6）和外汇市场大宗经纪人（PB）（线 7）的出现，交易商间市场和客户市场的这种严格区分的外汇市场两层格局已经被打破。大宗经纪人是一种交易商和客户间交易的安排，这种安排允许终端客户如对冲基金可以在交易商间市场上直接交易，对冲基金可以和交易商直接交易（线 7）或是通过电子经纪人间接交易（线 8）。通过自营交易系统客户和交易商之间的交易上升很快，这个系统就是单个银行交易系统（SBT）（线 9）。同时，零售集中商（RA）是一个全新的交易群体，它的出现使得零售客户可以更经济地交易外汇（线 10）。

终端客户电子化交易起始于 1996 年，那年全球托管银行道富（State Street）成立它的自营电子化交易平台（FX Connect）。这个系统只是简单地替代了声讯交易，因此对外汇市场的透明度和买卖差价没有产生影响。但是这套系统让道富托管银行与其客户的交易更加高效，降低了人为操作的风险。

1999 年左右，美国的互联网浪潮达到了顶峰，许多独立公司（非银行）通过创建面向终端客户的电子化外汇交易平台开启了外汇市场更加巨大的变革。这些跨银行交易系统（MBT）允许客户通过自营计算机网络（线 6）和一群交易商直接交易。第一个这样的平台是 1999 年创建的 Currenex，这个平台将外汇市场向前又推进了一步。和原来的只能向单个银行逐个询价找到最优的报价不同，客户可以同时向一群交易商一起询价。交易商被要求在几秒内作出反应，客户选择一个交易商和其交易。2000 年道富托管银行将它的 FX Connect 交易平台扩展到其自有客户之外，有效地把这个平台转变为一个跨银行交易系统。表 2 - 5 提供了外汇市场最大的几家跨银行交易系统的情况介绍。

其他新的进入者，如 Hotspot FX（2000）和 Lava（2001），带来了电子限价交易市场，这个市场允许终端客户匿名交易。这些交易平台允许终端客户通过设立限价交易指令创造流动性，以及接受限价交易指令成交。因为来自客户的流动性有时可能缺失，交易平台和交易商签订合约，要求其提供连续报价。

主要大银行和新进入者展开多渠道竞争。第一，知名交易商联合起来创立自己新的有竞争力交易平台。2001 年一个银行财团创立了一家大的跨银行询价系统 FXall。第二，已有的平台收购一些独立的交易平台。比如，2007 年道富托管银行收购了 Currenex，同年 FXall 收购了 Lava。

表 2 – 5　　　　　　　　全球重要的跨银行外汇交易系统

交易系统	成立时间	可以交易的外汇产品				
		即期	远期	NDF	期权	掉期
a）询价服务						
State Street's FXConnect	1996	√				√
FXall	2001	√	√	√		√
360 Trading Networks	2002	√	√	√	√	√
Reuters Trading for FX	2005	√				√
b）交易前匿名限价交易指令						
Thomson Reuters Matching	1992	√	√	√	√	√
EBS	1993	√		√		
Currenex	1999	√				√
Hotspot FX	2000	√				
Lava	2001	√	√	√		√

注：汤森路透撮合交易系统和 EBS 作为交易商间电子经纪人，通过大宗经纪人平台分别于 2005 年和 2004 年开始对客户服务。

最重要的，主要大银行投巨资为自己的客户发展电子化交易平台，被称为单个银行交易系统（SBT）。2000 年瑞银成立了 FX Trader，2001 年巴克莱银行成立了 BARX。1996 年德意志银行成立的 Autobahn，一开始运营美国国债的实时交易，后来加入了外汇交易。高盛的 Sachs 于 2003 年成立。花旗银行的动作相对较晚，2006 年成立 Velocity。一些单个银行交易系统运行客户输入一天的固定价格或是延迟交易指令。另外一些系统，交易商根据交易商间市场价格和他们的客户交易情况提供流动报价。客户通过敲击键盘可以根据自己特定需求来成交，也可以通过点击鼠标来买入即期外汇。图 2 – 4 显示了巴克莱银行 BARX 交易平台的屏幕截图，这个截图展示的是客户在这个交易平台看到的画面。

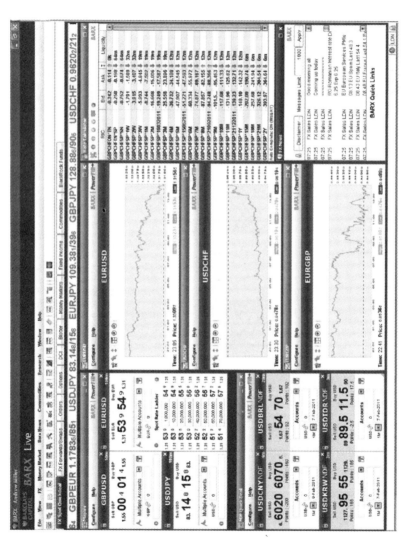

图2-4 巴克莱BARX单个银行交易系统

注：这是巴克莱资本的BARX交易平台。在工具栏中我们可以看到所有可以交易的外汇产品。左上角的一栏是即期交易窗口，可以看到GBP/USD和EUR/USD货币对用小数点后5位进行报价，USD/JPY用小数点后3位报价。早期它们的报价分别是小数点后4位和后2位。

　　客户导向的电子化交易的出现带来了外汇交易在不同交易平台间的分散，如表2－6所示。20世纪80年代成立的5个交易平台只有3个能够接入，到了90年代，电子化经纪人在交易商间市场出现，而现在交易商和客户都能够通过各种交易平台进行两边交易。

　　终端客户电子化交易从市场质量提高的角度来衡量也产生了积极的作用，但同时促使交易过分集中于几个大的交易商也带来了担忧。

　　促进透明：交易前透明度如今已经很高，单个银行和跨银行交易交易系统都连续报价。客户可以不通过交易商就直接观察外汇市场的交易进展。

表2－6	各种不同的外汇交易方式占比				单位：%
	交易商间 直接交易	声讯 经纪人	电子 经纪人	客户 直接交易	跨银行 交易系统	总计
所有外汇产品						
英国、美国和日本	15	16	19	39	12	100
另7个国家/地区	24	19	17	31	10	100
其余43个国家	29	11	24	25	10	100
只有即期						
英国、美国和日本	12	8	27	36	16	100
交易商	29	10	34	16	11	100
另7个国家/地区	20	11	20	39	11	100
交易商	37	7	28	15	13	100
其余43个国家	27	8	27	28	10	100
只有外汇掉期						
英国、美国和日本	18	28	15	32	7	100
另7个国家/地区	26	23	17	25	9	100
其余43个国家	33	15	22	18	12	100

　　注：在国别比较中，外汇交易量以"净值"记录（对各国交易商间双重记录交易量进行调整）。"另7个国家/地区"是按全球外汇交易活跃程度排名的：新加坡、瑞士、中国香港、澳大利亚、法国、丹麦和德国。"交易商间直接交易"是指交易商之间不通过电子或声讯经纪人直接交易。"客户直接交易"是指客户和交易商之间通过声讯或单个银行交易系统进行直接交易。

　　资料来源：BIS三年一度外汇报告。

一些匿名交易平台上的限价交易指令的报价所带来的实时信息也促进了市场透明度的提高，比如 Hotspot FX 提供了每个可交易水平上的价格和数量。

大多数交易平台允许客户记录他们交易执行时的市场价格以及他们交易完成后价格所受到的影响。其结果是，客户可以进行交易成本分析，这个操作就是参与者可通过统计分析他们的交易成本来发现潜在的效率提高。交易成本分析在证券市场已经很普遍，这是资产管理的基本操作。在外汇市场一直未推行是因为直到最近这个操作才可行。

提高操作效率：电子化交易使直通全程（STP）成为可能。交易电子化带来结算电子化和清算电子化。因为直通全程意味着无纸化和很少的人为干预，也就几乎没有失误，从而大大降低了操作成本和风险。

收窄买卖价差：客户电子化交易的推广带来了终端客户买卖价差的收窄。在 20 世纪 80 年代和 90 年代，那时外汇市场是不透明的，公司客户小额交易的买卖价差据报道是交易商市场间差价的 20 倍（Goodhart，Love，Payne and Rime，2002；Bjønnes and Rime，2005）。其至到 2001 年公司客户小额交易的买卖价差还是交易商间的价差的 3 倍或是更多（Osler et al.，2011）。如今这两个市场的买卖价差基本消失。

客户电子化交易平台也促进了交易商间市场买卖价差的收窄，因为它降低了交易商的操作成本。降低操作成本也就意味着交叉汇率能以很小的买卖价差直接成交（如 EUR/AUD 和 AUD/JPY）。如图 2－5 所示，20 世纪 90 年代中期交易商间市场买卖价差是 3 个基点，过去 10 年已经收窄到大概 1 个基点（100 万美元换成欧元的交易成本是 100 美元，电子交易商保留了对最低交易规模 100 万美元的要求）。在一些高流动性的市场，如 EUR/USD，在交易活跃的时候买卖价差常常小于 1 个基点。2011 年，交易商间市场的主要经纪人之一的 EBS 开始推行半个基点报价，而其主要经济对手汤姆森路透社还没推行。原因是 EBS 主要为吸引算法交易者，而汤姆森路透社的目标客户群是人工交易客户，这些客户希望在他们的交易屏幕上看到更多的和报价相对应的意愿成交数量。

直到最近托管银行市场的买卖价差还是下降很少。2009 年 10 月开

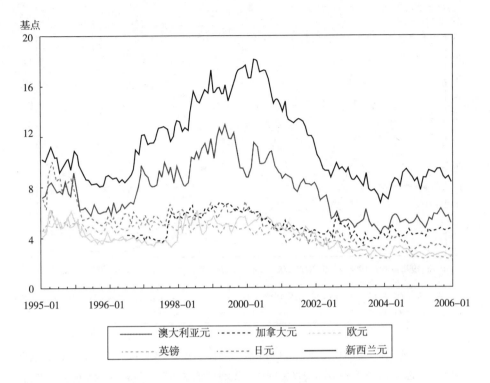

注：买卖价差是不同货币兑美元的中间价的基点差。所有的货币价差和时间呈负相关。

资料来源：Olsen 和 Associates。

图 2-5　各货币对美元买卖价差：1995—2006 年

始，一系列已颁布的法案宣布全球托管银行在外汇交易中收费过高。2011 年，据报道，通过全球托管银行执行的非商议性外汇交易的成本相对于早几年下降了 63%（Diamond，2011）。

交易商市场不断上升的集中度：客户电子化交易促进了交易商市场的集中度的提高（见图 2-6）。因为银行被迫投巨资改进交易系统，但同时报价的价差却在不断减少，小银行发现在主要币种上做市已经没有利润。欧洲货币年度调查显示，1998—2010 年，外汇市场中最大的三家银行的外汇交易量的份额从 19% 上升到 40%。尽管集中度上升，但小银行和地区性银行仍然在本国货币交易中做市，利润来自这些银行对本国业务的专业和给本国客户授信的比较优势。

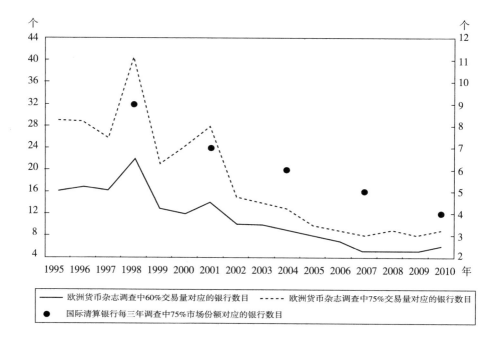

注：右轴上的点代表从高到低，75％的市场份额的银行数目，来自 BIS 三年一度的报告。点代表 14 个被选国家的算术平均数，是以这 14 个国家交易量的算术平均算得。左轴是 60％、70％欧元交易量的从高到低银行的数目，来自欧元的年度报告。

图 2-6　市场集中度（市场份额占 X％的银行数目）

三、电子化交易最近的发展

一旦声讯交易被电子交易所替代，交易者开始发现许多创新的渠道来开发电子化交易的潜在市场。大银行开始激进地把交易内生化，给客户建档。这些银行还给对冲基金客户提供大宗经纪人服务，给区域小银行客户提供他们自营交易平台的白标签①。同时，独立的自营交易公司开始发展创新的电子交易平台，比如算法交易。

（一）主要经销商银行的创新

白标签。尽管众多小银行已经从最具流动性的货币的做市中撤回，它们以自己的名义在大银行的单个银行交易平台上操作来保证它们的客

---

① 白标签，White Labelling。

户获得流动性的机会。这一实践手法被称为白标签，对大银行而言有很多好处。首先，不需要花钱去评估每一个合约对方的信誉度，就可以看到小银行的交易流向并从中提取任何相关信息。其次，给大银行带来了一项新的利润来源，发展它们的单个银行交易系统的投资。表2－7反映了白标签的程度，三家最大的单个银行交易系统的联合市场占有率约占70％，是三家最大的银行的总体市场份额（约35％）的两倍。

表2－7　　　　　　前十大单银行外汇交易系统的市场份额

银行	份额（%）	#前十名
德意志银行（Autobahn）	36	7
UBS（FX Trader）	22	7
巴克莱银行（BARX）	12	7
花旗银行（Velocity）	6	7
JP摩根（Morgan Direct）	3	3
高盛（REDI）	3	5
苏格兰皇家银行（Smart Prime）	3	6
汇丰银行（HSBCnet FXHub）	2	7
苏黎世信贷（Prime Trade FX）	2	3
摩根士丹利（Passport）	2	2

注：表中给出了2004—2010年的平均市场份额（以百分数表示），"#前十名"表示这7年里该银行交易系统有几年排进了前十名。

资料来源：欧洲货币外汇调查。

客户交易的内部化。既然最大的交易商银行的市场份额越来越大，它们有足够充裕的现金流去系统性地实现客户交易的内部化。如果客户A叫卖一定量的日元，银行将持有这些日元存货直到客户B和C叫买日元，而不是更改银行在交易商间市场上的仓位。电子交易对于内部化而言是尤其有利润空间的，因为算法要求银行捕捉最小市场风险的买卖价差。任何不能被内部匹配起来的交易就放到经销商银行的公开交易柜台上去管理存货风险，然后再放到交易商间的市场。2007年，不到25％的交易商进行这样的内部化，而今天，最大的外汇交易商披露有80％或更多的客户交易是内部化的。内部化也是交易商间交易的比重占总的交易比重不断下降的另一个因素。

客户建档。银行开始开发新的数字化交易记录，给客户的每笔交易建档。交易商统计分析这些数据，区分三类交易：（1）定向流动；（2）非定向流动；（3）激进的高频交易。定向流动通常意味着随后的汇率变化，被认为是被通报过的。交易商能利用这些信息或者减少其敞口风险，或者帮助投机性仓位操作。非定向流动（未被通报的）指的是客户交易并不意味着任何可预测的价格波动。交易商可以安全地持有与未通报的客户的交易敞口，并与另一类客户交易交叉，从而获得买卖价差。

大宗经纪人。杠杆投资者开始通过与最大交易商的大宗经纪人安排在银行间市场直接交易。用大宗经纪人的名义，运用大宗经纪人的现有信贷额度，大宗经纪人的客户与其他的交易商进行交易，这是客户根据他们的交易量付费获得的特权。任何与不是大宗经纪商的外汇交易商的交易的执行都会被放弃，而大宗经纪商成了该项交易双方的对手方。举个例子，对冲基金 Z 可能支付给它的大宗经纪商美国银行一笔钱，从而获得使用 EBS 和汤姆森路透社交易平台的接入口。当 Z 从汇丰银行买了澳大利亚元时，对 Z 而言美国银行是澳大利亚元的卖方，对汇丰银行而言美国银行是澳大利亚元的买方。

对大银行来说，大宗经纪安排产生了新的基于付费的利润来源，可以将他们的技术和运营基础设施转化成利润。终端客户的收益就更多元了，他们可以获得财务杠杆率、解决方案的固化、清算和披露服务①。因为很多对冲基金过去信贷额度受限，大宗经纪安排提供了新的对手方和新的交易平台。大宗经纪商业允许对边际关系的抵押品更有效率的使用，因为仓位是可以抵消的，可以减少运营风险和固定风险。最后，大宗经纪商为客户提供私密性服务，因为对手方经常不知道大宗经纪交易的幕后身份。相反，对冲基金在直接与银行交易时并不喜欢这种匿名性。历史上有些大的对冲基金就担心银行可能抢先完成交易，或者是分享它们其他交易活动的信息②。

①　关于外汇大宗经纪商的更多细节，参见 www. ny. frb. org/fxc/2005/fxc051219a. pdf。
②　索罗斯的量子基金就要求与之交易的银行签署特别保密协议。

就像很多外汇交易的创新形式，大宗经纪最初也是从股权和债券市场产生的，这也就解释了为什么外汇大宗经纪的增长惊人的迅速。2010年4月伦敦近30%的现货交易是通过大宗经纪关系来执行的，2008年的这一比率仅为15%[①]。

（二）终端客户方面的创新

算法交易。正如前面所述，一旦终端客户可以接入智能化电子交易系统，算法交易的出现就是个自然的过程。关键的转折点出现在2003年，那年经纪人EBS为银行提供了一个自动化接口（AI），允许银行接收电子化的报价。这个创新打开了交易商市场上算法交易的大门。一些年后为了应对跨银行交易系统的竞争，EBS和路透把它们的服务扩展到银行的大客户。这一发展使对冲基金和其他自营交易商可以第一次参与到交易商间市场中。如图2-7所示，交易商间市场的经纪人的算法交易份额上升很快，2010年已经超过50%。

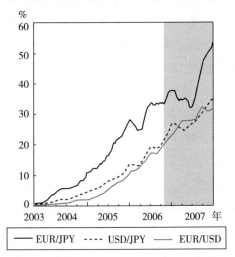
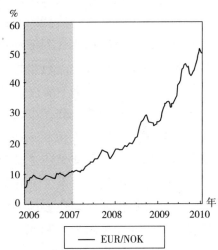

图2-7 EBS和路透算法交易的份额

高频交易。如前面所分析的，算法交易带来了一种全新的交易方

---

① 参见 the survey of the London FXJSC at：http：//www.bankofengland.co.uk/markets/forex/fxjsc/index.htm。

式——高频交易。高频交易通过高频率捕捉不同交易平台间的细微价差获利。King 和 Rime（2010）估计高频交易占到即期外汇市场四分之一的交易量。高频交易的兴起解释了即期外汇市场交易增长为何高度集中，主要集中为美元和欧元，交易也主要集中在伦敦和美国。高频交易还解释了为何 2007 年以来芝加哥交易所外汇期货合约数翻番可是即期外汇交易规模却在下降。到 2010 年，高频交易者在单个银行交易系统非常活跃，算法交易甚至成为一些小币种的主要交易方式，如挪威克朗。

交易商对他们单个银行交易系统中的高频交易者情感复杂，因为高频交易者的利润就是交易商的损失。结果是，一些银行根据客户交易活动建档，把这些利用计算机算法进行"掠夺性"交易的人屏蔽掉。但是，另外一些银行鼓励在场内系统进行高频交易，它们看好间接收益，因为增加的流动性可以让它们培育内部价格引擎。

交易商一般喜欢通过大宗经纪人的关系资助跨银行交易平台上的高频交易公司，通过银行信贷向它们收取费用。但是，当外汇交易商发现他们自己也会被潜在的套利活动刮去利润后，他们只在他们想进行交易的时候才在交易平台上进行报价。还有就是，许多银行投巨资提升自己的高频交易的能力。毫不奇怪，高频交易不断普及，其利润率就会下降。随着高频交易利润的下降，市场中做市商银行变得更少，许多大型的高频交易公司开始提供流动性，在匿名的跨银行交易系统，在这样的有效做市商市场中，高频交易还是有利润的。

外汇市场面临的一个关键问题是当危机来临，市场最需要流动性时，高频交易者提供的流动性会像"海市蜃楼"那样突然被抽干吗？高频交易者提供流动性是因为有利润，但却没有义务去提供流动性。但是大多数银行即使是困难时期也会为它们的客户做市，因为它们要保持自己的信誉，从而获得其他利润丰厚的业务。来自 2007 年到 2009 年全球金融危机期间的证据表明很难下这样的结论，雷曼倒闭之后，即期外汇市场上高频交易者依然活跃，从而保留了流动性，只是买卖价差适度扩大（Baba and Packer，2009；Melvin and Taylor，2009）。

零售集中商。通过电子化交易，小额交易可以自动集中成大额交易，在高流动性的交易商间市场上成交。正如前面描述的那样，零售集中商的出现使得富裕的个人可以开始进行外汇交易，这是一个全新的交易群体。零售交易是外汇市场中增长最快的一项交易。在2001年零售交易几乎可以忽略，但到2010年，每天的交易额为1 250亿～1 500亿美元，占到全球即期外汇交易额的8%到10%（King and Rime，2010）[1]。日本的零售投资者被认为是最活跃的，大概占日本即期外汇交易的30%还多（或日均200多亿美元）。东京金融交易所的零售外汇交易主要是以保证金方式进行的（Terada，Higashio and Iwasaki，2008）。

交易商很乐意以优惠的价格给零售集中商提供流动性，如前面所述，平均来讲，零售集中商不掌握信息，因此没有逆向选择风险。交易商可以很安全地持有零售的头寸等待将来交易。表2-8显示零售客户通过互联网交易50 000美元或更少金额的流动性最好的货币对的买卖价差，这个价差和10年前交易商能够获得的价差几乎相同。

表2-8 　　　　　　　零售外汇交易平台上的买卖价差　　　　　　单位：基点

货币对	价差	货币对	价差	货币对	价差
EUR/USD	2.3 (1.0)	NZD/USD	4.0 (1.1)	USD/DKK	6.8 (1.0)
USD/JPY	2.4 (1.0)	NZD/JPY	4.4 (1.1)	EUR/CAD	7.1 (1.3)
GBP/USD	3.0 (1.0)	AUD/JPY	4.8 (1.4)	USD/SGD	7.1 (4.7)
USD/CHF	3.0 (1.0)	AUD/CHF	4.9 (2.6)	GBP/AUD	8.0 (2.4)
AUD/USD	3.1 (1.1)	AUD/NZD	5.0 (1.6)	GBP/CAD	8.3 (3.0)
EUR/JPY	3.1 (1.1)	GBP/JPY	5.4 (1.1)	EUR/NZD	9.2 (3.2)
EUR/GBP	3.2 (1.1)	CAD/JPY	5.7 (1.6)	USD/TRY	9.2 (4.2)
USD/CAD	3.7 (1.0)	AUD/CAD	6.0 (2.5)	EUR/TRY	15.2 (7.2)
EUR/CHF	3.9 (1.4)	EUR/AUD	6.5 (1.5)	GBP/NZD	17.4 (7.0)
CHF/JPY	4.0 (1.0)	GBP/CHF	6.6 (2.0)	USD/HKD	18.2 (17.2)

注：表格显示汇率的常见买卖价差，括号里的是最低价差，数据来源于FXCM的零售网络交易平台。买卖价差作为交易成本的衡量标准，当然会随着汇率水平的变化而变化，不过数据显示很多汇率的买卖价差还有一定的下降空间。

资料来源：FXCM（http://www.fxcm.com/forex-spreads.jsp）。

---

[1]　零售集中商的外汇活动被统计在国际清算银行调查报告的"其他金融机构"栏中。

人民币国际化与外汇期货市场建设研究

零售外汇交易的快速增长带来更多的监管。现在在线外汇交易者必须注册，同时要求的最低资本金额度也提高了。更进一步，美国和日本调低了大多数货币零售交易的杠杆倍数，从100倍降到50倍，日本降得更多，2012年1月下调到20倍。虽然现在英国和欧洲大陆还没有杠杆倍数的限制，但加强对套利管制还是有潜在可能的。

更多的管制带来行业兼并。美国零售交易平台从2007年的47家减少到2011年的11家，日本的交易平台从2005年的500多家减少到2011年的70家左右。

流动性集中商。由于交易分散在这些相互竞争的电子交易平台，流动性会变得分散，市场效率也会不高。但是自然的市场力量通过流动性集中商的发展解决了这个问题。流动性集中商是一种电子化工具，这个工具收集不同来源的连续报价，如外汇交易商、电子经纪人和跨银行交易系统。通过把这些报价集中到一个连续报价中，交易商和终端客户可以同时获得不同交易平台的最优报价。对冲基金已经采用算法交易好多年，现在大银行也开始采用算法交易。

中央对手方。一个更加可行的创新可能会在外汇市场上发生，特别是中央对手方（CCPs）的提出，被用来解决交易对手方的信用风险（违约风险）问题。尽管大部分的外汇产品所产生的对手方信用风险很小，但是由长期的外汇远期和期权产生的风险暴露还是存在的。这种风险管理方式有设定双边交易对手方风险限制和净额交易管理，特别是管理和违约相关的条件和流程。

2008年金融危机时期，场外市场标准的交易对手方违约保护被证明是不充分的，或是在许多财产分类上是有问题的。为了克服这个缺点，欧美监管者开始考虑是否需要通过中央对手方来进行集中结算。中央对手方通过参与到每笔交易中来减少对手方信用风险，这样中央对手方变成了每一个卖方的买方和每一个买方的卖方。中央对手方需要交易双方都要提供担保，任何头寸敞口都要保有一定的安全保证金（Cecchetti，Gyntelberg and Hollanders，2009）。如果有一方违约，中央对手方就用这一方的保证金和另一方进行平仓交易。

2　国际外汇衍生品市场概况

在外汇市场上中央对手方已经在场内交易中运行一段时间了，但在场外市场还没有。尽管美国财政部已经豁免要求即期和远期外汇市场设立《多德—弗兰克法案》要求的中央对手方，但其他外汇产品还是需要设立中央对手方。欧洲的监管者在这个问题上将会遵循美国的操作。

2.1.4　跨银行外汇平台的调查

为了更好地理解跨银行交易系统和电子经纪人的外汇活动，挪威央行的研究人员对15家机构和零售交易平台做了调研。表2-9显示了调查结果。10家机构交易平台的交易量占到即期外汇市场的30%和掉期外汇市场的22%①。5家零售交易平台调查显示占到另外全球即期外汇市场5%的交易量。2008—2010年跨银行交易平台的活动增长强劲，其中机构交易平台日均交易量上涨20%，零售交易平台日均交易量上涨300%。机构交易平台的每笔交易的平均规模为200万美元，零售交易平台每笔交易的平均规模是6万美元，每天零售交易交纳的交易费更多。

表2-9　　　　　　　　　15家跨银行外汇交易平台的调查

	机构	零售	总计
参与的交易平台	10	5	15
1. 每天的交易量（百万美元）			
2010 年 4 月	830 417	71 861	902 278
2007 年 4 月	687 856	16 705	704 561
2007 年到 2010 年的增长率			
2. 2010 年 4 月的情况			
每天平均的交易数量（笔数）	396 727	1 177 440	1 574 167
平均每笔交易量的规模	2 093 169	61 032	573 178
3. 每天你们公司外汇交易平台上交易量（百万美元）			
即期	436 835	70 822	507 657
远期	11 657	444	12 101

---

①　数据从跨银行交易平台上采集，没有对交易商双重记录进行调整，因此估算有偏高的可能。

续表

	机构	零售	总计
不可交割远期（NDF）	449	0	449
外汇掉期	381 387	0	381 387
货币期权	89	595	684
总计	830 417	71 861	902 278
4. 按交易的重要性划分客户的种类（1＝最重要）			
银行和其他金融机构	1	2	
实本交易	2	4	
对冲基金/杠杆交易策略	3	3	
公司或政府	4		
央行，货币管理者	5		
零售交易（资本小的个人）	6	1	
5. 按交易额划分2010年（2007年）交易量的份额			
算法交易	35 %（38 %）	37 %（19 %）	
高频交易	18 %（15 %）	8 %（10 %）	
通过大宗经纪人账户交易	19 %（7 %）	9 %（24 %）	

注：表格显示的是2010年秋季对跨银行交易平台和零售交易平台的调研报告。这些交易平台是：跨银行交易平台：Currenex, EBS, FXall, FXConnect, Hotstpot FX, Lava Tading, Reuters Trading for Foreign Exchange, Thomson Reuters Dealing, Thomson Reuters Matching, and 360 Trading Networks。零售交易平台是：FXCM, FX Direct Dealer, Gain Capital, OANDA, and Saxo Bank。

资料来源：挪威央行研究人员调研。

机构交易平台最活跃的参与者（按重要性排序）是银行、全款投资者和杠杆投资者。机构交易平台的交易主要集中在即期外汇（53%）和外汇掉期（46%），超过了其他的交易。

不同的交易平台上交易的客户基础和属性也不相同。EBS和路透服务于银行间市场，这些平台上算法和高频交易者通过大宗经纪人交易活跃。在EBS交易平台上，算法交易者和用键盘人工操作者各占一半。为了同时满足这两类交易者的需求，EBS降低了平台的交易执行速度，EBS采取的措施是要求报价最低维持250毫秒，防止指令一闪而过，在计算机操作和人为操作之间找到一种平衡。

算法和高频交易在其他匿名交易平台上也很重要，比如 Currenex、Hotspot FX 和 Lava。例如，在 Hotspot FX 交易平台上，一份管理报告显示 2011 年超过 75% 的交易量是算法交易。2008—2010 年，机构交易平台上，算法交易占到总交易量的 35% 左右。在大宗经纪人交易平台上，2010 年高频交易占到 18%。

全款投资者和公司客户主要在询价交易平台上比较活跃，比如 FX-all、FXConnext、360Trading Networks 和 Reuters Trading for FX。算法交易在这些交易平台上的份额比较少。

在零售交易平台上，交易主要集中在主要货币对（EUR/USD，GBP/USD，USD/JPY）的即期交易和流行的套利组合交易（AUD/USD，GBP/JPY，EUR/JPY）。但是由于利率下降和许多杠杆投资者交易中遭受巨额亏损，导致套利外汇交易量持续下滑。

被调查的 5 个零售交易平台有 4 个是美国公司，但是它们在全球吸收客户。亚洲是全球增长最快的市场，其中日本、中国台湾和韩国的市场增长尤为迅速。超过三分之一的零售交易客户采用计算机算法交易。统计显示流行的交易软件包如 MetaTrader 被广泛使用，这些软件提供图形和其他技术工具，让客户可以设计自己的交易策略。

因为许多零售交易当天被报告，一个明显的交易趋势是基本面交易的投资者买完持有。最近 CitiFX Pro 的一份调查发现，超过一半的交易者同时采用基本面分析和技术分析，36% 的交易者只采用技术分析。杠杆很重要，大多数杠杆在 50 倍到 100 倍之间。如前面所述，对杠杆交易限制的法案出台后杠杆交易的比重很可能会下降。

2.1.5　传统的双边结算模式及结算风险

正如交易模式不断演化一样，OTC 外汇市场的结算模式也随着各国央行对结算风险的担忧而处于不断演化之中，经历了从传统的双边结算模式到持续联系结算（CLS）银行模式再到中央结算（CCP）模式的演变。

　　举例来说，银行 A 与银行 B 达成一笔外汇交易，银行 A 以 1 美元兑 120 日元的价格卖给银行 B 100 万美元。为了对交易进行结算，银行 A 向银行 B 支付 100 万美元，而从银行 B 接收 1.2 亿日元。从另一角度来看，银行 B 支付了 1.2 亿日元，接收了 100 万美元（见图 2 - 8）。

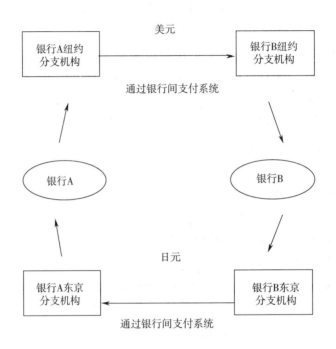

注：──▶表示非同时支付。

图 2 - 8　传统 OTC 外汇市场结算模式

　　由图 2 - 8 可见，外汇交易结算的核心是在支付一种货币的同时，收到另一种货币。但在传统两边结算模式下，却存在这样一种风险，即一方可能在已付出卖出货币的情况下，而没有收到买入的货币。在外汇交易结算中这种风险被称为外汇结算风险或交叉货币结算风险。它也被称为赫斯塔特风险（Herstatt Risk）。

　　1974 年 6 月 26 日 15：30（CET），德国当局关闭了赫斯塔特银行，一家中等规模，但在外汇市场交易非常活跃的银行。当天赫斯塔特银行的一些对手方向它不可撤销地支付了大额马克但却没有收到美元，而当天美国金融市场是营业的①。赫斯塔特银行的关闭触发了一系列破坏支付与结算系统的连锁反应。其纽约代理行暂停了德国银行账户所有美元的支付。已向赫斯塔特银行支付了德国马克的银行交易风险完全裸露。在纽约的其他银行拒绝以它们自身账户支付或支付给他们客户，除非他们接到应收款项的确认函。这些破坏通过在纽约的多边净额清算体系进一步放大。在随后的三天内，通过这一体系进行结算的资金总额减少了60%。这是一起引起全球金融市场连锁反应的外汇结算风险，也被称为赫斯塔特风险。

赫斯塔特银行关闭事件是外汇市场上因不完善的结算体系导致支付与结算严重问题的第一次且最具戏剧性的案例。在 20 世纪 90 年代发生的其他几次事件破坏性小得多。1990 年，在外汇与黄金市场上非常活跃的 Drexel Burnham Lambert 集团伦敦分部发生违约。1991 年 7 月，信贷与商业国际银行（BCCI）破产清算导致其英国与日本的对手方损失。1991 年 8 月，苏联突然垮台，结算体系由于苏联金融机构的不确定性而受到影响。1995 年巴林银行的破产导致欧洲清算联盟（ECU）的清算安排遇到麻烦。

外汇结算风险既包括信用风险，也包括流动性风险。一旦一方在支付他卖出货币的同时，不能收到他买入的货币，他面临交易全部损失的风险。在这种情形下，一方外汇结算信用风险暴露等于他买入货币的全部金额。许多银行面临数量庞大的隔夜结算风险暴露，更长期限的结算风险暴露同样明显。

当一方不能收到到期应收的货币时，他就需要去寻找替代品或融资以弥补不足之处，直到对方履约为止。实际上，即使在一方没有支付卖出货币的情形下，即没有信用风险的情形下，流动性风险也是存在的。

当然，外汇交易还有其他风险，如市场风险、替代风险、操作风险

---

① 大约为 2 亿美元。

等，但这些风险头寸仅仅是标的金额的一个零头，与结算风险相比是小巫见大巫。

2.1.6 持续联系结算①银行模式

一、降低结算风险的努力

如果外汇结算风险爆发，它们将影响主要货币的国内支付体系运作，因为外汇结算将导致每天巨额的资金流动。安全与运作良好的支付系统对于维持本国中央银行宏观审慎货币管理政策以及其他政策目标是必要的。它对于商业银行在结算自身交易及客户交易过程中管理资产与负债也是一个必要的机制。因此，中央银行有必要关心外汇市场结算体系的安排以最小化系统性风险。主要商业银行也同意主要货币的国内支付体系需要有一个国际性安排。这些国内支付体系是独立的，希望通过直接的联系提高效率与稳定性。

1994年6月，国际清算银行支付与结算委员会（CPSS）在过去工作的基础上组成外汇交易结算风险指导小组，志在发展降低外汇结算风险的策略。1996年，G10中央银行制定一个三层策略降低外汇结算的系统性风险，包括各个银行控制外汇结算风险暴露、行业组织提供降低风险的多币种服务、中央银行促进私人部门的快速发展。随后，又产生了两个补充办法。第一个方法是缩短结算风险暴露期限。其中一个方式是提高个别银行测量与管理风险暴露的能力。另外，大额支付系统的改进增加了在结算时刻邻近相关银行的潜能。通过引进实时综合结算系统（RTGS）拓宽了日内最后结算的范围。RTGS在运作期间实时逐项处理结算支付事宜。20世纪90年代，工作时间进行了加长，增加了时区间的重叠。第二个方法是减少对手方之间涉及原始交易的结算资金流。这通过发展私人部门的两边与多边净额清算系统来实现，并通过修改法律以支持净额清算。在两边净额清算系统中，如FXNET，每天的交易在双方之间进行净额清算。多边净额清算系统如ECHO也在20世纪90年代

---

① 持续联系结算（Continuous Linked Settlement，CLS），即该银行持续不断地向会员收集交易数据以决定交易双方是否完成交易，这样最后不可撤销的支付与清算才能完成。

运作了几年。ECHO 的会员通过清算所每天进行轧差。多边净额清算系统减少了 70% 的结算资金流，而双边清算系统减少了 50% 的结算资金流。

然而，这些方法，无论是减少结算暴露的规模还是期限，它们都没有最终同时取得应收款项。因此，围绕结算风险的这些努力都没有消除结算风险。

二、CLS 银行

20 世纪 90 年代中期，处理外汇结算风险的努力导致外汇市场主要参与方——G20 银行产生了基于款款对付（PVP）原则的解决方案①。根据这一原则，交易的双方同时结算。在这种方式下，缺少一方，另一方就无法结算。1997 年，G20 银行设立一个有限目的金融机构——CLS 银行去发展他们选择的方案②。刚开始时，他们成立了 CLS 服务有限公司，而后在纽约成立了一家子公司，即 CLS 国际银行，作为解决符合条件的外汇交易各方结算的"尖锋公司"。2002 年 9 月，CLS 银行开始运作。当时，共有 39 家结算会员，并开始支付 7 种货币的结算，分别是美元、欧元、日元、英镑、瑞士法郎、加拿大元和澳大利亚元。在开业后的短短几周时间内，CLS 银行的结算量快速增长（见图 2 - 9）。

2008 年，国际清算银行支付与清算委员会（CPSS）发布报告③，称 CLS 银行的运作已非常成功地减少了外汇市场结算风险暴露。全球外汇市场交易量的 55%，即 2.1 万亿美元的外汇交易已通过 CLS 结算。截至 2011 年 2 月，全球外汇市场交易量的 58% 通过 CLS 结算。目前，CLS 银行约有 63 家结算会员，并有 15 000 多家机构参与者，提供 17 种货币的清算服务④。

---

① 这一原则因受到证券市场的货款对付系统 DVP 的启发而产生。
② 8 个国家的商业银行开始考虑 PVP 方案。
③ Progress in reducing the foreign exchange settlement risk，May，2008，BIS。
④ 见 CLS 银行网页。http：//www.cls - group. com/ABOUT/COMMUNITY/Pages/CLSMembers. aspx。这 17 种货币占了全球外汇市场交易量的 95%。

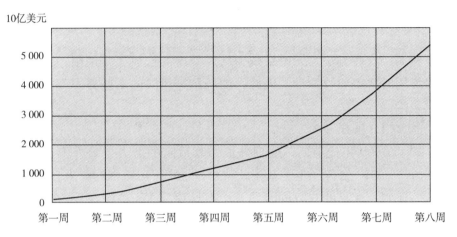

资料来源：CLS Group

资料来源：BIS Quarterly Review，December 2002。

图 2 - 9　CLS 银行开业后几周结算量增长图

（一）支付与结算原则

每个参与者在 CLS 银行开设多币种账户，每个币种都有一个子账户用于系统结算。CLS 银行基于 PVP 原则，在这些账户上进行交易双方的同时结算。除非双方在 CLS 银行账户中有足够的资金余额，否则交易不能清算。

举例来说，银行 A 与银行 B、银行 C 之间进行两笔外汇交易。第一笔交易是银行 A 以 1 美元兑 1.02 欧元的价格向银行 B 卖出 100 美元（图 2 - 10）。如果交易确认，CLS 登记簿中同时记录双方账户变动情况。

图 2 - 10　银行外汇交易案例图

银行 A 多币种账户：

借方：100 美元

贷方：102 欧元

银行 B 多币种账户：

借方：102 欧元

贷方：100 美元

第二笔交易是银行 A 向银行 C 以 1 欧元兑 0. 63 英镑的价格卖出 100 欧元（见图 2 − 11）。如果交易确认，CLS 登记簿中同时记录双方账户变动情况。

图 2 − 11　银行外汇交易案例图

银行 A 多币种账户：

借方：100 欧元

贷方：63 英镑

银行 C 多币种账户：

借方：63 英镑

贷方：100 欧元

结算时，两笔交易在多币种账户的结算结果如表 2 − 10 所示。

表 2 − 10　　　　　　　　两笔交易在多币种账户结算的结果

	银行 A	银行 B	银行 C
欧元	2	− 102	100
英镑	63	—	− 63
美元	− 100	100	—

以上涉及银行 A 的两笔交易，在第一笔交易中，银行 A 欧元子账户余额减少；而在第二笔交易中，欧元子账户余额增加。更一般意义上，参与者账户在连续交易结算中，每一币种余额的增减等于多边净额结果。

每一参与方每种货币最后头寸必须通过中央银行实时支付系统转账。任何币种账户上余额为负的，参与者必须向中央银行存入相等数量的货币，而由中央银行转给为余额正的一方。需要说明的是，CLS 仅仅是一家结算代理机构，而不是买卖双方的中央对手方，它不承担任何结算风险。

市场机构可以通过不同方式使用 CLS 系统，这取决于它们究竟是会员还是第三方。结算会员在 CLS 银行拥有多种货币的结算账户，并可直接向 CLS 银行提交它们自营以及代客交易细节。结算会员必须是 CLS 股东。结算会员也可以提供第三方服务，它们作为负责人代表各自的客户提交需要结算的交易细节。CLS 银行自身不与任何第三方有直接联系，也就是说，任何第三方通过一家结算会员产生的违约对 CLS 银行没有影响。

（二）结算风险的消除

除了极端情况外，CLS 几乎消除了信用风险。如果对手方违约，结算会员一般不会损失本金。CLS 达到这一点是基于款款对付原则以及正的账户平衡规则。正的账户平衡规则要求所有 CLS 会员任何时刻在 CLS 账户上的总资金不为负数。这个设想保证如果一个会员违约，CLS 不会被这个违约会员拖欠，而有充足的资金支付其他结算会员。

然而，在 CLS 系统中仍有一些残余的信用风险，CLS 银行在一定程度上可能会因为会员的违约而有信用风险暴露。这样，其他结算会员就有分担损失的义务。这种风险在非常特殊的情况下才会发生。

对流动性风险的影响更加复杂一些。首先，在 CLS 银行登记表中已经结算的交易，需要特殊的安排以确保如果会员违约，而银行能够顺利支出。正的账户平衡规则确保了会员账户上有钱。然而，这条规则针对的是会员账户上所有的币种，而不是某一币种。因此，CLS 银行不能自动地支付会员应得到的某种货币。为了保证能够支付某种货币，CLS 与主要私人部门市场参与者合作安排流动性提供，通过掉期交易获得相应的币种。虽然 CLS 通过流动性提供的安排大幅降低了出现流动性风险，但仍然没有消除流动性风险，因为这些流动性提供者是有限的。

虽然 CLS 事实上已经消除信用风险并大幅降低了流动性风险，但这对系统的技术包括会员层面提出了很高的要求。在规定的时间内收付的确是很困难的。一家会员银行或一国支付系统出现的运作问题可能会使系统引起连锁反应。

（三）国际金融危机中 CLS 银行的表现

在国际金融危机中，随着各类金融机构的倒闭，全球多数金融市场接近冻结。但外汇市场仍然运作良好，交易量还大幅增长。据统计，2008 年 10 月，纽约外汇市场交易量同比增长了 8.7%，即期交易同比增长了 27%。而伦敦市场同比增长了 21%[①]。这主要归于 CLS 银行的良好运作。在雷曼兄弟破产后的一周内，CLS 银行处理的支付指令达到了历史峰值，为 150 万笔支付指令。2009 年 9 月，伦敦外汇交易联合常务委员会（FXJSC）对金融危机期间的外汇市场表现进行了总结[②]。报告认为：（1）外汇市场是全球经济与商业系统的关键动脉，每天成千上万的交易者出于各种需求目的参与外汇市场交易，达成数百万笔交易。（2）总体来看，外汇市场在金融危机中运作良好，即使交易极度活跃的时期也没有出现问题。（3）但在危机中的某些时刻，外汇远期市场的流动性由于参与者担心对手方风险而削弱。（4）外汇市场的结算风险来源于本金的实物交换，它是外汇市场的主要风险来源。成立于 10 多年前的 CLS 银行，它基于款款对付机制，在最近的危机中起到关键作用。当主要市场参与者违约时，CLS 银行仍然是运作有效的。（5）外汇市场的对手方风险主要存在于到期期限较长的外汇产品上，如外汇远期、外汇期权，特别是交叉的货币掉期。回顾过去，两边信用风险消除机制如 CSAs 在危机中运作良好。（6）然而，在市场压力特别大的时候，外汇远期市场流动性的减少透露出曾经有过的担心。外汇行业积极审视这个问题，并寻求多种可能的解决方法。（7）外汇市场上的中央对手方机制已经存在

---

① Richard M. Levich, Why Foreign Exchange Transactions did not Freeze up during the Global Financial Crisis: The Role of the CLS Bank, 10 Jul 2009.

② FXJSC Paper on the Foreign Exchange Market, 2009, 9, Foreign Exchange Joint Standing Committee.

一些年了，但没有得到广泛运用。结合外汇市场的特征引入中央对手方机制是值得认真讨论的问题。

2.1.7　中央对手方结算模式

有众多报告认为，CLS 银行的成立与运作大大降低了外汇市场的结算风险，它在外汇市场结算业务的份额也已占到了 68% 左右①。OTC 外汇市场在 2008 年金融危机中也没有添乱，外汇市场对中央对手方结算模式也没有太多的需求，因为没有证据表明对手方信用风险是 OTC 外汇市场的主要威胁。但据国际清算银行支付与清算委员会（CPSS）2008 年的报告②，仍有 32% 的受访机构通过传统的双边结算模式进行外汇交易的结算，并暴露在结算风险中。其中有一半是隔夜风险，而不是日内风险。一些银行的双边结算风险相对于资本金来说是很大的，且没有受到很大控制。有 63% 的受访机构低估了它们两边结算风险的暴露。为此，CPSS 建议，通过各个机构的直接行动、行业组织的服务与教育努力、中央银行的支持确保各机构减少或更好地控制外汇市场结算风险。伦敦外汇交易联合常务委员会（FXJSC）2009 年的报告也认为，由于交易双方担心对方手风险，外汇市场的流动性受到一定程度的削弱，提出"结合外汇市场的特征引入中央对手方机制是值得认真讨论的问题"。2010 年美国《多德—弗兰克法案》通过后，大型中央结算机构进入 OTC 外汇市场的结算有了法律支持。

实际上，利用中央对手方结算机构为场外衍生品清算在 2008 年金融危机之前就已出现。20 世纪 90 年代，瑞典 OM 集团就已开始为 OTC 利率衍生品提供清算服务。1999 年，伦敦清算所也开始进入 OTC 市场清算。美国安然事件后，NYMEX 为场外能源衍生品市场创造了 ClearPort 系统。

2006 年，CME 集团公布与路透合资成立了一个名叫 FXMarketPlace 的外汇交易平台，并带有中央结算功能。但在 2008 年 10 月，它们关闭了合资公司，因为市场参与者并没有感到中央结算的必要性。但没隔多

---

① 见 CIS 银行网站。http://www.cls-group.com。
② 8 个国家的商业银行开始考虑 PVP 方案。

久，CME 又重新开始谋划为外汇市场提供清算服务，计划通过 ClearPort
系统①为所有外汇产品包括即期、期限为 5 年的远期、掉期与期权提供
清算。CME 首席执行官 Craig Donohue 说："过去 12 个月的事件表明，全
球外汇市场的结构性风险如对手方风险以及监管改革正在创造全球外汇
市场的再一次变革。对 CME 来说，这是一个创新产品的极好机会。"

2009 年 3 月 19 日②，世界上最大的 6 家外汇经纪与自营商确认它们
通过毅联汇业（ICAP）提供的系统与 CME 清算所连接。这 6 家公司分
别是美林美国银行、花旗银行、德意志银行、JP 摩根与摩根士丹利、瑞
银。它们将使用 ICAP 下属的一个盘后服务机构的 Traiana（见附件 1）
提供的系统连接到 CME 的清算所。Traiana 平台，也叫和谐的中央对手
方，它介于经纪商与交易场所之间，提供所有的 IT 接入，CME 也接入
到该平台中。2011 年 5 月，CME 开始为美元对智利比索的 NDF 交易提
供结算服务。2012 年 3 月 14 日，ICE 宣布在 2012 年第二季度开始提供
OTC 外汇市场的结算服务。2012 年 3 月 19 日，LCH. Clearnet 也宣布将为
OTC 外汇市场提供清算服务。

目前 CME 能够为 12 只无本金交割远期（NDFs）、26 只现金交割远
期（CSFs）提供清算，并计划扩展到全部外汇产品，包括外汇期权、即
期、掉期与远期。

2.2　国际 OTC 外汇衍生品市场最新发展趋势

2.2.1　外汇衍生品的发展背景和现状

一、浮动汇率制度的建立和金融全球化为外汇衍生品提供了需求和
条件

外汇交易最早可追溯至 14 世纪的英国，历史悠久，而外汇衍生品市
场却是 20 世纪六七十年代在深刻的历史背景条件和经济环境因素下才产

---

①　CME 集团于 2008 年并购 NYMEX 后，这一系统就属于 CME 了。
②　Brokers and exchanges set for FX clearing, FT, March 19, 2012.

生和发展起来的。

首先，布雷顿森林体系崩溃后，1976 年 IMF 在牙买加举行会议，达成了从根本上改革国际货币体系的牙买加协议。浮动汇率制代替固定汇率制，不少国家又逐步放松了利率管制，全球金融自由化的浪潮导致各国汇率、利率的剧烈波动，金融市场风险不断增大。为了减少和规避风险，达到保值目的，现代衍生金融产品作为有效手段应运而生。

其次，经济全球化带动了金融活动和金融市场的全球化。布雷顿森林体系解体后，大量资金跨国流动，石油和国际债务危机在一定程度上推动了国际金融市场的发展。各个国家普遍放松了对国内外金融机构和外国投资者的限制。宏观经济因素的变化导致市场风险进一步加大，增大了市场对外汇衍生品的需求，推动了衍生品市场的发展。

在这种背景下，金融机构不断创立新的金融工具以满足交易者规避风险的需要，因此大量外汇衍生品被推出并大量使用，从而使外汇市场从传统的交易市场扩展到衍生品交易市场，并快速发展。

20 世纪 60 年代，西方金融市场上开始出现一些简单的外汇衍生品，如外汇远期和外汇掉期交易。1972 年 5 月，芝加哥商业交易所（CME）正式建立了国际货币市场，推出了全球第一个金融期货——外汇期货，其中包括英镑、加拿大元、德国马克、法国法郎、日元和瑞士法郎等在内的多币种外汇期货合约，标志着外汇场内衍生市场的产生。它也是金融期货中最早出现的品种。进入 20 世纪 80 年代后，外汇期权、利率期权等新产品相继上市。1980 年，货币互换场外交易市场也逐步发展起来，1981 年所罗门兄弟公司为美国的 IBM 公司和世界银行成功办理了美元与马克和瑞士法郎货币互换业务。至此，主要的外汇衍生品都已经出现在市场上，国际衍生品市场步入了快速发展阶段，利率、指数、股票等金融衍生品相继出现。此后，外汇期货交易迅速在英国、加拿大、澳大利亚等英语国家及新加坡、中国香港这些与英国有着历史联系的国家和地区发展，近几年来在欧洲大陆、巴西、韩国、印度、以色列、匈牙利、墨西哥和我国台湾地区等有了飞速的发展。

二、外汇衍生品市场发展迅速，品种丰富

经过几十年的发展，国外外汇衍生业务已日渐成熟，不仅品种齐全，各种期限、各种货币之间的外汇衍生业务应有尽有，而且随着金融创新活动的继续，在传统的外汇业务品种的基础上，又出现了许多新的互换方式，像远期互换、指数互换、卡特尔互换、可断式互换、可展式互换、分享式远期合约、比率远期合约、双限期权、远期反转期权等一系列新型品种。外汇衍生品交易量也已远超过外汇即期交易量，并继续稳步上升。

此外，随着新兴市场的崛起，外汇衍生品市场也发生着深刻的变化。在传统外汇市场上，场外市场在规模上占据着绝对优势。而在发展中国家，因为银行的地位和作用与发达国家有所不同，场内外汇衍生品市场一直保持着旺盛的发展势头，呈现出场内与场外市场平分秋色的局面。自 2000 年以来，全球外汇期货和期权（含外汇指数）产品的交易所成交量一直在稳步上涨，占各类场内衍生品交易量的比重也在稳步上升。它不仅为广大投资者和金融机构等经济主体提供了有效的套期保值的工具，而且也为套利者和投机者提供了新的获利手段。

2.2.2　外汇衍生品市场最新发展特点

一、交易规模迅速扩大，已是即期市场规模的两倍

1980 年以来，外汇场内外衍生品交易均取得了长足发展，尤其是 20 世纪 90 年代以来，随着金融产品的日新月异和国际贸易的发展，外汇衍生品市场发展的空间进一步扩大。

国际清算银行（BIS）每三年一次对各国中央银行就外汇市场和衍生品市场发展进行的调查结果显示，自 1998 年以来，全球外汇衍生品市场规模迅速扩大，日均交易量已从 1998 年的 0.97 万亿美元增长到 2010 年的 2.66 万亿美元，增幅达 174.23%，未平仓合约名义价值达 62.9 万亿美元。特别是 2001 年以后，交易额大幅增加，市场规模迅速扩大。如表 2-11 所示，2001—2004 年年均增幅为 15.39%，2004—2007 年年均增幅高达 21.76%，而 2007—2010 年受金融危机影响，增幅有所放缓。

此外，相比于历史悠久的外汇即期交易，外汇衍生品交易在近 20 年时间里发展更为迅速，地位越来越重要。在 20 世纪 70 年代，外汇衍生

75

人民币国际化与外汇期货市场建设研究

品市场刚刚起步，外汇市场仍以即期交易为主；到了 90 年代初，外汇衍生品交易与即期交易量基本持平，平分秋色；然而随着衍生工具的发展，目前外汇衍生品交易量已远远高于即期交易，并处于稳步上升之中，占全部外汇交易量的七成左右，是即期交易量的两倍之多。

究其原因，近年来全球外汇衍生品交易迅速增长的动力主要有以下几个方面：一是对冲基金增长迅速，市场参与主体不断扩大，对衍生工具的需求日益增加；二是经济全球化进程加快，国际贸易大幅增加，跨境流动的资金在以更高的速度增长，各方对于汇率避险的需求更加强烈；三是受亚洲经济扩张的推动，外汇交易的场所数量在增长，交易日渐频繁；四是市场交易技术提高，尤其是由计算机程序管理的算法交易的使用，在提高交易速度的同时使得交易额大幅增长。基于以上因素，外汇市场不断扩大，衍生品交易迅速发展。

表 2－11　　　　　全球外汇衍生品市场日均交易量　　单位：10 亿美元

外汇交易品种		1998 年	2001 年	2004 年	2007 年	2010 年
直接远期	七天以内	65	51	92	154	219
	七天以上	62	80	116	208	256
	合计	128	130	209	362	475
外汇掉期	七天以内	528	451	700	1 329	1 304
	七天以上	202	204	252	382	459
	合计	734	656	954	1 714	1 765
货币互换		10	7	21	31	43
期权和其他衍生品		87	60	119	212	207
场外外汇衍生品交易汇总		959	853	1 303	2 319	2 490
场内外汇衍生品交易汇总		11	12	26	80	168
即期交易		568	386	631	1 005	1 490
总计		1 538	1 251	1 960	3 404	4 148

注：对本地和跨境交易数据中重复计算部分进行了调整。

资料来源：BIS，以每年 4 月数据计算。

二、货币互换、外汇期权、外汇期货等衍生工具发展迅速

从衍生工具的种类看，外汇远期和掉期是最为常见和普遍的交易工

具。外汇衍生品市场中一直以外汇远期和掉期交易为主，其中又以外汇掉期交易最为活跃，占衍生品总交易量的七成左右。然而，随着金融创新的发展，外汇衍生品的种类日益丰富，出现了远期互换、指数互换、双限期权、远期反转期权等越来越多的新型衍生工具，满足不同投资者的需求。同时，货币互换、外汇期权等非传统衍生品的交易也随外汇市场总体规模的扩大而日益频繁，并且发展速度更为迅速。

如表 2 – 11 和图 2 – 12 所示，货币互换的日均交易量从 1998 年的 100 亿美元飙升至 2010 年的 430 亿美元，增长超过 3 倍，占外汇衍生品总交易量的比重也从 1998 年的 1.03% 增长至 2010 年的 1.62%。外汇期权及其他场外衍生品日均交易量从 1998 年的 870 亿美元增加至 2010 年的 2 070 亿美元，占外汇衍生品总交易量的 7.78%。

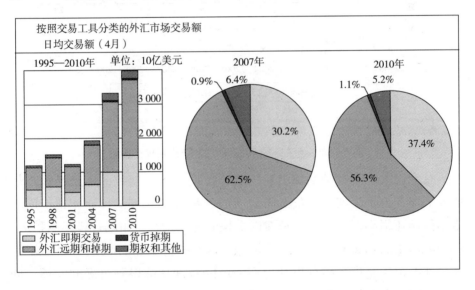

资料来源：BIS。

图 2 – 12　全球外汇交易品种的分布

场内衍生品方面也是如此，目前交易所进行交易的外汇衍生品包括外汇期货和外汇期权，近年来交易量增长迅猛。根据期货业协会（FIA）的统计数据，全球交易所外汇期货和外汇期权交易量从 2000 年的 0.47 亿份合约持续增加至 2010 年的 24.02 亿份。增长率也呈逐年扩大趋势，

人民币国际化与外汇期货市场建设研究

由 2001 年的 17.02% 不断攀升至 2007 年的 91.67%，而后 2008 年受金融危机影响增长率有所回落，但随后出现井喷式增长，飙升至 2010 年的 142.00%，成为众多期货品种中增速最快的品种。同时，从整个外汇衍生品市场来看，场内衍生品交易量占比也从 1998 年的 1.13% 增长至 2010 年的 6.32%。

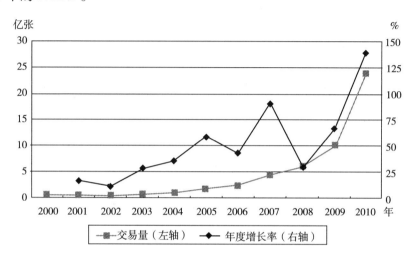

资料来源：FIA。

图 2 - 13　全球交易所外汇期货和外汇期权交易量

总的说来，不管是场外市场的货币掉期、外汇期权，还是场内市场的外汇期货、外汇期权，虽然与传统的外汇远期和外汇掉期相比，所占市场份额还很小，但近些年都在以更快的速度增长，市场规模不断扩大，占外汇衍生品总交易量比重逐步攀升。这些非传统外汇衍生工具的发展，使得外汇衍生品市场品种更加丰富，风险管理功能得到更好的发挥，同时也促使外汇市场不断创新出更多的衍生工具。

三、地区分布保持稳定，跨境交易稳步增加

根据 BIS 的统计数据，外汇衍生品交易的地区分布变化并不明显，英国凭借其历史优势，以 37% 的市场份额居全球外汇衍生品市场首位，其次是拥有发达场内市场的美国，占 18%，随后依次是日本、新加坡、瑞士、中国香港、澳大利亚等，占比均不到 6%。

2 国际外汇衍生品市场概况

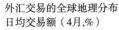
外汇交易的全球地理分布
日均交易额（4月,%）

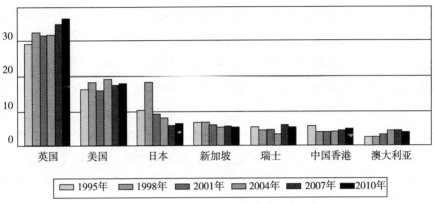

资料来源：BIS。

图 2 – 14　外汇交易地区分布

　　然而，随着国际贸易的发展和经济全球化进程的加快，跨境资金流动日益频繁。加之计算机技术的发展使得远程交易更加便利，将各个国

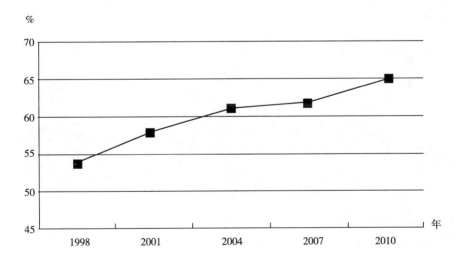

资料来源：BIS。

图 2 – 15　跨境交易占全部外汇衍生品交易比重情况

家和地区的外汇交易参与主体连接在一起。在这些因素的推动下,跨境交易在过去几年间稳步增长,占比从1998年的54%逐年上升到2010年的65%。外汇衍生品市场全球化特征日益显现。

四、外汇市场交易主体呈现多元化特征

按照BIS的分类标准,外汇市场交易主体分为三类:一是具有申报资格的做市商,通常是一些实力雄厚的大型商业银行、投资银行及证券公司。它们除了直接参与市场报价、自己进行外汇衍生品交易外,还同时受客户委托代理其参与外汇衍生品市场。二是其他金融机构,通常为中小型商业银行和证券公司、共同基金、养老基金、对冲基金、货币基金、租赁公司、保险公司、企业的财务部门及中央银行等。三是非金融机构,主要指企业和政府部门等。

从1998—2010年的发展情况来看,这三类交易主体中,有申报资格的做市商市场占比逐步下降,而其他金融机构的市场份额稳步上升,非金融机构比重基本持平。2007—2010年,其他金融机构的交易量首次超过具有申报资格的做市商,并且外汇衍生品交易增量的85%都来源于其

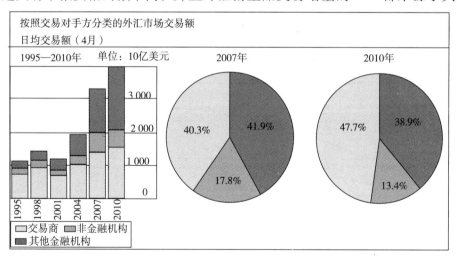

资料来源:BIS。

图2-16 各类别机构日均交易额占比图

他金融机构这一交易主体。这反映了外汇衍生品市场的变化趋势。首先，因特网的普及为电子交易平台提供了广阔的发展前景，电子做市商的兴起对传统交易方式形成了巨大冲击，削弱了传统做市商的地位；其次，银行之间竞争激烈，并购浪潮兴起，从而减少了银行的数量；最后，共同基金、对冲基金等投资机构发展迅速，市场参与度日趋增强，外汇市场参与主体日趋多元化。

表 2-12　　　　　　　　　　各类别机构日均交易额

机构	1998 年		2001 年		2004 年		2007 年		2010 年	
	交易额（10 亿美元）	占比（%）	交易额（10 亿美元）	占比（%）	交易额（10 亿美元）	占比（%）	交易额（10 亿美元）	占比（%）	交易额（10 亿美元）	占比（%）
有申报资格的做市商	961	63	719	58	1 018	53	1 392	42	1 548	39
其他金融机构	299	20	346	28	634	33	1 339	40	1 900	48
非金融机构	266	17	174	14	276	14	593	18	533	13
总计	1 527	100	1 239	100	1 934	100	3 324	100	3 981	100

资料来源：BIS，以每年 4 月数据计算。

五、交易货币结构变化，新兴市场货币份额提升

图 2-17 和表 2-13 显示了外汇交易中各币种的分布情况，从中可以看出外汇市场交易货币结构发生了一些变化：

一是美元在全球外汇交易中所占市场份额逐渐减少，由 1998 年的86.8% 下降至 2010 年的 84.9%。近些年美元走弱和新兴市场货币地位日渐提升是造成美元市场份额下降的主要原因。

二是新兴市场货币占全球外汇交易的比重增长迅速，特别是 2004 年以后，中国、印度、新加坡、巴西等新兴市场国家货币市场份额大幅提高，这与近几年尤其是金融危机之后新兴市场国家在国际社会上政治经

人民币国际化与外汇期货市场建设研究

济地位逐步提升有关。特别是印度在成交量攀升的新兴市场国家中表现突出，反映出了印度政府放宽资本管制的努力。

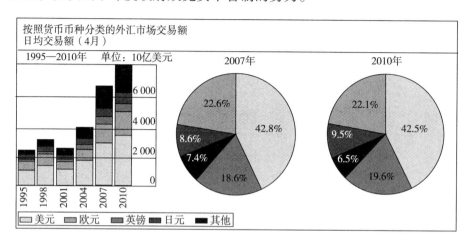

资料来源：BIS。

图2-17 各币种日均交易额占比图

表2-13   各币种日均交易额占比情况

货币名称	1998年	2001年	2004年	2007年	2010年
美元	86.8	89.9	88.0	85.6	84.9
欧元	—	37.9	37.4	37.0	39.1
日元	21.7	23.5	20.8	17.2	19.0
英镑	11.0	13.0	16.5	14.9	12.9
澳大利亚元	3.0	4.3	6.0	6.6	7.6
瑞士法郎	7.1	6.0	6.0	6.8	6.4
加拿大元	3.5	4.5	4.2	4.3	5.3
港元	1.0	2.2	1.8	2.7	2.4
瑞典克朗	0.3	2.5	2.2	2.7	2.2
新西兰元	0.2	0.6	1.1	1.9	1.6
韩元	0.2	0.8	1.1	1.2	1.5
新加坡元	1.1	1.1	0.9	1.2	1.4
挪威克朗	0.2	1.5	1.4	2.1	1.3

货币名称	1998 年	2001 年	2004 年	2007 年	2010 年
墨西哥比索	0.5	0.8	1.1	1.3	1.3
印度卢比	0.1	0.2	0.3	0.7	0.9
俄罗斯卢布	0.3	0.3	0.6	0.7	0.9
人民币	0.0	0.0	0.1	0.5	0.9
波兰兹罗提	0.1	0.5	0.4	0.8	0.8
土耳其里拉	—	0.0	0.1	0.2	0.7
南非兰特	0.4	0.9	0.7	0.9	0.7
巴西雷亚尔	0.2	0.5	0.3	0.4	0.7
丹麦克朗	0.3	1.2	0.9	0.8	0.6
新台币	0.1	0.3	0.4	0.4	0.5
匈牙利弗林	0.0	0.0	0.2	0.3	0.4
马来西亚林吉特	0.0	0.1	0.1	0.1	0.3
泰铢	0.1	0.2	0.2	0.2	0.2
捷克克朗	0.3	0.2	0.2	0.2	0.2
菲律宾比索	0.0	0.0	0.0	0.1	0.2
智利比索	0.1	0.2	0.1	0.1	0.2
印尼卢比	0.1	0.0	0.1	0.1	0.2
以色列锡克尔	—	0.1	0.1	0.2	0.2
哥伦比亚比索	—	0.0	0.0	0.1	0.1
罗马尼亚列伊	—	—	0.0	0.0	0.1
沙特里亚尔	0.1	0.1	0.0	0.1	0.1
阿根廷比索	0.1	—	0.0	0.0	0.0
秘鲁新索尔	—	0.0	0.0	0.0	0.0
立陶宛立特	—	—	0.0	0.0	0.0
其他货币	8.7	6.6	6.5	7.6	4.6
所有货币	200.0	200.0	200.0	200.0	200.0

注：因每一笔外汇交易涉及两种货币，所以各货币交易占比之和为200%。

资料来源：BIS，以每年4月数据计算。

　　三是澳大利亚元和新西兰元的市场份额上涨，主要原因在于融资套利交易的大量使用，即交易者借入低息货币，转而在其他国家购买高收益资产。澳大利亚元的市场份额从 1998 年的 3.0% 上升至 2010 年的7.6%，新西兰元则从 0.2% 提升至 1.6%，呈数倍的增长。

六、算法交易蓬勃兴起

近年来，电子交易技术发展很快，电子交易技术的发展降低了交易费用，增加了市场流动性，使得越来越多的投资者能够通过电子交易平台参与到外汇交易中来。投资者绕开通常的经纪人，彼此之间直接通过电子通信网络（Electronic Communication Networks，ECNs）进行交易。电子交易方式的持续发展带动了算法交易的发展。算法交易中，投资者利用计算机算法决定交易下单的时机、价格乃至最终下单的数量与笔数等，因而被对冲基金、养老基金、共同基金以及其他机构交易者广泛使用。他们将大额的交易分解为若干笔小额的交易，以便更好地管理市场冲击成本、机会成本和风险。诸如对冲基金一类的交易者也利用算法交易来根据电子方式接收的信息流启动信息指令，而此时人工下单的交易者甚至还不知道这些信息，从而大大提高了交易的时效性。

全球电子交易系统、银行同业及专业交易团体的市场信息方案提供商 EBS 在 2004 年推出了 EBS Spot Ai 系统，投资者可以直接在银行同业的外汇市场上交易，获得更紧密的价格及全球流动性，从而增加外汇产品收益。2005 年该项服务扩展到对冲基金等其他机构投资者，允许它们进入经纪商市场，即最具有流动性的外汇市场上去。如图 2-18 所示，算法交易在多银行平台得到了广泛增长，在 EBS 系统上算法交易从 2004 年的 2% 增长到 2010 年的 45%。同时，算法交易在场内市场也得到了蓬勃发展。2002 年，CME 为算法交易提供了电子交易界面，在接下来的几年得到了快速发展。2007—2010 年，CME 的日均交易量达到了 1 100 亿美元，同期 EBS 的日均交易量为 1 540 亿美元。

高频交易是算法交易的一种，它是利用超级计算机以极快的速度处理市场上最新出现的快速传递的信息流（包括行情信息、公布经济数据、政策发布），并进行买卖交易。虽然高频交易最初在股票市场出现，但是 2004 年以来在外汇市场得到了快速发展。由于参与者众多，单纯的

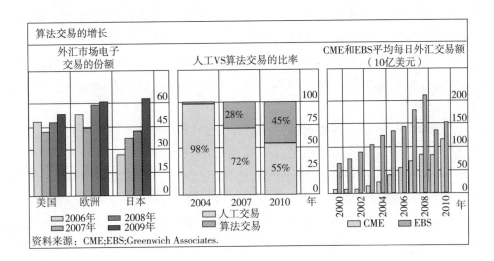

资料来源：BIS。

图 2 – 18　算法交易在场外与场内市场的发展

套利交易已经很难获利了，逐步发展为市场的流动提供者。虽然高频交易能够增加市场的流动性，但一旦程序出错或人为疏忽，都有可能对市场走势造成灾难性影响。如目前高频交易已经造成了多次市场剧烈波动，"闪电交易"已被明令禁止。

七、金融危机增加了对场外交易集中清算的需要

2008 年雷曼兄弟宣布破产，自此引发了全球金融危机的导火索。由于对全球金融市场稳定性的担忧，投资者开始在外汇市场上规避风险。最常见的避险方式是代理对冲（Proxy Hedging），即如果持有 A 货币资产，但是市场上没有 A 货币期货，或者 A 货币期货成本很高，可以用和 A 货币资产相关度高的 B 货币期货来对冲在 A 货币资产头寸上的风险，如美国投资者购买日元货币期货以防股权资产的下降。虽然这种策略可行，但是金融危机后外汇市场流动性非常有限，所以也获利甚微。从 2008 年后外汇市场交易量有所下降，直到 2009 年 10 月份后才有所好转。

尽管受金融危机的严重影响，外汇市场的交易量还是相对稳定的，这主要归功于 CLS（Continuous Linked Settlement）银行的作用。CLS 银行是在多国中央银行及国际清算银行的支持下，由主要外汇交易银行成

立的一家银行,旨在提供全球外汇交易结算服务。其成立旨在消除跨国货币结算风险,即外汇交易的海外对手方未能履约的风险。2010 年,外汇即期交易的43%和衍生品交易的39%清算都是由 CLS 银行提供的,它在降低外汇交易对手之间的清算风险、提供清算效率等方面起到了积极的促进作用。

金融危机使得投资者更关注于对手方的信用风险,现在投资者更多地依赖于银行信贷产品而不是外汇掉期市场,因为掉期产品对交易者的资产负债和信用额度都会产生限制,可能导致对手方的信用风险。所以掉期的交易量在危机后持续下滑。重要市场参与者如果违约将给市场带来巨大冲击,其连锁反应可能引发系统性金融风险。另一方面,缺少足够的透明度则会影响监管部门对系统性风险的监控和市场参与者间的正常交易。金融危机爆发后,各国政府、监管部门和金融行业达成了共识,把建立中央对手方这项任务作为金融衍生品监管改革的重中之重。2010年通过的《多德—弗兰克法案》就要求将场外衍生品集中清算。中央对手方的好处是显而易见的,有利于提高市场效率、减少操作风险、提高市场透明度、加强投资者保护等。所以交易所也瞄准了这一商机,CME的 Clearport 在能源业务的基础上开发了多种外汇产品清算的服务,以期在清算领域分一杯羹。

2.2.3 新兴市场外汇衍生品交易迅速崛起

新兴市场的外汇类衍生品交易量占到全部衍生品交易量的50%,股权类衍生品占30%,其余是利率类衍生品。而在发达国家,利率类衍生品占到全部衍生品交易量的77%,其余是外汇衍生品和股权类衍生品。实际上这反映了在发达国家债券市场和货币市场具有一定的深度和广度,交投活跃,而在新兴市场中汇率风险是更重要的考量因素,外汇衍生品需求旺盛。

一、场内交易发展迅猛

在外汇衍生品市场中,外汇期货仅占总交易额的 4% ~ 7%。相比利

2 国际外汇衍生品市场概况

率衍生品和股权类衍生品，外汇衍生品的场内期货市场都更小[①]。不过随着新兴国家外汇期货市场的兴起，这种情况似乎在改变，新兴市场作为一个整体，外汇期货占外汇衍生品市场的大约50%。这与发达国家的情况存在巨大的差别。BIS在2010年4月的报告指出，新兴市场的场内外汇衍生品交易量增长迅猛。在巴西，场内交易从2007年到2010年增长了45%，2010年场内外汇衍生品日均交易量为310亿美元，而场外交易的衍生品为50亿美元，场内交易是场外交易的6倍多。俄罗斯、墨西哥场内交易从2007年到2010年增长了1倍。而在印度，外汇衍生品在交易所才推出1年，日均交易量就激增为40亿美元。

如表2-14所示，成交量排名全球前20的外汇衍生品种，有11个品种来自新兴市场。2010年全球外汇期货和期权合约成交量排名前两位的品种分别是印度的两家交易所交易的品种，同时也是所有衍生品种类中成交量排名第二和第三的品种。

表2-14　　　　　2010年全球成交量前20大外汇期货及期权产品

（FIA根据2010年期货和期权成交量/清算量排名）　　　单位：手

排名	合约	交易所	合约大小	2009年	2010年	变化率
1	美元/印度卢比期货 U.S. Dollar/India Rupee Futures	印度多种商品交易所—证券交易所 MCX-SX	1 000 美元	224 273 548	821 254 927	226.2%
2	美元/印度卢比期货 U.S. Dollar/India Rupee Futures	印度国家证券交易所 NSE	1 000 美元	226 362 368	705 319 585	211.6%
3	欧元期货 Euro FX Futures	芝加哥商业交易所集团 CME	125 000 欧元	54 393 644	86 232 358	58.5%
4	美元期货 U.S. Dollar Futures	巴西期货交易所—圣保罗证券交易所 BM&F	50 000 美元	66 776 180	82 453 621	23.5%
5	美元/俄罗斯卢布期货 U.S. Dollar/Russian Ruble Futures	俄罗斯交易系统证券交易所 RTS	1 000 美元	8 468 200	81 122 195	858.0%

[①]　具体而言，利率衍生品70%交易额在场内市场交易，而股权类衍生品68%交易额在场内市场交易。具体也见中国金融期货交易所外汇市场研究专报第20期：《外汇保证金交易市场：历史、现状和启示》，第10页。

续表

排名	合约	交易所	合约大小	2009 年	2010 年	变化率
6	美元期货 U. S. Dollar Futures	韩国交易所 KRX	10 000 美元	41 161 819	64 256 678	56.1%
7	美元期货 U. S. Dollar Futures	阿根廷罗萨里奥交易所 ROFEX	1 000 美元	51 107 696	61 729 396	20.8%
8	欧元/印度卢比期货 Euro/Indian Rupee Futures *	印度多种商品交易所—证券交易所 MCX – SX	1 000 欧元	0	46 411 303	NA
9	欧元/美元期货 EUR/USD Futures **	俄罗斯交易系统证券交易所 RTS	1 000 欧元	13 658 237	39 476 420	189.0%
10	澳大利亚元/日元期货 Australian Dollar/Japanese Yen Futures	东京金融交易所 TFX	10 000 澳大利亚元	17 793 787	34 272 436	92.6%
11	日元期货 Japanese Yen Futures	芝加哥商业交易所集团 CME	12 500 000 日元	24 853 787	31 862 793	28.2%
12	英镑期货 British Pound Futures	芝加哥商业交易所集团 CME	62 500 英镑	22 749 569	30 220 239	32.8%
13	美元/日元期货 U. S. Dollar – Japanese Yen Futures	东京金融交易所 TFX	10 000 美元	20 198 781	27 551 634	36.4%
14	澳大利亚元期货 Australian Dollar Futures	芝加哥商业交易所集团 CME	100 000 澳大利亚元	16 732 682	25 903 355	54.8%
15	美元期货期权 U. S. Dollar Options on Futures	巴西期货交易所—圣保罗证券交易所 BM&F	50 000 美元	21 631 255	24 170 975	11.7%
16	加拿大元期货 Canadian Dollar Futures	芝加哥商业交易所集团 CME	100 000 加拿大元	15 481 166	22 083 807	42.6%
17	欧元/日元期货 Euro/Japanese Yen Futures	东京金融交易所 TFX	10 000 欧元	9 961 673	19 921 565	100.0%
18	美元展期期货 U. S. Dollar Rollover Futures	巴西期货交易所—圣保罗证券交易所 BM&F	50 000 美元	15 280 530	19 223 570	25.8%
19	欧元/印度卢比期货 Euro/Indian Rupee Futures *	印度国家证券交易所 NSE	1 000 欧元	0	17 326 787	NA
20	英镑/日元期货 British Pound/Japanese Yen Futures	东京金融交易所 TFX	10 000 英镑	16 266 521	17 108 444	5.2%

注：＊表示 2010 年 2 月开始交易，＊＊表示 2009 年 2 月开始交易；
资料来源：FIA。

2 国际外汇衍生品市场概况

成熟市场中，外汇衍生品的场外规模远大于场内市场，而在新兴市场中场内产品却能和场外产品平分秋色。这是因为场外市场的优势主要是可以设计符合客户具体需求的产品，并且产品的推出很少受监管。因此，在成熟市场中，外汇场外市场的产品创新能力强，在全球外汇市场中占据主导作用。但是，这个市场的发展依赖于银行的自我风险管理能力和自律能力，因此只有在一些发达的国家和地区银行间外汇场外市场才能得到很好的发展，因为这里的银行普遍具有更强的专业知识和人才进行必要的风险管理。而在新兴市场国家中，政府普遍实行严格的监管措施，标准化、集中清算的外汇期货的推出有利于政府对衍生品交易的管理。

比较外汇期货、利率期货和股权类期货的交易额，我们发现全球市场中，外汇期货仅占场内金融期货市场的 2.6%。但在北美、欧洲和亚洲之外的发展中市场，外汇期货却占 20.5%，如图 2-19 所示。由此可见，外汇期货在发展中国家占有更重要的地位，是仅次于利率期货的第二大类金融期货。

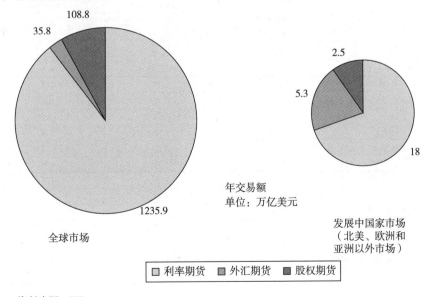

图 2-19　外汇期货在全球市场和发展中市场的地位

资料来源：BIS。

人民币国际化与外汇期货市场建设研究

二、新兴市场货币地位提升

2010 年 BIS 的统计结果表明，美元依旧是新兴市场外汇衍生品最重要的交易比重，95% 以上的外汇衍生品都是以美元为主。这一比重与 2007 年无异，表明了美元在世界贸易体系中的持久的领导地位。即便是在中欧或是东欧，美元也比欧元具有更多的交易量。而在世界范围内，美元为主的衍生品交易占到 85%，说明在新兴市场国家以美元进行结算更加广泛。这可能是由于新兴市场国家本国货币在国际贸易体系中不具有重要地位，所以大多数的跨境贸易结算都以美元为主，相对来说对美元外汇衍生品就会存在更多的需求。

但是另一方面，新兴市场国家的货币在国际市场上也占据越来越重要的地位。以新兴市场货币的衍生品交易，从 2007 年的 55% 提升到 2010 年的 60%。国际储备货币，除了美元以外，例如欧元、日元、英镑、瑞士法郎等的相对值都下降了。

表 2-15　　　　　各币种在 OTC 市场上日均交易占比　　　　　单位：%

币种	2004 年	2007 年	2010 年
美元	95.5	95.2	94.7
欧元	19.3	15.1	15.8
日元	16.6	14.0	9.7
澳大利亚元	7.5	5.7	8.0
英镑	7.9	6.7	4.3
瑞士法郎	1.5	2.4	1.2
港元	12.4	17.3	15.9
韩元	6.3	6.2	8.3
新加坡元	4.9	6.2	6.7
人民币	0.4	1.6	4.8
印度卢比	2.0	4.5	4.4
俄罗斯卢布	1.1	2.0	2.6
墨西哥比索	1.9	2.7	1.8
南非兰特	3.1	2.2	1.6
巴西雷亚尔	0.7	0.2	0.9
波兰兹罗提	1.7	1.2	0.9
新兴市场货币	43.5	55.0	60.4

注：因为一笔交易涉及两种货币，所以一种货币的份额总和为 200%，而不是 100%。

资料来源：BIS，以每年 4 月数据计算。

90

2 国际外汇衍生品市场概况

由于新兴市场国家大多实行外汇或资本管制，所以当地货币的衍生品交易在货币发行国以外得到了迅速发展，表 2 – 16 显示了新兴市场货币的离岸交易情况。77% 以上的外汇衍生品交易都不是在本国发生，巴西雷亚尔、墨西哥比索、匈牙利福林、波兰兹罗提和土耳其里拉的离岸交易都在 90% 以上。从交易品种来看，无论是远期、货币掉期还是期权，新兴市场的离岸外汇衍生品都增加了 3% ~ 5%。印度卢比、智利比索和俄罗斯卢布在过去三年间离岸交易占比都增加了 20%。

表 2 –16　　　　　　　　　新兴市场离岸交易占比　　　　　　　单位：%

		总计	远期	掉期	货币掉期	期权
亚洲	人民币	71	90.8	8.3		
	印度卢比	59.7	76	16.4	55.6	79.1
	印度尼西亚卢比	81.3	94.7	29.3	22.5	99.5
	韩元	56.8	90.7	11.2	53.5	98.6
	马来西亚林吉特	69.4	91.1	29.7	17.9	84.9
	菲律宾比索	55.8	90	14.3	1.8	23.2
	泰铢	34.5	23.4	39.6	6.1	6.4
拉丁美洲	巴西雷亚尔	90.8	90.8	81.1	13	99
	智利比索	58.9	65.2	12.8	86.1	95.2
	墨西哥比索	96	95.6	96.2	76.6	98.1
中东欧	匈牙利福林	91.8	88	91.5		99.3
	波兰兹罗提	94.7	92	94.9	98.7	97.1
	俄罗斯卢布	62.6	93.5	54.4		99.7
	土耳其里拉	94.8	87.3	98.3	95.7	88.8
其他新兴市场	以色列新谢克尔	78	83	80.7	64.6	59.1
	南非兰特	86.5	86.7	86.4	98.1	86
新兴市场国家货币（2010）		77.2	86.7	71.1	76.7	91.5
新兴市场国家货币（2007）		75.5	83.3	72	63.2	87

注：数据为一国货币不在本国的交易量/该货币全部交易量。

资料来源：BIS。

可以看出，新兴市场国家由于经济蓬勃发展，引起了全球的瞩目。许多国家都瞄准了这一新兴市场，推出了各种各样的外汇衍生品。人民币也不例外。随着离岸市场人民币存量的增长，人民币各种形式的交易也随之而生，除了即期、远期、掉期等常规业务之外，包括人民币期货与期权等风险管理工具也会应运而生。在我国开始第一阶段汇改后，CME 就推出了人民币对美元期货。如今随着人民币在境外市场的发展变化，CME 又于 2011 年 10 月 17 日新推一款美元对人民币的期货。在CME 的竞争与紧逼下，香港与新加坡等有意参与人民币衍生品市场竞争的交易所显然也不甘落后。港交所已宣布正在测试六款人民币衍生品，新加坡交易所也有意进军人民币期货市场。预计境外人民币衍生品市场将随着人民币国际化发展而快速发展，可能增强境外人民币市场定价的影响力，推进人民币期货显得更加紧迫。

2.3 国际外汇期货市场发展概况

1972 年，代表全球范围内固定汇率体制的布雷顿森林体系瓦解，各国金融市场随之进入汇率灵活波动的时代。与此同时，汇率风险对于经济运转的负面影响也日渐突出。作为对此变革的积极应答，芝加哥商业交易所（CME）同年 5 月在国际货币市场分部（IMM）上市了 7 份外汇期货合约，标志着全球首个外汇期货市场的创建[①]，同时也拉开了外汇期货市场蓬勃发展的序幕。在过去的 40 年中，全球外汇期货市场不仅区域版图由最初的欧美等发达成熟市场向印度、巴西等新兴市场大肆延伸，同时也实现了交易规模、用户类别以及标的品种等数方面的多维全面扩张。

---

① 虽然 CME 并非首个推出外汇期货合约的交易所，但是它却是首个成功运作外汇期货交易的交易所。

2　国际外汇衍生品市场概况

2.3.1　外汇期货是世界上最早诞生的金融期货产品，是金融市场顺应汇率体制变革需求的产物

1972 年诞生的外汇期货是全球最早诞生的金融期货产品，其发展历史较 1975 年诞生的利率期货①、1982 年诞生的股指期货更为悠久。从外汇期货产生的经济、制度背景与具体过程来看，既有历史的必然性，也体现了 CME 在产品创新过程中因地制宜的制度设计与安排。

一、布雷顿森林体系的瓦解奠定了外汇期货的制度基础

1944—1972 年，全球经济处于由政府维护汇率稳定、支持对外经贸活动开展的环境之中。根据 44 国于 1944 年签订的《布雷顿森林协议》，各国货币币值与美元挂钩保持汇率稳定，实行所谓的固定汇率制度。然而 1972 年美元危机的爆发，导致布雷顿森林体系难以为继。在投机商的冲击下，固定汇率制度被灵活性不同的多种浮动汇率制度所取代：美国、英国、日本以及加拿大开始实行独立浮动的汇率体制，众多拉美国家则开始实行按指数调整的汇率。这种制度变革的直接结果是外汇市场价格波动弹性明显增加，至 1979 年 12 月，英镑、加拿大元、新西兰元、瑞士法郎、挪威克朗、瑞典克朗以及美元指数的月波动率分别上升了 8.29 倍、1.81 倍、6.92 倍、19.04 倍、27.05 倍、6.75 倍和 14.47 倍。在此情况下，不仅全球经济所需面对的汇率风险明显增强，进而提高了经济体对冲汇率风险的需求，同时投机者参与交易的积极性也得到有效释放，两方面最终为外汇期货合约的存续与运转提供了必要的现货价格波动基础。

此外，在 CME 之前 ICE 上市外汇期货的失败经验也体现了外汇体制变革对于外汇期货创新的贡献。1970 年 4 月，在 CME 引入外汇期货之前，纽约农产品交易所默里·博罗维茨领导的一个项目——国际商业交易所就推出了 9 种货币的期货交易。但是由于当时布雷顿森林体系还有效，汇率波动的唯一机会即是各国货币政策部门对货币价值一次性的、

---

① 1975 年 10 月，芝加哥期货交易所推出了政府国民抵押贷款协会（GNMA）抵押凭证期货合约，标志着利率期货这一新的金融期货类别的诞生。

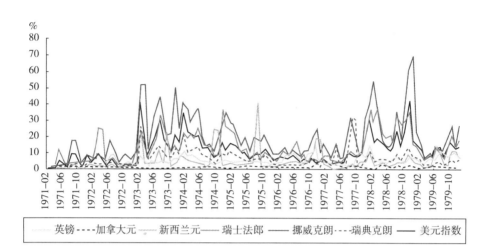

资料来源：由 Bloomberg 数据整理而得。

图 2-20　布雷顿森林体系崩溃之后的全球外汇市场汇率波动率

幅度较大的重估。这种固定汇率体制使得外汇期货缺乏必要的标的价格波动，投资者甚至无法找到任何工具事先判断汇率的走势，进而也无法开展交易，因此，这些合约上线不久后便以失败告终，停止了交易。

二、银行间外汇市场较高的进入门槛，增强了中小投资者对开放式外汇期货的诉求

长期以来，包括外汇远期、掉期以及非标准外汇期权在内的场外外汇交易，均由大型商业或投资银行主导，处于一种排他性俱乐部状态。20 世纪 80 年代至 90 年代，银行甚至贡献了 60% 的即期外汇交易量，其交易特点往往是合约金额巨大（基本维持在 100 万美元以上①）。因此，低资产净值的中小投资者要么被排除在市场之外，要么承受巨大的交易成本。根据 Osler（2007）的研究，客户与银行开展外汇交易平均点差基本维持在 30 至 40 个基点，相比之下主要货币银行间交易的点差则仅有 1

---

① Michael R. King e. d. Foreign Exchange Market Structure, Players and Evolution.

个基点。实际上，直到 2000 年，在网络交易平台普及的推动下，外汇市场才真正面向中小投资者开放。换言之，长期以来特别是在交易所外汇期货创立之前，中小投资者无法有效利用场外外汇衍生品管理风险。对此两个典型的证明是，1967 年芝加哥大学经济学家米尔顿·弗里德曼（Milton Friedman）尝试在多家美国银行卖空 30 万美元等值英镑却屡屡受阻，而另一位对衍生品兴趣浓厚的经济学家迈伦·斯科尔斯（Myron Scholes）试图从事场外看跌和看涨期权交易时，也碰到了类似的情况。而正是这种无法从场外外汇衍生品市场得到满足的外汇风险管理需求，提升了外汇期货引入与创新的必要性与动力。

三、外汇期货的诞生离不开 CME 因地制宜的制度设计与安排

CME 充分考虑外汇市场交易结构与特征后，推出因地制宜的合约设计，也是促使外汇期货成功创立的重要微观因素。如前所述，20 世纪 80 年代外汇期货产品创新前夕，全球外汇市场处于由银行主导的排他性俱乐部状态，银行不仅是外汇交易经验最为丰富的投资者，也是市场流动性的主要提供者。在此情况下，CME 将外汇期货的标的客户定位于银行与公司，并且通过设计大面值的合约价值吸引其积极参与外汇期货交易，保证了外汇期货引入初期流动性的活跃。

类似的，纽约农产品交易所的失败经验也从反面凸显了 CME 理性合约设计对于外汇期货市场成功引入的关键作用。前者在建立外汇期货市场的过程中，将外汇期货定位为非商业用途的金融工具，并相应采取了仅有 1.5 万至 2 万美元的合约金额。在此制度的引导下，后期市场参与者主要由投机交易组成，缺乏成功期货合约所必需的至少 20% 至 30% 的商业参与，因而最终走向了失败。

2.3.2　外汇期货市场版图不断扩张，目前已遍及全球，其中美国、印度与俄罗斯是交易量前三的市场

一、与全球汇率自由化改革同步，40 年来外汇期货市场版图不断扩张

1972 年 CME 的产品创新开启了全球外汇期货市场蓬勃发展的序幕，

之后其区域版图一直保持积极扩张态势。20 世纪 80 年代较早启动外汇期货交易的地区主要是英国、新加坡以及日本等全球性外汇交易中心；进入 90 年代后，以巴西、俄罗斯以及印度为代表的一些新兴市场国家则异军突起，成为外汇期货市场发展的主力军。

在发源地美国，1976 年国际货币基金组织签订达成的《牙买加协议》确立了浮动汇率制度的合法地位，由此，美元汇率也正式进入了汇率的频繁波动期。1976—1980 年，在财政赤字高涨以及经济多年持续不景气的情况下，美元汇率的年平均贬值幅度达到 11.4%；1981—1985 年美元汇率进入升值通道，逆转为强势美元状态；而在 1986—1995 年，为了扭转自身以进口为主的贸易状况，美国向日本、欧洲施加压力，又导致美元再次回归贬值状态。在此过程中，市场汇率风险不断加大，由此也吸引诸多交易所向 CME 学习相继上市外汇期货，以迎合市场日益突出的需求。至 1999 年欧元面世前，美国已有 5 家交易所引入了外汇期货交易，分别为芝加哥商品交易所（CME）、费城期货交易所（PBOT）、费城股票交易所（PHLX）、纽约期货交易所（NYBOT）以及中美商品交易所（MIDAM，为芝加哥期货交易所的一个分部）[①]。

表 2–17　　　　　　　1999 年以前美国外汇期货市场的分布情况

交易所	合约个数（个）	1994 年的交易量（张）
芝加哥商品交易所（CME）	12	28 580
费城期货交易所（PBOT）	8	9 623
费城股票交易所（PHLX）	11	42
纽约期货交易所（NYBOT）	7	10 080
中美商品交易所（MIDAM）	5	220

资料来源：Federal Reserve Bank of New York, The Foreign Exchange Market in the United State。

---

① Federal Reserve Bank of New York, The Foreign Exchange Market in the United State, 1998.

2 国际外汇衍生品市场概况

澳大利亚是除美国以外最早推出外汇期货的国家。虽然早在 1939 年澳大利亚联邦银行便开始向参与国际贸易的境内投资者提供远期对冲交易，但是成交一直非常低迷。直至 1971 年布雷顿森林体系崩溃，澳大利亚元汇率由最初的钉住美元转为在 IMF 允许的 2.5% 的幅度内波动，继而在 1974 年转向钉住澳大利亚主要贸易伙伴国贸易加权指数一篮子货币，最终又因国内通胀水平高企、经济状况不佳以及市场投机氛围浓厚，于 1976 年 11 月告别固定汇率制，对一篮子货币一次性贬值 17.5%，澳大利亚元汇率波动性的增强才使市场对外汇衍生品的需求提高。在此期间，不仅一个以经纪人为基础、由澳大利亚本国商业银行和非银行金融机构组成的本金不可交割远期市场自发形成，并且 1980 年澳大利亚第一个外汇期货合约也正式在悉尼交易所上市。

英国既是继澳大利亚之后，美国以外第二个推出外汇期货的国家，同时也是 1998 年以前除美国外交易最为活跃的外汇期货市场之一，最高时 1984 年伦敦国际金融期货期权交易所（LIFFE）外汇期货合约的年交易量曾达到 199.1 万手。英国外汇期货市场的诞生有其必然性。首先，英国外汇期货的推出适逢货币当局推行浮动汇率体制并放开资本管制，由于英国政府奉行自由市场原则，因此金融自由化得以实现，进而为交易所场内外汇期货的发展创造了有利的环境。其次，20 世纪 80 年代英国不甘心在金融衍生品方面落后美国，积极筹建 LIFFE，并借鉴美国经验引入外汇期货，也是推动英国外汇期货市场开设的重要原因。最后，英国具有较为强大的 OTC 市场，作为最早实现工业化的发达国家，英国外汇市场具有悠久历史，其交易量约占全球外汇即期市场的 60%，位列全球三大外汇交易中心之首，进而为外汇期货市场发展提供了坚实的周边市场基础。但是到了 1990 年外汇期货市场却陷入发展停滞，交易量大幅萎缩。导致这一现象的主要原因在于，LIFFE 上市的绝大部分外汇期货合约与 IMM 设计一致，区别仅在交易时段，因此与 CME 存在竞争，而 80 年代电子化交易的普及打破了产品交易的地域阻隔，又加剧了这种竞争的直接性。

表 2-18　　　　　　　LIFFE 外汇期货的推出及发展路径

品种名称	存续期
德国马克期货	1982-10～1990-05
美元期货	1982-10～1990-11
瑞士法郎期货	1982-11～1990-03
日元期货	1982-12～1990-03

资料来源：郑振龙、陈蓉、陈森鑫、邓弋威：《外汇衍生品市场国际经验与借鉴》，北京，科学出版社，2008。

20 世纪 80 年代，外汇期货市场的触角延伸至亚洲，而新加坡是其先驱与典型代表。1984 年 9 月，原新加坡黄金交易所与芝加哥商品交易所合伙创立新加坡国际货币交易所（SIMEX），并先后推出了德国马克对美元、日元对美元、英镑对美元等汇率期货合约。实际上，直至今日新加坡仍未完全放开本土新元市场，表现为实行有管理的浮动汇率制度与设置汇兑管制，加之 SIMEX 的主要股东及支持方来自 CME，因此，SIMEX 上市外汇期货均属交叉汇率期货，并且合约设计与 CME 的合约规格完全一致，两家交易所的会员可以交叉参与对方交易、结算，并且进行 24 小时外汇期货交易，由此扩展了外汇期货市场交易时间。也正是因为这个原因，早期新加坡一度也是美国以外最有影响力的外汇期货市场。然而，1999 年 12 月新加坡证券交易所与 SIMEX 合并为新加坡交易所后，其衍生品分部放弃外汇期货产品的部署，也使新加坡在相当长的一段时期内陷入外汇期货市场真空。直至 2010 年 8 月新加坡引入印度金融技术集团（Financial Technologies Group）[①] 设立新加坡商品交易所（SMX）并上市欧元对美元等外汇期货合约，新加坡外汇期货市场才得以重新启动。

---

　　① 专业提供交易所构建方案的印度金融技术公司，迪拜黄金与商品交易所（DGCX）、印度多种商品交易所（MCX）均在其旗下。

2 国际外汇衍生品市场概况

与新加坡类似，日本作为发展较为成熟的全球性外汇交易中心，在80年代后期也启动了外汇期货交易。实际上，布雷顿森林体系瓦解后，日本外汇管理经历了一个由全面管制转为放松管制，再转为初级自由化，最后实现全面自由化的过程。特别是在1985年9月《广场协议》签订后，按照协议，日本开始推行外汇自由化，先后废除了日元兑换限制并实现了资本项目的开放。在此过程中，日元汇率波动逐渐扩大，自1985年9月至1986年8月的短短一年间，日元兑美元汇率升值了42%。也是在外汇管理自由化以及日元升值压力的推动下，1989年东京金融交易所成立，并在同年推出了美元对日元的外汇期货。

进入90年代后，全球外汇期货市场的区域范围加速扩大。1992年在俄罗斯中央银行颁布《俄罗斯联邦外汇调解法》与《俄罗斯联邦外汇调节与监督法》，废除多种汇率并存的固定汇率体制后，莫斯科商品交易所对NYMEX进行了短暂的考察，并引入了俄罗斯历史上第一个外汇期货产品。1998年，在实现自由浮动的汇率体制4年后，受到多重外部因素（亚洲金融危机、俄罗斯金融崩溃以及国际油价下跌）的推动，墨西哥建立了本土的衍生品交易所并在该所上市了外汇期货。而到2007年金融危机爆发后，这种区域扩张的加速性变得更加明显，短短5年间引入外汇期货交易的国家及品种就包括2007年南非证券交易所上市外汇期货，2007年迪拜黄金与商品交易所引入外汇期货，2009年哥伦比亚证券交易所首次上市外汇期货，2012年泰国期货交易所上市外汇期货，等等。

表2-19　　　　　　　　全球各国外汇期货市场建立时间表

年份	启动外汇期货的国家及交易所	汇率体制环境及推动因素
1972	芝加哥商品交易所成立国际货币市场分部，推出7种外汇期货合约	1972年标志固定汇率体制的布雷顿森林体系瓦解
1978	纽约商品交易所上市外汇期货	
1979	纽约证券交易所上市外汇期货	

续表

年份	启动外汇期货的国家及交易所	汇率体制环境及推动因素
1980	澳大利亚悉尼交易所推出以澳大利亚元现金结算的外汇期货	1974年转向钉住澳大利亚主要贸易伙伴国贸易加权指数一篮子货币,最终又于1976年11月告别固定汇率制
1982	英国伦敦国际金融期货与期权交易所推出瑞士法郎、英镑、德国马克、日元、美元外汇期货	1972年以后货币当局推行浮动汇率体制并放开资本管制
1984	新加坡国际货币交易所推出德国马克、日元与英镑期货	
1987	巴西上市外汇期货	1978年至1985年巴西货币当局会根据一系列指标对汇率水平进行调整,但是1986年汇率弹性明显增强①
1989	东京国际金融期货交易所推出美元对日元期货	1985年9月《广场协议》签订后,按照协议日本开始推行外汇自由化,先后废除了日元兑换限制并实现了资本项目的开放
1998	墨西哥衍生品交易所推出外汇期货	1994年墨西哥爆发金融危机,政府无力维持对美元的挂钩的汇率,从而放弃钉住汇率,12月墨西哥比索贬值幅度高达50%以上
2007	南非证券交易所上市外汇期货	2003年以后南非央行放弃对外汇市场的干预
2009	哥伦比亚证券交易所上市外汇期货	
2012	泰国期货交易所上市美元期货	1997年7月2日,泰国政府宣布放弃钉住汇率制度,实行有管理的浮动汇率制度

二、当前全球外汇期货市场的区域分布

据美国期货业协会(FIA)统计,截至2011年底,全球共有23个国家上市了外汇期货,遍布全球各大洲的主要市场。从外汇期货的洲际分布来看,亚太地区是主要市场,其交易量占全球外汇期货市场的75.2%,此外,美洲占据了14.1%,而欧洲、南非以及中东的规模很

---

① 李富有、李敏:《拉美和东亚国家的汇率制度选择及其对中国的启示——兼谈人民币汇率升值问题》,载《拉丁美洲研究》,2003(6)。

小，总共只占 10.6% 。其中，印度是亚太地区外汇期货交易的主要贡献者，虽然外汇期货发源于美国，在外汇期货交易创建的最初 30 年中其交易也主要集中于此，但是 2008 年后，印度却凭借其后发优势快速崛起，代替美国成为全球外汇期货交易量最大的市场。而美国与巴西则分别在 CME 与巴西交易所（BM&FBOVESPA）的支持下成为北美地区外汇期货交易的集中地，2011 年两者共同贡献了该地区 83% 的交易量与 99% 的交易金额。最后，俄罗斯是欧洲外汇期货交易的主战场，交易量与交易金额在该地区分别占比 82% 与 63% 。根据世界证券交易所联合委会员（WFE）的统计，印度、俄罗斯与美国同时也是全球外汇期货交易量排名前三位的国家，2011 年交易量分别达到 19.3 亿手、2.6 亿手与 2.3 亿手。

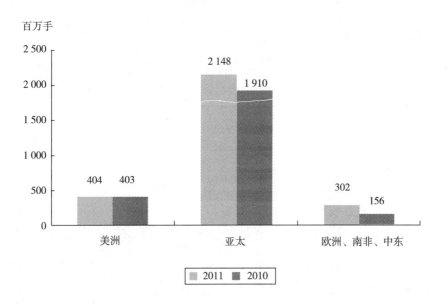

资料来源：WFE。

图 2-21 全球外汇期货市场洲际分布

表 2 – 20　　　　2011 年全球主要外汇期货及期权市场的区域分布

国家	交易所	交易量 （合约手数）	名义金额 （百万美元）	持仓量 （合约手数）
巴西	BM&FBOVESPA	110 523 036	5 587 504	1 173 456
哥伦比亚	Bolsa de Valores deColombia	587 909	20 384	8 477
美国	CME Group	222 467 404	29 873 963	1 246 544
	CME Group（OTC）	NA	NA	NA
	ICE FuturesU. S.	9 102 896	NA	NA
	MexDer	7 214 243	72 352	388 431
	NASDAQ OMX（US markets）	1 388	NA	NA
	小计	238 785 931	29 946 315	1 634 975
阿根廷	Rofex	54 505 268	56 034	3 194 218
美洲合计		404 402 144		
韩国	Korea Exchange	71 221 596	718 602	605 224
印度	MCX - SX	850 129 060	858 553	961 299
	National Stock Exchange ofIndia	726 871 152	730 840	1 630 462
	United Stock Exchange ofIndia	352 318 350	NA	NA
	小计	1 929 318 562	1 589 393	2 591 761
日本	Osaka Securities Exchange	10 552 396	125 976	103 328
	Tokyo Financial Exchange Inc.	136 658 356	NA	789 692
	小计	147 210 752	125 976	893 020
亚太合计		2 147 750 910		
匈牙利	Budapest Stock Exchange	6 057 083	5 600	197 130
南非	Johannesburg Stock Exchange	12 835 918	13 733	440 366
俄罗斯	MICEX	6 875 282	7 391	384 944
	RTS	256 804 696	279 334	1 068 496
	小计	263 679 978	286 725	1 453 440
英国	NYSE Liffe（European Markets）	3 280	89	187
以色列	Tel – Aviv Stock Exchange	133 809	1 443	9 911
土耳其	Turkish Derivatives Exchange	18 898 683	20 449	108 517
波兰	Warsaw Stock Exchange	199 490	2 241	3 276
欧洲、非洲、中东合计		301 808 241		
总计		2 853 961 295		

资料来源：WFE。

2.3.3 全球外汇期货市场规模持续扩张，2011年全年交易量已经达到28.5亿手，占全球交易所衍生品市场交易量的23%

尽管与OTC市场相比，全球外汇期货市场的总体规模仍然较小，但是随着区域版图的扩张，其交易量总体呈现出持续增长的趋势。特别是2008年以后，全球外汇期货市场年交易量增速加快，由最初的5亿手，至2011年的28.5亿手增长470%，在全球交易所衍生品市场的交易量占比也上升至23%，与利率类期货接近，高于商品期货，后两者分别占全球交易所衍生品交易量的23%与21%。从2010年至2011年期货交易量的增速来看，外汇期货已经成为全球期货市场扩张速度最快的品种，交易量增速达16%。

从各区域的增长情况来看，无论以交易量还是交易金额进行衡量，亚太地区均是2008年以来全球外汇期货交易扩张表现最为突出的市场。2008年至2010年9月金融危机期间，全球仅有亚太地区外汇期货交投始终保持上升趋势，交易金额由最初的3 540亿美元扩大至26 590亿美元，而北美、欧洲以及其他市场均有不同程度的下降，其中欧洲市场交易金额由最初的1 580亿美元下降至1 120亿美元，北美市场的交易金额在2009年也由最初的20.855万亿美元下降至19.594万亿美元。

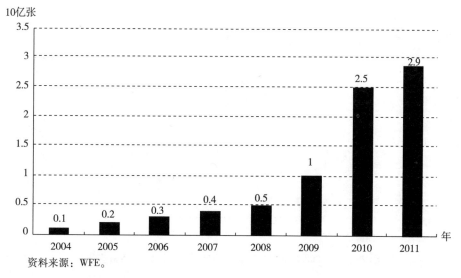

资料来源：WFE。

图2-22　全球外汇期货市场交易规模逐年扩大

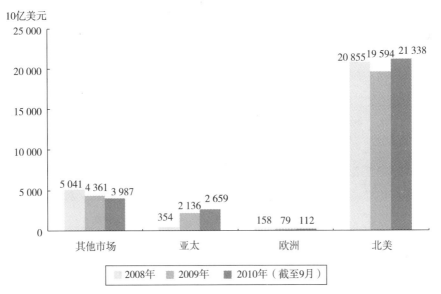

资料来源：IMF。

图 2-23 2008 年至 2010 年 9 月全球各区域外汇期货交易金额

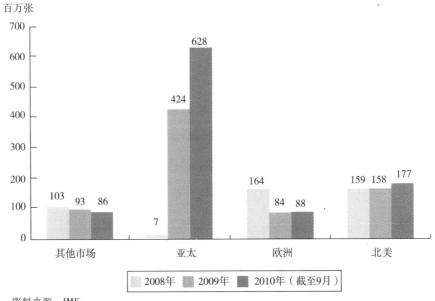

资料来源：IMF。

图 2-24 2008 年至 2010 年 9 月全球各区域外汇期货交易量

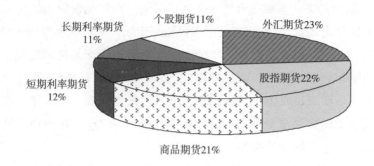

资料来源：WFE。

图 2 – 25　全球期货市场分类占比

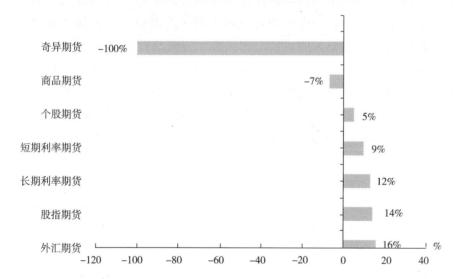

资料来源：WFE。

图 2 – 26　2010 年至 2011 年全球各类期货产品交易量的增长率

2.3.4　新兴市场与成熟市场在发展外汇期货的模式上形成鲜明对比

以印度、俄罗斯为代表的新兴市场外汇期货交易活跃，是近年来全球外汇期货市场规模扩张的主要驱动力。

人民币国际化与外汇期货市场建设研究

对比新兴市场①与成熟市场在全球外汇期货市场的份额与地位，2011年全球外汇期货市场86.47%的成交量来自新兴市场，来自成熟市场的交易量仅有13.53%。而在2010年至2011年全球外汇期货市场交易量的增量中，新兴市场的贡献率高达90.4%，而成熟市场的贡献率则仅有9.5%。在新兴市场中，印度与俄罗斯是成功发展外汇期货市场的典型代表。2011年印度与俄罗斯外汇期货市场交易量全球占比分别为67.6%与9.2%，并分别贡献了2011年全球外汇期货市场增量的52.1%与33.5%。

新兴市场外汇期货蓬勃发展的动力主要来自于两个方面：一方面是绝大多数新兴市场在21世纪初期才开始建立本土的外汇期货市场，尽管起步较晚，但是由于新兴市场往往存在场外外汇衍生品市场发展滞后于经济发展需求的问题，因此相对成熟市场，新兴市场外汇期货能够获得更好的发展机遇和更大的成长空间；另一方面是自20世纪90年代以来，在发达市场货币全球即期交易量占比稳定的情况下，新兴市场货币的份额快速上升，1998年至2010年巴西雷亚尔、印度卢比、俄罗斯卢布以及人民币的市场总份额增长了3倍，韩国韩元的市场份额增长了两倍，而活跃的即期市场交易是外汇期货市场流动性的基础保障。

表2-21　　　　　　　　外汇即期交易量的币种分布　　　　　单位：%

	1998 年	2001 年	2004 年	2007 年	2010 年
美元	78	84	85	79	80
欧元*	58	43	44	42	46
日元	24	26	21	20	20
英镑	12	11	13	15	14
瑞士法郎	7	7	7	9	6
澳大利亚元/加拿大元/挪威克朗/新西兰元	5	9	10	12	15
雷亚尔/卢布/卢比/人民币	1	2	3	4	3
其他	15	18	17	19	15
总计	200	200	200	200	200

注：全球即期外汇市场中各币种的交易量的百分比，由于每次交易包含两种货币，因此总比例是200%。

资料来源：BIS。

---

① 巴西、哥伦比亚、阿根廷、韩国、印度、匈牙利、南非、俄罗斯、土耳其、波兰。

2.3.5　全球外汇期货交易合约标的逐步多元化，形成了直接汇率、交叉汇率以及汇率指数三大体系

一、全球外汇期货交易合约标的多元化的发展进程

在外汇期货市场发展初期，无论是外汇期货的首创者 CME，还是紧随其后的其他交易所，设计合约过程中均以直接汇率①作为产品标的。例如 1972 年美国 CME 上市外汇期货合约分别以德国马克、日元、英镑等 7 种货币对美元的汇率为标的，而 1978 年美国纽约商品交易所（NY-MEX 后被 CME 收购）上市的合约也是以哥伦比亚比索对美元汇率为标的。

到了 20 世纪 80 年代初期，CME 已经凭借先发优势在直接汇率期货市场取得了一定话语权。1977 年美联储开始定期计算并公布②衡量美元对一篮子货币综合币值水平的美元指数。在此情况下，受到美联储的启发，同时也是为了避免与 CME 的正面竞争，ICE 首先参照美联储的货币样本以及权重与路透合作开发了一个适于充当外汇期货标的的美元指数，并注册为 ICE 的专利，随后又在 1985 年以该指数为标的开发了世界上第一份外汇指数期货，由此打破了外汇期货市场由直接汇率标的的垄断的格局。

此外，80 年代中期交叉汇率交易也开始在原本由直接汇率交易主导外汇市场崭露头角，至 90 年代，交叉汇率交易已经在整个外汇即期交易市场占据了半壁江山，单以 1992 年全球银行间外汇市场的数据来看，交叉汇率的即期日均交易量已经达到 6 000 亿美元，在纽约外汇市场，交叉汇率交易的市场份额接近 35%，而在欧洲这一比例则更高，约为45%。这种快速增长的势头也吸引了众多交易所的注意，因此 1984 年新加坡交易所（SGX）的前身——新加坡国际货币交易所（由新加坡黄金交易所与 CME 合作建立）率先以马克对美元、日元对美元以及英镑对美

---

① 即涉及本币的汇率。

② Federal Reserve Bulletin, Index of the Weighted – average Exchange Value of the U. S. dollar, 1978 – 08.

元三种不涉及新加坡本币的交叉汇率作为标的上线外汇期货，而 1991 年 CME 也推出了第一份非美元外汇期货合约。

二、当前全球外汇期货交易合约标的的分布特点

当前，全球外汇期货市场标的逐步多元化，并形成了直接汇率标的合约、交叉汇率标的合约以及汇率指数标的合约三足鼎立的市场形态。具体来看，这种形态表现出以下特征。

一是汇率指数期货市场基本处于由美国洲际交易所（ICE）垄断、一方独大、标的单一的状态。当前，美元指数已经逐步演变为全球金融市场最受投资者关注的核心经济指标之一。这点也造就了 ICE 美元指数期货在汇指期货领域绝对的领导地位，其是全球各类汇率指数期货中唯一交易量能与主流直接汇率期货抗衡的产品。数据显示，1995 年至 2011 年，ICE 美元指数期货年交易量以每年平均 99.7% 的速度增长，至 2011 年年交易量已经达到 758.5 万手。另一方面，由于美元指数的专利权归 ICE 所有，按照专利规定，除 ICE 外任何交易所不得以其为标的上市衍生品，因此 ICE 的美元指数期货具有绝对的唯一性与排他性。虽然 80 年代以后，包括 CME 在内的众多交易所因觊觎美元指数期货的市场份额，

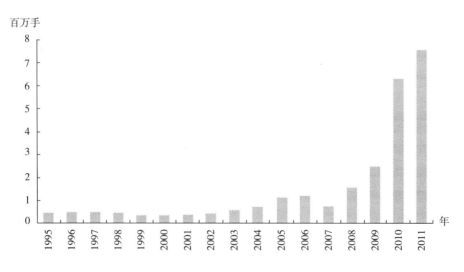

图 2－27　ICE 美元指数期货交易活跃

先后推出了诸多形式灵活多样的外汇指数期货或类外汇指数期货，但交易量均不尽如人意。以 CME 为例，2010 年其向道琼斯指数公司定制了一份由 6 种不同货币 CME 美元期货合约价格算术加权而成的美元指数，并在此基础上设计了一款期货合约——CME \$ INDEX，但是自上市该合约日均成交量最高时也不过 347 手，而 2011 年 2 月以后则交易量始终为零。

表 2 – 22　　　　　　　　　全球主要外汇指数期货发展现状

外汇期货	交易所	国家	当前交易状态
美元指数期货	洲际交易所（ICE）	美国	2011 年交易量为 758.5 万手
欧元指数期货	洲际交易所（ICE）	美国	自 2011 年 5 月 20 日起下线，不再交易
类美元指数期货——CME \$ INDEX	芝加哥商业交易所（CME）	美国	2011 年 6 月以后交易量降至零
兰特指数期货	南非证券交易所（JSE）	南非	交易量为零
比索美元汇率指数	布宜诺斯艾利斯证券交易所（SBA）	阿根廷	交易量为零

　　二是交叉汇率期货标的丰富，但市场总体份额偏低，绝大部分合约日均交易量不足千手，然而该类标的仍是诸多交易所外汇期货产品布局的重点。至 2012 年，全球共有 9 个国家的 11 家交易所上市了交叉汇率期货。其中，交易最为活跃的合约为俄罗斯股票交易所（RTS）上市的欧元对美元期货，至 2012 年其日均交易量已超过 24.3 万手。活跃度次之的是迪拜黄金和商品交易所（DGC）上市的印度卢比对美元期货以及土耳其衍生品交易所上市场的欧元对美元期货，但是与俄罗斯相比，两者流动性有明显差距，日均交易量分别仅有 4.03 万手和 5 853 手。除此之外，绝大部分地区交叉汇率期货交投清淡，日交易量均在 5 000 手以内，而日交易量不足千手的合约更是比比皆是。其中，导致交叉汇率期货成交低迷的原因主要有两个方面：一是与涉及本币的直接汇率期货相比，交叉汇率期货对冲本币汇率风险的效果更弱；二是由于交叉汇率为相对概念，同样的标的在本土为直接汇率，进而获得较好的流动性，反

109

人民币国际化与外汇期货市场建设研究

过来在海外属于交叉汇率，会受到本土市场的竞争进而遭到流动性分流的影响。但是，尽管如此，2010 年以来，美国洲际以及匈牙利布达佩斯等交易所仍然积极主动布局交叉汇率期货市场。例如，2010 年目睹了第一季度外汇期货交易量 128%①的增速后，迪拜黄金与商品交易所引入了欧元对美元、日元对美元等 4 份交叉汇率期货，由此成为除美国与欧洲之外，为数不多引入 G7②交叉货币对的地区；而 2011 年 6 月洲际交易所则以复制 CME 合约的方式引入了 10 种交叉汇率期货交易。

表 2 - 23 全球主要交叉汇率期货概况（以 2012 年 8 月日交易量排序）

交易所	合约标的	交易量（张）
俄国交易系统（RTS）	EUR/USD	243 775
迪拜黄金和商品交易所（DGC）	RUB/USD	40 321
土耳其衍生产品交易所（TKD）	EUR/USD	5 853
俄国交易系统（RTS）	AUD/USD	4 722
芝加哥商品交易所（CME）	EUR/GBP	2 326
芝加哥商品交易所（CME）	EUR/CHF	2 106
巴西商品期货交易所（BMF）	BRL/EUR	1 990
布达佩斯证交所（BSE）	EUR/USD	1 750
俄国交易系统（RTS）	EUR/RUB	1 652
巴西商品期货交易所（BMF）	BRL/CAD	1 230
俄国交易系统（RTS）	GBP/USD	1 228

---

① 2010 年初至 2010 年 3 月底。http://www.emirates247.com/eb247/companies - markets/commodities/dgcx - to - launch - three - new - currency - futures - 2010 - 04 - 15 - 1. 108531。

② 即 USD、GBP、JPY、CHF、EUR、AUD、CAD 等 7 种货币的两两不同组合。

附件 1

Traiana 是 ICAP 下属的子公司，成立于 2000 年，公司运行 OTC 外汇市场、交易所交易衍生品、CFDs 以及场外股票交易的行业标准平台。公司的旗舰产品是和谐网络（Harmony Network），它是一个连接所有市场参与者的领先平台，自动进行盘后处理，降低交易风险与成本。目前，Traiana 与 500 家公司联接，涵盖了主要市场参与者，包括一级经纪商、执行银行、零售平台、买方公司与执行交易场所。一旦接入网络，公司就能与所有交易对手连接在一起，显著降低它们之间关系的复杂性，提高运作效率，降低维持多方联接的成本。

为了最小化客户之间全部处理盘后工作指令流接触成员的数量，和谐网络提供了一个完全实时自动运行的处理流程。这个实时处理流程确保了任何对手方之间的交易能够识别并立即纠正，从而显著降低运作风险。

附件 2：专业词汇表

算法交易：计算机运算公式决定交易指令发布策略的一种自动化交易方式。也可参考高频交易。

买卖价差：交易商报出的买入价格和卖出价格之间的价差，用来衡量执行一个交易的交易成本，常被用做市场流动性的标准。

经纪人：一种金融中介，撮合不同的交易方成交但不参与交易。经纪人可以电子化操作（电子化经纪人）或是声讯操作（声讯经纪人）。

套利交易：一种将低收益的货币卖出融资买入高收益的货币交易策略。

中央对手方（CCP）：一个独立的法律实体，将自己加入到一个证券交易的买卖双方中间，需要买卖双方都提供保证金。

对手方信用风险：交易一方当时或事后不能全额履行义务的风险。

对手方风险限制：在所有的没有担保交易头寸中，一家机构对单个对手方最大的头寸敞口，在与给定的交易对手方交易之前由交易商风险控制经理设定限制。

信用支持附件（CSA）：管理两个交易对手方双边授信的文档。

货币（或外汇）期货：类似于远期，在将来的某个时刻（超过两天之后），按照合同签订时同意的汇率进行实物或现金交割两种货币。不像远期合约，期货在交易所内交易，合同是有固定规模和期限的标准化合约。市场提供 3 月、6 月、9 月和 12 月交割的四种合约。

货币（或外汇）期权：一种衍生产品，持有者有权利（不是义务）在特定的时间内以商定的汇率买卖货币。期权的分类包括奇异货币期权，比如平均汇率期权和障碍期权。货币期权在场内市场和场外市场都有出售。

货币掉期：两个交易者签订合约，在商定的时间交换支付不同货币定价的利息。

交易商（或做市商）：一家金融机构的主要业务就是充当市场交易的买卖方的对手方，通过承担风险获取利润。

外汇掉期：回购交易等额货币，一个简单的交易是交易一方在不同的两个时期买卖等值货币，包括两次交易。在合同签订日两次交易的汇率一起确定。典型的外汇期货包括一个即期和一个远期，但是也可能是两个远期。

高频交易：一种算法交易策略，通过高频率、小额度以毫秒计捕捉价格变动获取利润，投资期限通常少于 1 天。参考算法交易。

交易商间市场：在这个市场上，要不双边，要不通过经纪人，外汇交易商相互之间进行交易。又被称为银行间市场，因为外汇交易商主要是银行。

流动性集中商：是一种电子化工具，这个工具收集不同来源的连续报价，如外汇交易商、电子经纪人和跨银行交易系统。通过把这些报价集中到一个连续报价中，交易商和终端客户可以同时获得不同交易平台的最优报价。

保证金账户：一种允许客户从金融中介那里借来钱买证券的账号，这个账户中客户的现金存款被称为保证金。

市场高度流动性：交易对价格的影响小（价格没影响）以及交易快速完成（即时）的市场特征。

跨银行交易系统：一种集中多家外汇交易商报价并发布报价的交易系统。

外汇远期：交易双方签订合约，以商定的汇率和日期交易两种货币，清算一般在到期日两天后完成。不交割远期合约是不需要实物交割货币，只是交易损失一方向另一方支付按合约损失的那部分。

大宗经纪人：银行提供的一种服务，允许客户用单个实体进行抵押和清算来保持信贷关系，从而从交易商那里获得融资和市场流动性。

报告交易商：为满足自己和客户的交易需求，在外汇市场交易活跃的银行，同时参与 BIS 三年一度的报告。

清算风险：交易对手方没能完成支付的风险。

单个银行交易系统：由一家交易商为自己的客户使用建立的产权电子化交易系统。

即期外汇交易：是一种单向交易，即在合同签订当天以商定的汇率进行两种货币的交换，清算一般在两天内完成。

本章参考文献

［1］ Baba, Naohiko and Frank Packer, 2009, From Turmoil to Crisis: Dislocations in the FX Swap Market before and after the Failure of Lehman Brothers. BIS Working Papers 285, Bank for International Settlements.

［2］ Barber, Brad M. and Terrance Odean, 2000, Trading Is Hazardous to YourWealth: The Common Stock Investment Performance of Individual Investors. Journal of Finance, 55 (2), pp. 773 – 806.

［3］ Barber, Brad M. and Terrance Odean, 2002, Online Investors: Do the Slow Die First? Review of Financial Studies, 15 (2), pp. 455 –488.

［4］ BIS, 2010, Triennial Central Bank Survey. Foreign Exchange and Derivatives Market Activity in 2010. Bank for International Settlements.

［5］ Bjønnes, Geir H., Carol L. Osler and Dagfinn Rime, 2011,

Sources of Information Advantage in the Foreign Exchange Market. typescript, Norges Bank.

[6] Bjønnes, Geir H. and Dagfinn Rime, 2005, Dealer Behavior and Trading Systems in Foreign Exchange Markets. Journal of Financial Economics, 75 (3), pp. 571 – 605.

[7] Bjønnes, Geir H. , Dagfinn Rime and Haakon O. Aa. Solheim, 2005, Liquidity Provision in the Overnight Foreign Exchange Market. Journal of International Money and Finance, 24 (2), pp. 177 – 198.

[8] Bodnar, G. , G. Hayt and R Marston, 1998, 1998 Wharton Survey of Financial Risk Management by US Non – Financial Firms. Financial Management, 27 (4), pp. 70 – 91.

[9] Bollerslev, Tim and Michael Melvin, 1994, Bid – Ask Spreads and Volatility in the Foreign Exchange Market: An Empirical Analysis. Journal of International Economics, 36, pp. 355 – 372.

[10] Cecchetti, Stephen G. , Jacob Gyntelberg and Marc Hollanders, 2009, Central Counterparties for Overthe – counter Derivatives. BIS Quarterly Review, (3), pp. 45 – 58.

[11] Chaboud, Alain, Benjamin Chiquoine, Erik Hjalmarsson and Clara Vega, 2009, Rise of the Machines: Algorithmic Trading in the Foreign Exchange Market. International Finance Discussion Papers 980, Federal Reserve Board.

[12] CitiFX Pro, 2010, Forex Traders Survey 2010 Results. Web – document, Citi Research Team.

[13] Diamond, Randy, 2011, Banks' Profits could Take hit in Fight over Forex Fees. Pensions and Investments. April 4.

[14] Ding, Liang, 2009, Bid – ask Spread and Order Size in the Foreign Exchange Market: An Empirical Investigation. International Journal of Finance and Economics, 14 (1), pp. 98 – 105.

[15] DuCharme, Michael, 2007, First Steps in Foreign Exchange

Transaction Cost Analysis. Journal of Performance Measurement, pp. 19 – 27.

[16] Dunne, Peter, Harald Hau and Michael Moore, 2008, A Tale of Two Platforms: Dealer Intermediation in the European Sovereign Bond Market. Discussion Paper 6969, CEPR.

[17] Evans, Martin D. D. and Richard K. Lyons, 2002, Order Flow and Exchange Rate Dynamics. Journal of Political Economy, 110 (1), pp. 170 – 180.

[18] Evans, Martin D. D. and Richard K. Lyons, 2006, Understanding Order Flow. International Journal of Finance and Economics, 11 (1), pp. 3 – 23.

[19] FXC, NY, 2010, Tools for Mitigating Credit Risk in Foreign Exchange Transactions. Web – document Nov., New York Foreign Exchange Committee. Http://www. newyorkfed. org/fxc/2010/creditrisktools. pdf.

[20] Galati, Gabriele, 2002, Settlement Risk in Foreign Exchange Markets and CLS Bank. BIS Quarterly Review, (4), pp. 55 – 65.

[21] Goodhart, Charles A. E., 1988, The Foreign Exchange Market: A Random Walk with a Dragging Anchor. Economica, 55 (220), pp. 437 – 460.

[22] Goodhart, Charles A. E., Takatoshi Ito and Richard Payne, 1996, One Day in June 1993: A Study of the Working of the Reuters 2000 – 2 Electronic Foreign Exhcange Trading System.

[23] Jeffrey A. Frankel, Giampaolo Galli and Alberto Giovannini (eds.), The Microstructure of Foreign Exchange Markets. University of Chicago Press, Chicago, pp. 107 – 179.

[24] Goodhart, Charles A. E., Ryan Love, Richard Payne and Dagfinn Rime, 2002, Analysis of Spreads in the Dollar/Euro and Deutschemark/Dollar Foreign Exchange Markets. Economic Policy, 17 (35), pp. 537 – 552.

[25] Heimer, Rawley Z. and David Simon, 2011, The Dedicated and the Dabblers: A Social Network for Forex Traders. typescript, Brandeis Uni-

versity.

　［26］King, Michael, Lucio Sarno and Elvira Sojli, 2010, Timing Exchange Rates Using Order Flow: The Case of the Loonie. Journal of Banking and Finance, 34 (12), pp. 2917 – 2928.

　［27］King, Michael R. and Carlos Mallo, 2010, A User's Guide to the Triennial Central Bank Survey of Foreign Exchange Market Activity. BIS Quarterly Review, (4), pp. 71 – 83.

　［28］King, Michael R. and Dagfinn Rime, 2010, The ＄4 Trillion Question: What Explains FX Growth Since the 2007 Survey? BIS Quarterly Review, (4), pp. 27 – 42.

　［29］Lindley, Robert, 2008, Reducing Foreign Exchange Settlement Risk. BIS Quarterly Review, (3), pp. 53 – 65.

　［30］Linnainmaa, Juhani T. , 2010, Do Limit Orders Alter Inferences about Investor Performance and Behavior? Journal of Finance, 65 (4), pp. 1473 – 1506.

　［31］Lyons, Richard K. , 1995, Tests of Microstructural Hypothesis in the Foreign Exchange Market. Journal of Financial Economics, 39, pp. 321 – 351.

　［32］Lyons, Richard K. , 1997, A Simultaneous Trade Model of the Foreign Exchange Hot Potato. Journal of International Economics, 42, pp. 275 – 298.

　［33］Lyons, Richard K. , 2001, The Microstructure Approach to Exchange Rates. MIT Press, Cambridge, MA.

　［34］Marsh, Ian W. and Ceire O'Rourke, 2005, Customer Order Flow and Exchange Rate Movements: Is There Really Information Content? Working paper, Cass Business School.

　［35］Melvin, Michael and John Prins, 2010, The Equity Hedging Channel of Exchange Rate Adjustment. typescript, Blackrock.

　［36］Melvin, Michael and Mark P. Taylor, 2009, The Crisis in the Foreign Exchange Market. Journal of International Money and Finance, 28 (8), pp. 1317 − 1330.

［37］Mende, Alexander and Lukas Menkhoff, 2006, Profits and Speculation in Intra − Day Foreign Exchange Trading. Journal of Financial Markets, 9 (3), pp. 223 − 245.

［38］Moore, Michael J. and Richard Payne, 2011, On the Sources of Private Information in FX Markets. Journal of Banking and Finance, 35 (5), pp. 1250 − 1262.

［39］Nolte, Ingmar and Sandra Nolte (2009). Customer Trading in the Foreign Exchange Market. Empirical Evidence from an Internet Trading Platform. Working Paper 09 − 01, FERC. 44.

［40］Oberlechner, Thomas and Carol L. Osler, 2011, Survival of Overconfidence in Currency Markets. Journal of Financial and Quantitative Analysis. Forthcoming.

［41］Osler, Carol L., 2003, Currency Orders and Exchange − Rate Dynamics: Explaining the Success of Technical Analysis. Journal of Finance, 58 (5), pp. 1791 − 1819.

［42］Osler, Carol L., 2005, Stop − loss Orders and Price Cascades in Currency Markets. Journal of InternationalMoney and Finance, 24 (2), pp. 219 − 241.

［43］Osler, Carol L., 2009, Market Microstructure, Foreign Exchange. In Robert A. Meyers (ed.), Encyclopedia of Complexity and System Science. Springer, pp. 5404 − 5438.

［44］Osler, Carol L., Alexander Mende and Lukas Menkhoff, 2011, Price Discovery in Currency Markets. Journal of International Money and Finance. Forthcoming.

［45］Osler, Carol L. and Vitaliy Vandrovych, 2009, Hedge Funds and the Origins of Private Information in Currency Markets. Typescript, Brandeis University.

117

［46］ Osler, Carol L. and Rimma Yusim, 2009, Intraday Dynamics of Foreign – Exchange Spreads. Typescript, Brandeis University.

［47］ Ramadorai, Tarun, 2008, What Determines Transaction Costs in Foreign Exchange Markets? International Journal of Finance and Economics, 13 (1), pp. 14 – 25.

［48］ Rime, Dagfinn, 2003, New Electronic Trading Systems in the Foreign Exchange Markets. In Derek C. Jones (ed.), New Economy Handbook, chap. 21. Academic Press, San Diego, pp. 471 – 504.

［49］ Rime, Dagfinn, Lucio Sarno and Elvira Sojli, 2010, Exchange Rate Forecasting, Order Flow and Macroeconomic Information. Journal of International Economics, 80 (1), pp. 72 – 88.

［50］ Sager, Michael J. and Mark P. Taylor, 2006, Under the Microscope: The Structure of the Foreign Exchange Market. International Journal of Finance and Economics, 11 (1), pp. 81 – 95.

［51］ Taylor, Andrew and Adam Farstrup, 2006, Active Currency Management: Arguments, Considerations, and Performance for Institutional Investors. CRA RogersCasey International Equity Research, Darien Connecticut.

［52］ Terada, Tai, Naoto Higashio and Jun Iwasaki, 2008, Recent trends in Japanese foreign exchange margin trading. Bank of Japan Review, (3).

［53］ 这部分内容参考和翻译自 King, M. R., Osler, C. and Rime, D., Foreign Exchange Market Structure, Players and Evolution, Working Paper, Norges Bank, 2011.

3　人民币汇率制度改革与
人民币外汇衍生品市场发展简况

3.1　汇率制度改革与外汇衍生品市场发展之间的关系

3.1.1　汇率制度改革与外汇衍生品市场发展之间的关系

一、外汇衍生品是固定汇率制度松动的结果

作为一种管理汇率风险的工具，外汇衍生品的需求与汇率波动程度成正比。只要汇率非固定，哪怕是细微的波动都会产生外汇衍生品的创新需求。因此，外汇衍生品的产生直接受益于固定汇率制度的松动。

1971年布雷顿森林体系瓦解后，众多放弃采用固定汇率制度的国家或地区出于规避汇率风险考虑，引入了多种不同形式的外汇衍生品：美国开创了外汇期货交易，澳大利亚在岸的NDF市场自发形成，而中国台湾则建立了远期外汇交易；类似的，1994年墨西哥固定汇率制度松动后，在岸与离岸两种NDF市场也同时产生。

二、汇率制度改革是外汇衍生品市场发展的核心动力

一般而言，外汇衍生品市场发展有两个维度，分别为广度与深度。而无论在哪个维度，汇率体制改革都能推动外汇衍生品市场发展。

（一）汇率制度改革促进了外汇衍生品市场的广度发展

所谓广度即是指外汇衍生品市场具有丰富、多样化的产品线。在汇率制度由固定转向浮动的过程中，投资者对于汇率风险的管理需求会出现分化，而市场为了吸引更多投资者，也会对外汇衍生品进行创新，由此带来市场广度的发展。

人民币国际化与外汇期货市场建设研究

1976 年澳大利亚转向更为灵活的爬行钉住制以前，境内已经存在一定规模的远期交易与在岸 NDF 市场，而汇率制度的进一步改革则使澳大利亚引入了场内的外汇期货交易。1984 年日本汇率管制开放以前，同样具备在岸的远期交易与离岸的 NDF 市场，但是兑换限制的取消不仅促成了 1989 年东京金融交易所的建立，同时也使该交易所于 1989 年和 1991 年分别推出了两份不同报价方式的日元对美元期货，此外还使 CME 于 1986 年在原有外汇期货基础上，进一步引入了日元期权合约。

（二）汇率制度改革促进了外汇衍生品市场的深度发展

所谓深度是指外汇衍生品市场流动性强、交易频率高。随着汇率制度向自由浮动演进，社会中受汇率风险影响的投资者范围会扩大，因此利用外汇衍生品交易规避风险的人数会增多，同时投机者与套利者参与外汇衍生品的意愿也会增强，这些均会提升外汇衍生品市场的流动性。

1994 年印度成为 IMF 第八条款国后（经常项目开放），随着政府对汇率干预的逐步放松（汇率体制逐渐市场化），印度汇率波动经历了三个明显的逐次升级阶段，而伴随这一过程，印度场外外汇衍生品交易量也不断扩张。

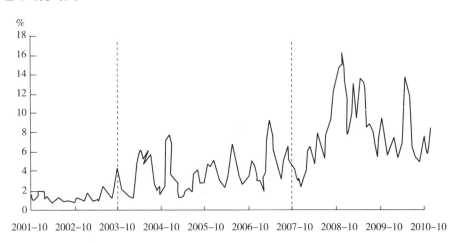

资料来源：Bloomberg。

图 3-1　美元/卢比汇率的波动率变化

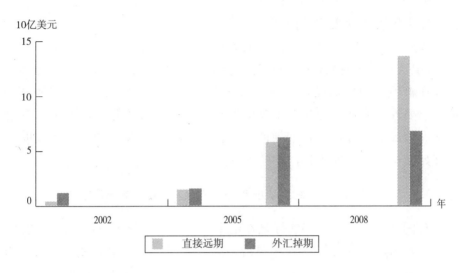

资料来源：BIS。

图 3 - 2 汇率体制改革推动印度 OTC 市场交易规模不断扩张

三、成熟的外汇衍生品市场有助于汇率制度的深化改革

汇率制度的深化改革必然涉及汇率波动弹性的增强。而成熟的外汇

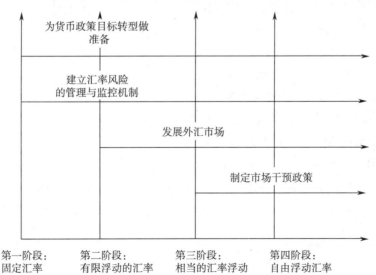

图 3 - 3 IMF 认为汇率制度转换不同阶段所需采取的措施

衍生品市场为微观主体提供了有效的风险管理渠道。因此，从这个角度看，成熟的外汇衍生品市场也为汇率制度的深化改革奠定了基础。

IMF 在其工作报告《从固定转变到浮动：向灵活汇率制度转变的一些操作事项》中特别强调了完善外汇风险管理框架对于汇率制度顺利转型的重要性，并且认为只要出现汇率波动，对于外汇衍生品的需求就会增加，因此对于外汇风险管理框架的搭建甚至可以从固定汇率制度时期就开始实施，而不能等到浮动的汇率制度实现之后。

3.1.2　我国汇率体制改革推动下的外汇衍生品市场发展

我国外汇衍生品市场实际是在汇率制度改革推动下不断向前发展的。

1997 年汇率体制第一次改革后不久，中国银行便率先试点了人民币远期业务。2003 年后工、农、建三大国有银行逐步介入，市场参与面得到拓宽。

2005 年汇改后，人民币汇率总体波动明显提升，实体企业规避汇率风险的需求大幅提高，由此带动银行柜台远期结售汇业务快速发展。为了满足银行对冲远期结售汇风险敞口的需求，2005 年 8 月 15 日，中国外汇交易中心正式推出了银行间人民币远期交易，并在 2006 年 4 月 24 日引入了远期交易的孪生产品——人民币外汇掉期交易，此后 2007 年 8 月又进一步开设了货币掉期交易。

但是，2008 年金融危机期间，为了抑制外围市场波动对经济产生的负面影响，我国重新采取了实质盯住美元的汇率政策，而该政策也导致了 2008 年和 2009 年外汇衍生品市场发展的停滞。

2010 年 6 月 19 日，我国汇改重启，此后人民币汇率波动明显增强。在此背景下，中国外汇交易中心于 2011 年 4 月 1 日在境内推出了场外人民币外汇期权[①]。

---

① 2011 年 11 月 11 日外汇管理局又发布了有关允许银行对客办理人民币逆风险期权组合业务的通知。

3 人民币汇率制度改革与人民币外汇衍生品市场发展简况

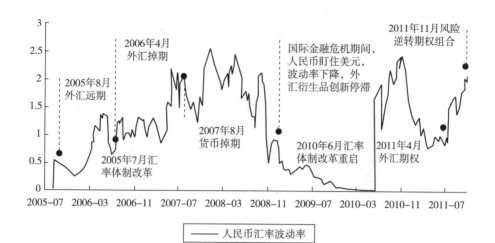

图 3 - 4　我国汇率改革推动下的外汇衍生品市场发展

3.2　柜台人民币衍生品市场

我国银行柜台外汇市场作为外汇管理体系的重要的一环，和实体经济发展联系紧密。银行柜台外汇市场区别于金融机构参与的银行间外汇市场，是指在银行对客户办理的人民币和外汇之间的买卖业务，即结售汇业务以及与其相关的衍生产品业务。这个市场与实体经济紧密联系，并采取非标准化合约，其政策变革与发展状况反映了我国涉外经济基本面、外部经济环境以及国家经济战略规划。

目前，我国银行外汇市场形成了以即期结售汇业务为主的格局。2011 年，银行代客结售汇 2.8 万亿美元（其中远期结售汇签约总额达3 871 亿美元，掉期和期权业务签约额很小），银行自身结售汇交易共发生 2 151 亿美元。

3.2.1　银行柜台外汇市场的渐进式改革

随着国际和国内经济形势的变化，我国银行柜台外汇市场一直进行着渐进式改革。我们从外汇管理政策的调整、外汇产品的丰富和对外资

123

人民币国际化与外汇期货市场建设研究

银行的政策调整三个角度说明外汇市场的渐进式改革。

一是我国银行柜台外汇市场的外汇管理政策经历了几次大的调整。1994 年 1 月 1 日开始，央行对我国外汇管理体制进行了重大调整：实行人民币汇率并轨，取消官方汇率，取消外汇留成和上缴，对境内经常项目下的外汇收支实行银行结售汇制度，实现人民币经常项目有条件可兑换。1996 年 7 月 1 日我国政府接受《国际货币基金协定》第八条要求，实现人民币经常项目可兑换。自 2005 年 7 月 21 日起，我国开始实行以市场供求为基础、参考一篮子货币、有管理的浮动汇率制度。此后，为了进一步深化外汇管理体制改革，加快外汇市场发展，国家外汇管理局相继出台了一系列配套措施，涉及汇价管理、外汇市场发展、外汇衍生工具、调整银行结售汇头寸管理、融资担保、境外融资与返程投资、外债管理、外汇账户管理、个人因私购汇政策等。这些政策不但适应了完善人民币汇率形成机制改革的需要，也促进了贸易和投资便利化，支持了银行和企业发展的需要，同时还抑制了投机资本的流动，确保了汇率改革的稳步推进。

二是我国银行柜台外汇市场结售汇业务的品种不断丰富。结售汇业务于 1994 年 1 月开始办理，当时只有即期结售汇业务一项。后来随着人民币汇率浮动幅度增加，进出口企业面临的人民币汇率风险也相应增大。为转移实体经济中的汇率风险，增强企业的抗风险能力，我国外汇管理政策也进行了相应的调整。经外汇管理局批准，银行柜台外汇市场逐步增加了人民币衍生产品业务的种类，1997 年 4 月推出远期结售汇业务①，2005 年 8 月推出人民币外汇掉期业务，2011 年 1 月推出人民币外汇货币掉期业务，2011 年 4 月推出柜台人民币期权业务，2011 年 12 月推出人民币对外汇期权组合业务。2002 年 12 月开始规范，2006 年开始独立统计的银行自身结售汇交易。

三是我国对外资银行结售汇管理经历了从一开始的区别对待到后来的国民待遇的转变。1998 年 10 月 25 日，外汇管理局将外商投资企业外汇调剂业务全部纳入银行结售汇体系。2002 年前，外资银行只能办理外

---

① 一开始只批准中国银行一家办理。

商投资企业的结汇、售汇及付汇业务，非外商投资企业贷款项下的结算
业务和国家外汇管理局批准的其他结汇、售汇及付汇业务。外汇局对外
资银行结售汇人民币专用账户实行余额管理。结售汇人民币专用账户每
日资金余额未经批准不得超过核定的数额。超过数额部分应当通过银行
间外汇交易买成外汇，不得拆出人民币。我国加入世界贸易组织后，取
消了外资银行外汇业务的服务对象限制，外资银行可以向中资企业和中
国居民全面提供外汇服务。2006 年 12 月，取消外资银行经营人民币业
务的地域和客户限制，允许外资银行对所有客户提供人民币服务，取消
对外资银行在华经营的非审慎性限制。

3.2.2 个人结售汇

银行结售汇业务始于 1994 年外汇管理体制改革。1994 年 1 月 1 日
起，国家取消各类外汇留成、上缴和额度管理制度，对境内机构经常项
目下的外汇收支实行银行结汇和售汇制度。在银行结售汇制度下，结汇
是指外汇收入所有者将外汇卖给外汇指定银行，外汇指定银行根据交易
行为发生之日的人民币汇率付给等值人民币的行为；售汇是指外汇指定
银行将外汇卖给外汇使用者，并根据交易行为发生之日的人民币汇率收
取等值人民币的行为。我国针对实际经济发展的需要，针对个人和企业
制定了不同的结售汇政策，其发展历程也有很大的区别。

个人结售汇业务包括个人结汇和个人购汇两项业务。个人结售汇主
要是满足个人在办理留学、旅游、劳务、赡家和咨询等方面的购汇和结
汇需求。

1994 年是我国个人结售汇管理政策变革的关键年份。在此之前，个
人手中的外汇从 1984 年开始可以在中国银行开办存款业务。在 1984 年
之前境内个人持有的外汇只能出售给中国银行兑换成人民币使用，或是
自己保管。1984 年后刚开办外汇存款业务时，存款只能在存款人或其亲
属获准出境时方可汇出。在境内只有在友谊商店购买商品时才可支取外
汇，或兑换成人民币享受侨汇待遇。1985 年 11 月开始，存款可以汇往
境外，可以自由支取外汇现钞。在全国范围内，实行了存取自由的存款

人民币国际化与外汇期货市场建设研究

政策，方便了客户办理存款业务。1989 年底，外汇存款突破 10 亿美元，是 1984 年的 10 倍多。1989 年 10 月 30 日起，对国内外汇券兑换水单作出外汇换取不超过兑换数 50% 的限制，防止套汇现象的发生。1991 年 11 月起允许个人所有的外汇参与外汇调剂。个人出国探亲、移民出境、留学、赡养国外亲属需用外汇，可以凭出境证件和有关证明向国家外汇管理局申请，经批准后卖给一定数额的外汇，但批准额度较低[①]。

1994 年 1 月 1 日后，原有的个人外汇业务全部归到银行柜台市场办理。银行柜台个人结售汇业务的管理主要是实需原则和额度管理相结合的方式，依据经济的发展、人民经济生活的需要以及一些违规情况的发生不断进行调整。总体趋势是额度不断扩大，限制条款逐步减少。个人结汇和购汇的管理政策有较大区别。

一、个人结汇

个人结汇是指个人将外汇收入转换为人民币的交易。境内个人外汇收入系指居民个人从境外获得的、拥有完全所有权、可以自由支配的外汇收入，其中经常项目外汇收入包括专利和版权、稿费、咨询费、保险金、利润和红利、利息、年金和退休金、雇员报酬、遗产、赡家款、捐赠、居民个人合法获得的其他经常项目外汇收入。资本项目外汇收入包括居民个人从境外调回的、经国内境外投资有关主管部门批准的各类直接投资或者间接投资的本金。

1994 年 4 月 1 日，境内个人一次性兑换人民币等值 1 万美元以下的，直接到银行办理；1 万美元（含 1 万美元）以上、5 万美元以下的，银行须审核证明材料后登记备案，予以办理；5 万美元（含 5 万美元）以上、20 万美元以下的，应当持证明材料向所在地外汇局申请，经外汇局审核真实性后，凭外汇局的核准件到银行办理；20 万美元（含 20 万美元）以上的，应当持规定的证明材料向所在地外汇局申请，由所在地外汇局转报国家外汇管理局审核真实性后，凭所在地外汇局的核准件到银行办理。[②]

---

① 资料来源:《中国金融年鉴 1992》。
② 《境内居民个人外汇管理暂行办法》，汇发〔1998〕11 号。

3 人民币汇率制度改革与
人民币外汇衍生品市场发展简况

2004 年 3 月 18 日境外个人从外汇账户中结汇时，每人每次结汇金额在等值 1 万美元以下的，直接在银行办理；每人每月累积结汇金额超过等值 5 万美元的，应向所在地外汇局提出申请，经外汇局审核确认合规用途（合规用途包括个人用于贸易结算、购买不动产及购买汽车等大宗耐用消费品等用途）后到银行办理。境外个人将持有的外币现钞结汇时，每人每次结汇等值 5 000 美元以下的，凭本人真实身份证明办理；每人每次结汇等值 5 000 美元以上的，凭本人真实身份证明、本人入境申报单原件或原银行外币现钞提取单据的原件办理①。

二、个人购汇

个人购汇限额在实行实需原则下，有实际出境行为的购汇实行指导性限额，额度不断放宽。居民个人因出境旅游、朝觐、探亲会亲、境外就医、商务考察、被聘工作、出境定居、国际交流、境外培训、外派劳务、缴纳境外国际组织会费、境外直系亲属救助、境外邮购等事由需购汇时，向外汇指定银行提供相关材料审核后购汇。

一般事由购汇主要是额度管理，额度逐步增加。

表 3 – 1 境内居民个人购汇限额规定变化

时间	限定额度	注解
1998 – 09 – 15	不超过 2 000 美元	每人每次
	不超过 1 000 美元	每人每次（目的地港、澳）
	14 岁以下减半	
2002 – 11 – 21	不超过 100 美元	每人每天
	不超过 500 美元	每人每次
	边境游	
2003 – 10 – 01	不超过 3 000 美元	每人每次
	不超过 5 000 美元	每人每次（半年以上）
	14 岁以下减半取消	
2005 – 08 – 03	不超过 5 000 美元	每人每次
	不超过 8 000 美元	每人每次（半年以上）
2007 – 02 – 01	不超过 50 000 美元	每人每年

资料来源：根据国家外汇管理局网站资料整理。

---

① 《国家外汇管理局关于规范居民个人外汇结汇管理有关问题的通知》，汇发〔2004〕18 号。

127

人民币国际化与外汇期货市场建设研究

　　自费出境学习购汇的规定从一开始和其他事由混同管理到后来的单独管理，有时还会为了国外政府的特殊规定对到这些国家留学的额度作特殊安排。对居民自费留学购汇的管理总体是不断放宽购汇条件同时增加购汇额度：1998 年 9 月 15 日自费留学和其他个人购汇一样每人每次 2 000 美元等值外汇①。2000 年 7 月 1 日大学预科以上（含预交保证金）每学年等值 20 000 美元（含 20 000 美元)②。2002 年 4 月 1 日大学预科以上（含预交保证金）每学年等值 20 000 美元；大学预科以下等值 2 000 美元。2003 年 8 月国家外汇管理局根据比利时要求中国留学生向国内银行交纳不少于 6 000 欧元的保证金后才能取得留学签证的新规定，单独增加了赴比利时留学的购汇额度③。2003 年 10 月 1 日自费留学人员的供汇范围由大学预科以上（含预科）人员扩大到所有出境学习人员。银行售汇时，对凡能提供学费、生活费证明材料且每学年购汇金额在等值 2 万美元（含 2 万美元）以下的申请人，按照证明材料上所列金额售汇；对超过等值 2 万美元的，经外汇局审核后，银行凭外汇局的核准件售汇④。2005 年 1 月 1 日按照境外学校录取通知书或学费证明上所列明的每年度学费标准进行供汇；生活费的供汇指导性限额为每人每年等值 2 万美元，即每人每年生活费购汇金额在等值 2 万美元（含 2 万美元）以下的，到外汇指定银行办理；等值 2 万美元以上的，经外汇局核准后到外汇指定银行办理⑤。2007 年 2 月 1 日起，对个人结汇和境内个人购汇实行年度总额管理，年度总额分别为每人每年等值 5 万美元⑥。

　　对境外个人在我国境内的结售汇业务，我国实行了区别于境内居民的规定。2004 年 3 月 1 日起，境外个人将持有的外币现钞结汇时，每人

---

　　①　《境内居民个人外汇管理暂行办法》，汇发〔1998〕11 号。

　　②　《关于自费留学人员预交人民币保证金购付汇的通知》，汇发〔2000〕82 号。

　　③　《国家外汇管理局关于自费留学人员赴比利时留学购付汇有关问题的通知》，汇发〔2003〕100 号。

　　④　《国家外汇管理局关于调整境内居民个人经常项目下购汇政策的通知》，汇发〔2003〕104 号。

　　⑤　《国家外汇管理局关于调整境内居民个人经常项目下因私购汇限额及简化相关手续的通知》，汇发〔2005〕60 号。

　　⑥　《个人外汇管理办法实施细则》，汇发〔2007〕1 号。

每次结汇等值 5 000 美元以下的，凭本人真实身份证明办理；每人每次结汇等值 5 000 美元以上的，凭本人真实身份证明、本人入境申报单原件或原银行外币现钞提取单据的原件办理。持有的外币现钞需汇出境外时，汇出金额在等值 5 000 美元以下的，凭本人真实身份证明到银行办理；汇出金额在等值 5 000 美元以上的，凭本人真实身份证明和本人入境申报单办理。在北京奥运会、上海世博会和广州亚运会期间，对境外个人实行临时购汇总额管理，购汇总额为等值 5 万美元。

3.2.3　代客即期结售汇

企业即期结售汇业务是满足我国涉外实体经济运行的最重要的一环，其管理政策也随着国内外经济环境变化进行相应的调整。

从 1979 年改革开放到 1994 年之前，外汇市场实现了从无到有的发展。中国外汇管理体制改革沿着逐步缩小指令计划、培育市场机制的方向推进。1979 年开始实行外汇留成办法，针对由此产生的外汇调剂需求，1980 年 10 月起中国银行开办外汇调剂业务，允许不同单位间通过中国银行调剂外汇供需。汇率高估不利于外贸的发展，1981 年制定一个贸易外汇内部结算价，按当时全国出口商品平均换汇成本加 10% 利润计算，定价 2.8 元人民币/美元，非贸易外汇结算继续官方汇率 1.5 元人民币/美元。随着当时国际市场美元上涨，我国不断下调官方汇率，1985 年 1 月 1 日，重新实行单一汇率，汇率为 2.8 元人民币/美元。1993 年底，官方汇率下调至 5.70 元人民币/美元，市场汇率回落至 8.72 元人民币/美元[①]。

1994 年 1 月 1 日开始，央行对我国外汇管理体制进行了重大调整：实行人民币汇率并轨，取消官方汇率，取消外汇留成和上缴，对境内经常项目下的外汇收支实行银行结售汇制度，实现人民币经常项目有条件可兑换，这标志着我国银行柜台结售汇业务的正式开始办理。在之后的时间里，外汇管理局依据我国经济的发展状况、国外经济环境以及我国外汇储备增长状况等，在经常项目下的企业开立外汇账户保留外汇的条件和外汇

---

① 张光平：《人民币衍生品》，北京，中国金融出版社，2006。

账户内保留外汇的限额两方面不断作出调整，逐步放宽，直至完全放开。

一是不断放宽企业开立外汇账户和保留外汇的条件。1997 年，对于年度进出口总额达到 3 000 万美元、注册资本达到 1 000 万元人民币的外贸公司，对于年度进出口总额达到 1 000 万美元、注册资本达到 3 000 万元人民币的生产型企业，允许其开立经常项下的结算账户，对于规模未达标的企业，仍实行强制性结汇制度。2001 年，允许符合年度出口收汇额等值 200 万美元以上、年度外汇支出额等值 20 万美元以上等条件的企业，经外汇管理部门批准后开立外汇结算账户，保留一定限额的货物出口、服务贸易等外汇收入。2002 年，取消开户条件限制，凡有外贸经营权或经常项目外汇收入的企业，均可经外汇管理部门批准开立经常项目外汇账户。2006 年，进一步取消开户事前审批，企业无须经外汇局批准即可直接到银行开立经常项目外汇账户。

二是逐步提高外汇账户内保留外汇的限额。1997 年账户限额为企业上年进出口额的 15%。2002 年，账户限额为企业上年度经常项目外汇收入的 20%。2004 年，提高到 30%（未达上年目标）或 50%，并取消经常项目外汇账户地区总限额。2005 年，进一步提高到 50%（未达上年目标）或 80%。2006 年，改变之前仅按收入核定限额的方法，按照企业上年度经常项目外汇收入的 80% 与经常项目外汇支出的 50% 之和核定限额，企业可保留的外汇限额进一步提高。2007 年，取消账户限额管理，允许企业根据经营需要自主保留外汇。

三是不断放宽银行柜台市场外汇挂牌价的浮动幅度。我国 1994 年时，对美元、港元、日元汇率都管制。此后，不断放开非美元汇率的浮动幅度。目前，只规定银行柜台市场的美元汇率浮动幅度。

表 3 - 2　　　　　　　　　　银行柜台市场外汇牌价规定历程

时间	现汇价格	现钞价格
1995 - 04 - 01	美元、港元、日元：交易基准价上下浮动 0.25%	（交易基准汇价 - 买入价）/交易基准汇价≤2.5%
	其他货币：（卖出价 - 买入价）/买卖中间价≤0.5%	（现汇买卖中间价 - 买入价）/现汇买卖中间价≤2.5%
		卖出价 = 现汇卖出价

续表

时间	现汇价格	现钞价格
1996 - 06 - 28	美元：交易中间价上下浮动 0.15% 港元、日元：交易中间价上下浮动 1% 其他货币：（卖出价 - 买入价）/买卖中间价 ≤0.5%	（现汇买卖中间价 - 买入价）/现汇买卖中间价≤2.5% 卖出价 = 现汇卖出价
2001 - 12 - 01	美元：交易中间价上下浮动 0.16%	（现汇买卖中间价 - 买入价）/现汇买卖中间价≤1% 卖出价 = 现汇卖出价
2002 - 04 - 01	欧元：交易中间价上下浮动 1%	（现汇买卖中间价 - 买入价）/现汇买卖中间价≤2.5% 卖出价 = 现汇卖出价
2003 - 03 - 10	澳门元	（现汇买卖中间价 - 买入价）/现汇买卖中间价≤0.75%
2005 - 07 - 01	美元：交易中间价上下浮动 0.2% 非美元：（卖出价 - 买入价）/现汇买卖中间价≤0.8%	现汇买卖中间价上下浮动 1% （卖出价 - 买入价）/现汇买卖中间价≤4%
2005 - 09 - 23	美元：（卖出价 - 买入价）/交易中间价≤1% 非美元：取消非美元对人民币现汇和现钞挂牌卖价差幅度限制，银行自行决定价格 即期结售汇业务一日多价	（卖出价 - 买入价）/交易中间价≤4%
2006 - 01 - 03	美元：[max（当日卖出价 - 买入价）]/中间价≤1% 买入价 < 中间价 < 卖出价	[max（当日卖出价 - 买入价）]/中间价≤4%
2010 - 01 - 19	（当日最高现汇卖出价 - 当日最低现汇买入价）/中间价≤1% 买入价 < 中间价 < 卖出价	（当日最高现钞卖出价 - 当日最低现钞买入价）/中间价≤4%
2012 - 04 - 16	（当日最高现汇卖出价 - 当日最低现汇买入价）/中间价≤2%	

资料来源：国家外汇管理局网站整理。

四是对企业结售汇实行分类管理政策，简化了企业结售汇流程。

2010 年之前，国家外汇管理局对所有企业的结售汇实行事前检查和审批。2010 年 12 月 1 日，外汇局对进出口单位实行分类管理，部分企业将不再进行事前审批，而是事后检查。具体分类方法，外汇局在非现场总量核查及监测预警的基础上，结合现场核查情况和进出口单位遵守外汇管理规定等情况，将进口单位分为"A 类进出口单位"、"B 类进出口单位"和"C 类进出口单位"。分类管理内容包括进出口付汇审核、进口付汇登记以及逐笔报告等业务环节。不在名录进口单位和"C 类进出口单位"的进出口收付汇实行事前登记管理，对辅导期内进出口单位和"B 类进出口单位"的进出口收付汇以及外汇局认定的其他业务实行事后逐笔报告管理。对"A 类进出口单位"，银行结售汇的周期和手续大大简化，鼓励企业自觉遵守国家的进出口结售汇法规。

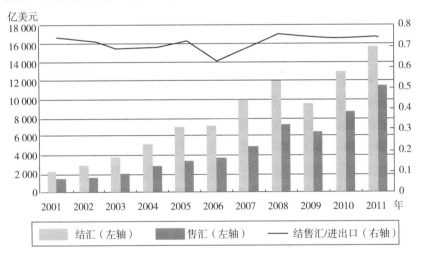

资料来源：Wind 资讯。

图 3 - 5　银行代客结售汇交易额

不断完善的结售汇政策保障了我国银行柜台即期结售汇市场的健康发展。结售汇数据主要反映企业和个人在实现跨境资金收付前后，卖给银行（结汇）或从银行购买（售汇或购汇）的外汇数额。图 3 - 5 显示，2001 年以来，代客结售汇总额占我国进出口总额比较平稳，在 70% 上下波动。这在一定程度上反映我国经常项目结售汇实需原则得到了很好的执行。

2001—2010 年我国银行代客结售汇顺差累计达到 2.62 万亿美元，占同期外汇储备增量的 94%。近年来结售汇顺差大于跨境收付顺差的缺口进一步扩大，不是因为多结汇而是少购汇，银行结售汇顺差"被增长"。结售汇顺差的季度数据的增减也在一定程度上反映市场对人民币/美元汇率走势的预期，图 3－6 数据显示了最近售汇金额开始接近结汇金额。

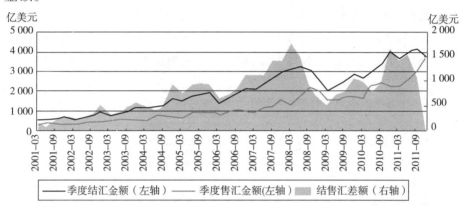

资料来源：Wind 资讯。

图 3－6 银行代客结售汇交易额比较

在取消强制结售汇政策后，结售汇差额与结售汇总额的比例与人民币汇率走势预期相关度增强。最近售汇金额如果持续接近结汇金额，则人民币升值趋势可能趋于放缓。

3.2.4 代客远期结售汇业务

远期结售汇业务，指外汇指定银行与境内机构协商签订远期结售汇合同，约定将来办理结汇或售汇的外汇币种、金额、汇率和期限；到期外汇收入或支出发生时，即按照该远期结售汇合同订明的币种、金额、汇率办理结汇或售汇。

1996 年 12 月，我国接受《国际货币基金组织协定》第八条款，实现了人民币经常项目的完全可自由兑换，但对资本项目的外汇收支仍然实行严格的管制。这一政策在远期结售汇管理政策中也有体现：经常项目下，凡根据《结汇、售汇及付汇管理规定》可办理结售汇的外汇收支均可办理远期结售汇业务。客户在远期结售汇交易到期交割时，需提供结售汇业务所要求的全部有效凭证。资本项目下的远期结售汇限于以下方面：偿还中国银行自身的外汇贷款；偿还经国家外汇管理局登记的境外借款；经外汇管理局登记的境外直接投资外汇收支；经外汇管理局登记的外商投资企业外汇资本金收入；经外汇管理局登记的境内机构境外上市的外汇收入；经国家外汇管理局批准的其他外汇收支。

　　远期结售汇业务的授权开办银行数目不断增加，覆盖中外资银行。1997 年 1 月国家外汇管理局发布《中国人民币远期结售汇业务暂行管理

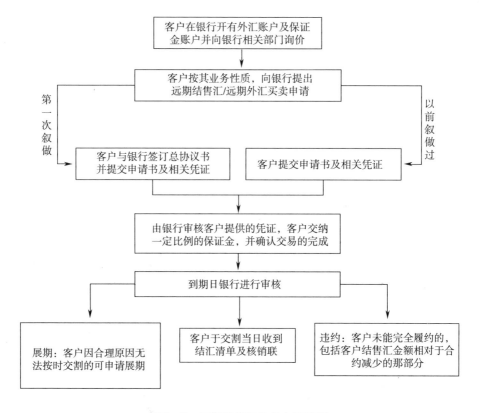

图 3-7　远期结售汇业务办理流程

办法》，允许中国银行从 1997 年 4 月 1 日开始首家试点办理远期结售汇
业务。刚开始只能办理美元/人民币远期合约，并且最长期限为 4 个月。
外汇远期合约产品的推出是完善我国外汇市场的重要一步，使得企业自
主规避远期汇率风险成为可能。后来 2003 年 4 月和 2004 年 10 月分别进
行两次扩大试点，共有 4 家国有商业银行、3 家股份制商业银行参与代
客远期结售汇业务。2005 年 8 月 2 日开始，远期结售汇业务的范围扩大，
交易期限限制放开，同时允许银行自主报价。银行间人民币远期市场于
2005 年 8 月 15 日正式上线运行。截至 2010 年 12 月 21 日，累积批准 70
家中外资银行开办远期结售汇业务。2010 年 12 月 28 日，批准境内不具
备经营远期结售汇业务资格的银行及其分支机构与具备经营远期结售汇
业务资格的银行及其分支机构合作为客户办理远期结售汇相关业务。

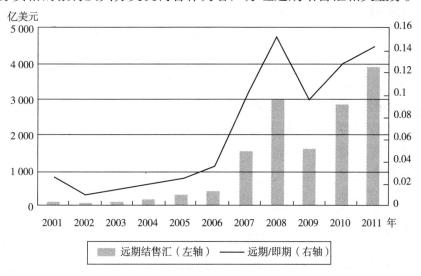

资料来源：国家外汇管理局网站。

图 3 - 8　银行代客远期结售汇签订额

　　虽然早在 1997 年中国银行就开始办理远期结售汇业务，但由于远期
结售汇必须以真实性贸易为需求，在利率市场化机制尚未形成，以及人
民币汇率保持基本稳定的条件下，国内企业普遍缺乏避险的动机，导致
远期市场早期交易不活跃。2005 年 7 月汇改以后，人民币汇率波动幅度

加大，不断增加的远期人民币汇率不确定性让企业承受了巨大的汇率风险，企业通过远期外汇合约来锁定汇率的风险管理需求上升。2005年8月15日，我国在银行间外汇市场推出外汇远期交易。银行可以将柜台市场的远期结售汇差额头寸到银行间市场平盘。2006年以后，对银行间外汇交易由收付实现制改为权责发生制。权责发生制允许远期结售汇签约计入头寸，即银行在远期结售汇签约后即可到即期银行间市场平盘。这两项改革措施减少了银行因持有过多远期合约头寸的敞口风险，提高了银行签订远期合约的意愿。2007年远期合约签约额是2006年的3.8倍，达到1 523.6亿美元。2009年由于经济危机以及人民币汇率波动暂时放缓，企业远期套期保值意愿也出现下滑。2010年远期合约签订额再度上升，2011年达到3 871亿美元，占代客即期结售汇总额的14.2%。

远期结售汇市场长期以来不是很活跃，到2010年我国远期结售汇只占进出口额的9.51%，即使加上银行间的外汇远期交易，也只占当年进出口额的10.61%[①]，而同期全球外汇远期交易是全球贸易的11.7倍[②]，相差甚远。我国远期结售汇除了受实需原则的限制之外，还有以下不足之处：一是没有集中的信息平台，企业只能凭银行提供的信息作出判断，难以快速作出比较；二是合约非标准化，难以快速签订合约规避短期风险，即外贸合同签订时的汇率价格和远期结售汇合约签订时汇率价格之间的风险充分暴露，这个风险在目前外汇市场大幅双向波动时显得尤为突出。

3.2.5　外汇掉期和货币掉期

外汇掉期业务规避汇率风险的基本原理是基于对时间要素的管理。外汇掉期业务，一般是指客户与银行在签订一笔即期外汇业务的同时，签订一笔金额相同、方向相反的远期外汇业务，或者是两笔期限不同但金额相同、方向相反的远期外汇业务。

通过早期试点运行，我国最终全面开展了人民币外汇掉期业务。

---

① 资料来源：国家外汇管理局网站，Wind数据库。
② 资料来源：BIS三年一度的外汇市场调查。

3 人民币汇率制度改革与 人民币外汇衍生品市场发展简况

2005 年 8 月 2 日央行允许符合条件的商业银行开办人民币与外币掉期业务。办理远期结售汇 6 个月后的银行向外汇管理局备案后，即可办理不涉及利率互换的人民币与外币间的掉期业务。2005 年外汇局同意中国银行从 9 月 1 日起可对机构客户开展外币兑人民币的掉期业务，一开始通过中国银行的 6 家分行试点开办人民币外汇掉期业务。2006 年 4 月 24 日，银行间外汇市场推出人民币外汇掉期交易。截至 2010 年 6 月 22 日，共有 49 家中外资银行被批准办理人民币外汇掉期业务。

随着人民币外汇货币掉期业务的推出，掉期业务最终完整。央行 2006 年 2 月进行人民币利率互换交易试点，在 2006 年底打造了货币市场基准利率体系 SHIBOR，2007 年 8 月 21 日在银行间外汇市场推出人民币外汇货币掉期交易，打破了原来不涉及人民币和外汇之间利率互换的限制。根据央行通知精神，人民币可采用的浮动利率包括 7 天回购利率、银行间 SHIBOR 利率以及 1 年期定存利率等三种。1 年期人民币利率主要参照同期中央票据。2011 年 1 月 30 日，外汇局发布《关于外汇指定银行对客户人民币外汇货币掉期业务有关外汇管理问题的通知》，在银行柜台外汇市场推出人民币外汇货币掉期业务。其主要措施有：一是简化市场准入管理，凡取得对客户人民币外汇掉期业务经营资格满 1 年的银行，可以直接对客户开办货币掉期业务，国家外汇管理局不再实施事前资格审批；二是便利市场交易，银行对客户办理货币掉期业务的币种、期限等交易要素由银行自行确定；三是货币掉期中的利率由交易双方协商确定，并符合中国人民银行关于存贷款利率的管理规定。这时人民币掉期业务得以完整推出。

人民币外汇掉期业务和人民币外汇货币掉期业务的操作流程和参与要求主要是参考远期结售汇业务（见图 3 - 9）。

3.2.6 人民币外汇期权

期权是一种选择权，买方向卖方支付期权费后，在未来有权以约定的价格买卖约定数量的某种标的物，外汇期权相对于远期结售汇而言具有灵活性的优势。

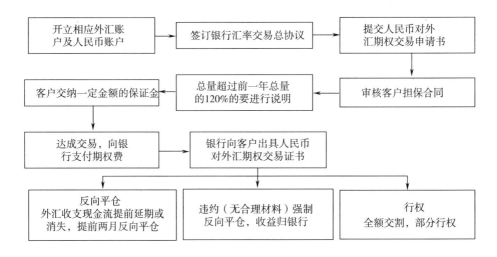

图3-9 人民币外汇期权业务办理流程

外汇管理局批准2011年4月1日起办理人民币外汇期权业务，限定期权种类为人民币对外汇的普通欧式期权，清算货币默认为人民币。期权业务的客户范围和交易期限比照远期结售汇业务。

外汇管理局规定银行对客户办理期权业务应坚持实需原则：一是银行只能办理客户买入外汇看涨或看跌期权业务，除对已买入的期权进行反向平仓外，不得办理客户卖出期权业务。二是期权签约前，银行应要求客户提供基础商业合同并进行必要的审核，确保客户叙做期权业务符合套期保值原则。三是期权到期前，当客户的基础商业合同发生变更而导致外汇收支的现金流变化时，在提供变更证明材料及承诺书并经银行审核确认后，客户方可对已买入的期权进行对应金额的反向平仓。因反向平仓产生的损益，按照商业原则处理。银行应对发生反向平仓的客户建立逐笔登记制度，定期开展客户评估，加强风险管理。四是期权到期时，客户如果行权，银行必须对客户交割的外汇收支进行真实性和合规性审核。客户期权交易的外汇收支范围与远期结售汇相同，限于按照外汇管理规定可办理即期结售汇的外汇收支。客户行权应以约定的执行价格对期权合约本金全额交割，原则上不得进行差额交割。一个例外情况是，客户以其经常项目外汇账户存款在开户银行续做买入外汇看跌期权，可以进行全额或差额交割。但期权到期前，客户若支取该存款，须将对应金额的期权合约进行反向平仓。客户如因基础商业合同发生变更而导致外汇收支的现金流部分消失，在提供变更证明材料及承诺书并经银行审核确认后，银行可以为客户的期权合约本金办理部分行权。

2011 年 12 月 1 日，人民币对外汇期权的风险逆转组合业务正式推出。该期权组合是指客户同时买入一个和卖出一个币种、期限、合约本金相同的人民币对外汇普通欧式期权所形成的组合，具体包括以下两种类型：（1）外汇看跌风险逆转期权组合。客户针对未来的实际结汇需求，买入一个执行价格较低的外汇看跌期权，同时卖出一个执行价格较高的外汇看涨期权。（2）外汇看涨风险逆转期权组合。客户针对未来的实际购汇需求，卖出一个执行价格较低的外汇看跌期权，同时买入一个执行价格较高的外汇看涨期权。

此外，期权组合到期时，仅能有一个期权买方可以行权并遵循客户优先行权原则，即仅当客户决定对其买入的期权放弃行权后，银行方能选择是否对自身买入的期权行权。如果客户选择行权，银行应放弃行权。人民币对外汇期权组合业务的推出使客户可以通过期权组合有限地卖出期权，虽然没有改变禁止企业净卖出期权的本质，但正是如此可以在制度上控制企业的最大损失。因为企业除了拥有一个期权组合，还有一个实需原则对应的即期换汇需求。这样期权组合和实需即期相结合只是把最终收益固定在一个区间内，有关人民币汇率变动的任何不确定风险企业均已转移。企业净卖出期权是承担了无限风险，和银行相比，企业分散风险的能力很弱，一旦对汇率走势判断失误，企业损失会非常巨大，将有破产风险。

外汇期权业务刚刚开展，其业务签订还不是很活跃。原因主要有以下几点：

一是期权费对企业来讲和其他衍生产品业务有一个很大的不同，是在会计记录方面。因为期权费是一种保险费用，而其他衍生品交易中的损益是记在权益类中的，而期权费是记录在管理费用中的。这样企业在使用期权时有会计权限上的限制。

二是利率市场化程度不高，期权定价模型中利率参数偏离。市场化利率的缺失，汇率波动非正态分布，银行定价评估能力有待提高等方面很大地限制了银行期权报价的效率。为防止风险，银行常常把期权费报价过高，而这只会抑制市场的发展。

三是前一段时间人民币对美元汇率处在单边升值走势中，这时远期业务更有优势，当外汇市场双向波动时期权业务才能显示其优越性，对企业会更具吸引力。

3.2.7 银行自身结售汇

促进银行自身管理和风险控制，不断规范银行自身结售汇。2002年12月，我国颁布《外汇指定银行办理结汇、售汇业务管理暂行办法》，以适应我国加入世贸组织后金融业扩大开放的形势，统一中外资银行结售汇管理政策，完善对银行经营结售汇业务的管理，规范银行自身结售汇行为。该办法要求银行在结售汇会计科目下，区分与客户之间的结售汇业务和自身结售汇业务，并分别核算。2011年7月，我国发布《关于完善银行自身结售汇业务管理有关问题的通知》，体现对银行自身结售汇"均衡管理、便利操作、减少审核、抓大放小、事后监管"的理念。结汇方式可选择按月预结或按照实际开支结汇。按月预结的，预结金额不得超过上月实际人民币开支的105%，不足部分可继续按照实际开支结汇；当月预结未使用部分应结转下月。同时对银行自身结售汇办理条件做了规定：一是银行自身货物贸易项下的购汇业务，应当按照代理进口有关规定办理，国家另有规定的除外。二是银行自身服务贸易、收益和经常转移项下的购汇业务，应当自行审核并留存有关真实性单证后办理。三是不具备结售汇业务资格银行的自身结售汇业务，必须通过其他具备结售汇业务资格的银行办理；具备结售汇业务资格银行的自身结售汇业务，不得通过其他银行办理。

自2006年统计银行自身结售汇交易以来，到2010年，银行自身结售汇交易共发生5 975亿美元，相当于银行代客结售汇总额的7%。外汇利润、外汇资本金（营运资金）结汇是银行自身结汇的主要来源。

2006—2010 年，银行外汇利润结汇约 333 亿美元，银行引入境外投资者和境外上市结汇约 689 亿美元，银行外汇资本金、营运资金、存款准备金等共结汇 1 254 亿美元。

银行自身售汇的主要用途包括：支付境外股东红利、境外直接投资、购买外汇营运资金、缴纳存款准备金购汇等。2006—2010 年，银行购汇支付境外股东红利等 77 亿美元，购汇用于境外直接投资约 70 亿美元，购买外汇营运资金、缴纳存款准备金等购汇 2 443 亿美元。

银行自身结售汇顺逆差交替出现。2006—2010 年，银行自身结售汇 3 年为顺差，2 年为逆差，合计为逆差。通过购汇缴纳存款准备金和支持国内企业"走出去"，银行部门已成为分流外汇的重要渠道。2011 年，银行自身结售汇交易共发生 2 151 亿美元，比上年增长 99%，相当于银行代客结售汇总额的 8%。受黄金市场价格波动较大的影响，境内客户通过银行投资账户黄金等交易增多，加大了银行的黄金汇率敞口平盘。2011 年共发生结售汇交易 1 557 亿美元，较上年增长 175%，占银行自身结售汇总额的 72%，净售汇 123 亿美元，较好地实现了通过藏金于民达到藏汇于民的效果。

外汇利润、外汇资本金（营运资金）结汇是 2011 年银行自身结汇的其他主要来源。银行外汇利润结汇约 76 亿美元，较上年增长 18%，增速较 2006—2010 年年均增速低 1 个百分点；银行引入境外投资者和境外上市结汇约 91 亿美元，较上年下降 52%。实物黄金进口、支付境外股东红利是 2011 年银行自身售汇的主要用途。商业银行代理人民银行进口黄金购汇 143 亿美元（不包含在银行黄金交易汇率敞口平盘范围内），较上年增长 115%；银行购汇支付境外股东红利 52 亿美元，较上年增长 179%[1]。

3.3 银行间人民币衍生品市场

在人民币汇率体制不断市场化改革的过程中，我国银行间人民币衍

---

[1] 资料来源：国家外汇管理局网站。

生品市场取得了有效发展，产品体系逐步健全，参与群体不断拓宽，交易规模也平稳扩张。目前银行间人民币衍生品已经成为外汇市场不可或缺的组成部分，对实体企业规避汇率风险、促进对外贸易投资活动开展起到了非常积极的辅助作用。但是，不可否认的是，我国银行间人民币衍生品市场还处于初级发展阶段，与海外成熟市场存在较大差距，为了进一步完善市场功能，未来还需继续深入改革创新。在此过程中，需要特别关注现有市场不足，重点从市场的薄弱环节入手，采取适合本国国情的模式推进市场建设，确保市场健康稳定发展。

3.3.1　在汇率体制市场化改革的推动下，我国银行间人民币衍生品市场在产品种类与市场框架等方面逐步完善

我国银行间人民币衍生品市场最早诞生于 2005 年推出的远期人民币交易，在汇率体制市场化改革的推动下，历经 7 年发展，目前已经形成了一套层次分明、产品丰富的市场体系，其发展特点可总结为以下三个方面。

一、产品种类已涵盖全部场外衍生品，但各品种之间发展并不均衡

目前我国银行间人民币衍生品市场已经形成了由远期、掉期、货币互换以及期权四类产品组成的结构体系，但是各类产品之间发展并不均衡。第一，产品上线时间不一致。为了给市场提供充裕的适应过程，依照由简至繁的原则，我国外汇衍生品采取了先远期、后掉期、再货币互换、最后期权的上线顺序，但是相对期权产品更为简单的期货却仍处于空白中。第二，市场接受度存在差异，远期产品普及面最为广，掉期次之，期权最末。第三，产品流动性存在明显差异，其中外汇掉期是市场的主力品种。

导致市场出现如此分化的主要原因在于不同产品的金融属性与功能存在差异。首先，远期产品的结构最为简单，主要应用于实体企业对冲汇率风险。其次，掉期产品可视为即期与远期的组合，由于其兼具调节币种资产配置的功能，因此在银行间市场颇受欢迎，流动性提升后又能形成良性循环，最终产生巨大的交易量。目前，掉期交易不仅被银行用于对冲柜台交易产生的风险，而且还被用于自营交易获取利润。再次，货币掉期的优势在于同时管理汇率与利率风险，因此适用于外币债务

（权）的综合风险管理，但是在我国资本账户管制的情况下，境内外币债务（权）数额有限，因此货币掉期的功能发挥也受到限制。最后，期权交易的有效开展以标的物的频繁波动为前提，但是在我国当前有管理的汇率体制下，期权交易所需的市场环境却并不成熟。

二、交易规模扩张取得显著效果

银行间外汇衍生品市场发展快速。2012 年，外汇掉期的成交额达25 175 亿美元，是 2006 年启动之时的近 50 倍。外汇远期市场也有较大幅度增长，不过受到结售汇头寸管理制度改革的显著影响。2012 年 4月，外汇管理局取消收付实现制下限之后，外汇远期每月成交额从近200 亿美元下降到 20 亿美元左右。2012 年 11 月，人民币汇率逼近中间价 1% 的"涨停线"，外汇远期成交金额又快速增加，达到 82.7 亿美元。

资料来源：中国外汇交易中心。

图 3-10　银行间外汇市场远期及掉期交易量

3.3.2　我国银行间人民币衍生品市场仍存在规模与经济总量不匹配、参与者结构单一、信息透明度低以及交易成本高昂等问题

一、与国际市场相比起步晚、潜在需求没有充分释放

直至 1997 年远期结售汇试点的推出，我国外汇衍生品发展才刚刚起步。而巴西、澳大利亚等国的外汇远期交易启动则可分别追溯至 20 世纪

50 年代和 30 年代，较中国整整早了半个世纪之多。

由于发展滞后，加之 2005 年以前人民币汇率稳定，企业对汇率风险一直关注度较低。同时，银行对外汇衍生品也缺乏应有的宣传。这些因素均对外汇衍生品的普及以及外汇衍生品潜在需求的释放造成了负面影响。事实上根据国际掉期交易协会（ISDA）的调查，外汇衍生品是国际市场使用最为广泛的衍生品工具，世界 500 强企业中 88% 使用了外汇衍生品管理风险，而这一比例在我国则不足 25%。

表 3 - 3　　　　　　世界 500 强企业使用外汇衍生品的比例

基础原材料	消费品	金融	保健	工业品	服务	技术	公用事业
85%	84%	96%	72%	86%	85%	92%	88%

资料来源：ISDA。

二、市场规模与进出口贸易、经济总量明显不匹配

以国际经验来看，外汇衍生品交易虽然派生于即期外汇交易，但是交易量却通常数倍于即期交易。以 2001 年和 2004 年国际外汇衍生品交易量来看，分别为同期即期外汇交易的 2.23 倍和 2.11 倍。而我国目前外汇衍生品日均交易量仅为即期交易的 1.29 倍。2010 年我国银行间市场外汇衍生品年成交量为 13 161.3 亿美元，仅为当年贸易总额的 44% 和国内生产总值的 21%。而在其他外汇衍生品市场相对发达的国家，后者比例则通常能达到 150%，特别突出的发展中国家——巴西，其 2007 年外汇期货与期权年交易总量甚至达到了国内生产总值的 1 392%。

三、银行间市场参与主体结构单一

与海外外汇衍生品 OTC 市场多元化的市场结构不同，我国银行间外汇市场参与者以银行为主，基金、非金融企业市场参与明显不足。截至 2011 年 7 月，银行间外汇市场的 305 家会员中，非金融机构仅有 1 家，大型企业财务公司作为非银行金融机构在市场中的占比不过 8%。而在国际市场这一比例则达到了 40%，相比之下，银行金融机构的交易比重则从 2001 年的 59% 下降到了 2007 年的 40%。

在此格局下，交易者容易对价格形成的一致预期，由此引发单边市的现象，而大量同方向头寸无法找到交易对手平盘的结果，即是投资者

交易成本的大幅提高。

表3-4　　　　　　　银行间外汇市场参与主体结构　　　　　　单位：家

	2008 年末	2009 年末	2010 年末	2011 年 8 月末
国有商业银行	5	4	4	4
股份制商业银行	14	17	14	14
政策性商业银行	3	3	3	3
城市商业银行	53	54	63	66
商业银行控股权分行	12	11	10	10
外资银行	131	114	104	104
农村信用联社	46	63	72	79
非银行金融机构	3	10	22	24
非金融机构	1	0	0	1
其他	0	1	1	1
合计	268	277	293	306

资料来源：中国外汇交易中心。

四、信用体系不健全，交易成本高企

在银行间外汇市场以询价为主的交易模式中，交易的开展以交易对手之间的相互授信关系为基础。但是当前我国信用体系仍不健全，能够与所有会员建立信用关系并进行交易的仅限于少数资本实力雄厚的银行，大多数银行仅能选择固定几家关系较为密切的银行进行交易，由此提高了银行的交易成本。值得注意的是，这种交易成本的上升最终会传导至银行柜台零售市场，进而提高企业运用衍生品进行汇率风险管理的成本。

五、缺乏场内市场，交易信息透明度低

我国目前还未形成交易所的外汇衍生品市场，而场外市场信息透明度非常低。首先，场外市场中交易要素均由交易双方商定，其他投资者难以观察，即便观察到了，该信息也只适用于特定的交易，不具有普遍的代表性。其次，我国银行间市场仅对会员开放，会员是获取信息的唯一群体。虽然通过外汇指定银行的外汇牌价，银行间市场的价格信息可以在某种程度上对外传递，但是由于外汇牌价由各家商业银行根据自身经营成本利润确定，依不同银行而不同，而且属于暗箱操作，因此该价格既不充分也不透明。

3.3.3 银行间人民币衍生品的分类发展情况

一、银行间人民币远期外汇市场

（一）境内人民币远期业务

远期外汇买卖，是指买卖双方先签署合同，约定外汇交易的数量、汇率和交割日期等内容，在合同到期日再按照合同的具体约定实施本金交割的外汇买卖行为。在我国的柜台交易市场，人民币对外币的远期外汇买卖被称为远期结售汇。因此，所谓远期结售汇业务，是指客户与银行预先签订远期结售汇协议，在协议中约定好未来结汇或售汇的外汇币种、金额、期限及汇率，到期时则按照该协议订明的条款结售汇的业务。而在我国的全国银行间外汇市场，交易双方（金融机构）以约定的外汇币种、金额、汇率，在约定的未来某一日期以人民币交割既定外汇的交易，始称为人民币外汇远期交易。我国银行间外汇市场于2005年8月推出外汇远期交易。

（二）结售汇头寸管理政策对银行间人民币远期业务发展过程的影响

第一阶段：在2005年汇改之前，银行结售汇综合头寸管理原则采用收付实现制，商业银行对客户承做的远期结售汇头寸不能在即期市场平补，利率平价的套补交易不能完成，远期汇率定价机制仍是基于对人民币汇率未来走势的预期。亚洲金融危机后，离岸市场出现了人民币无本金交割远期交易（Non – deliverable Forward，NDF）。由于人民币未实现自由兑换，境外NDF市场不能实现套补，其定价机制只能基于市场对人民币汇率未来走势的预期。由于部分机构可能利用NDF市场和境内市场套利，境外NDF报价对境内远期结售汇价格有一定影响。

2005年7月21日人民币汇率形成机制改革后，中国人民银行于2005年8月15日正式建立银行间人民币远期市场。由于汇率改革实施不久，借鉴新兴市场国家和地区远期外汇市场发展的经验和教训，按照主动性、可控性和渐进性的原则，考虑暂不改革外汇指定银行结售汇综合头寸管理制度，继续在外汇指定银行结售汇综合头寸管理中沿用收付实现制，银行远期头寸不能通过即期市场平盘，市场成员主要基于对人民币汇率未来走势的预期定价，境内人民币远期市场报价仍在一定程度上受境外 NDF 市场影响。但分层次的远期市场集中所有市场成员的需求，为市场成员提供了远期直接平盘的可能性，虽然利率平价仍不能应用于当时的远期市场，但日益活跃的银行间远期市场培育了市场成员的远期报价能力。在定价机制上，建立在实需原则下的国内人民币远期市场开始逐步摆脱境外 NDF 市场的影响。

第二阶段：随着人民币汇率形成机制改革的稳步推进和即期外汇市场的平稳运行，2006 年 1 月 4 日，中国人民银行在银行间外汇市场引入做市商制度的同时，先将做市商结售汇头寸管理由收付实现制改革为权责发生制，从而作为市场主体的做市商均可在即期市场平补远期头寸，基于利率平价的远期定价机制得以建立。2006 年 6 月 2 日，人民银行又进一步扩大权责发生制结售汇头寸管理的范围，对所有外汇指定银行结售汇头寸实行权责发生制管理，从而完全打通即期外汇市场和人民币远期市场，结合 2006 年 4 月 24 日推出的银行间外汇掉期交易，建立了完全基于利率平价的人民币远期定价机制，至此我国人民币远期市场定价机制实现了从基于预期的定价机制向利率平价的转变。同时，我国加强了境内机构进入 NDF 市场的管理。2006 年 10 月，我国国家外汇管理局特地发布禁令，再次强调境内机构和个人未经批准不得从事境外人民币对外汇衍生品交易，对一些私自进行 NDF 交易的境内机构进行了约束。在这样的情况下，境内远期市场摆脱了境外 NDF 市场的影响并开始影响 NDF 市场价格走势，目前境外 NDF 合约贴水点数基本稳定于以利率平价计算的贴水幅度附近，我国银行间人民币远期市场已掌握了人民币远期定价的主导权。

第三阶段：为应对美国二次量化宽松可能引发的大量热钱流入风险，国家外汇管理局在 2010 年 11 月 9 日下发《国家外汇管理局关于进一步加强外汇业务管理有关问题的通知》，防范跨境资本流动带来的金融风险。该通知对现行银行业务冲击最大的当属"加强银行结售汇综合头寸管理"的新规，要求在现有银行结售汇综合头寸限额管理基础上，对银行按照收付实现制原则计算的头寸余额实行下限管理，下限为各行 2010 年 11 月 8 日"结售汇综合头寸日报表"中的"当日收付实现制头寸"。之后，银行间远期交易又开始活跃起来，远期、掉期市场有了不同的价格，建立了即期汇率、远期汇率和掉期汇率三个变量之间的联动机制。

二、银行间人民币掉期外汇市场

自 2006 年 4 月正式引入人民币外汇掉期交易以来，银行间外汇市场经历了三个完全不同的发展阶段，分别为引入之初的稳定增长期、成熟之后的快速扩张期以及政策制约下的增速放缓期。伴随三个阶段的发展，银行间人民币外汇掉期交易量也经历了三种不同加速度的增长。

第一阶段：引入之初的稳步增长期。

银行间市场引入人民币外汇掉期交易之前，银行为了规避汇率风险，通常利用远期交易对柜台远期结售汇产生的风险敞口进行平盘。在此过程中，银行通常会遇到一些问题。首先，远期交易作为一种典型的 OTC 交易，采取的是询价交易方式。对于银行来说，该种交易方式的优点在于交易量大、价格优惠，弊端在于需要就交易因素进行协商，因此达成交易所需时间较长。由于柜台各笔远期结售汇的期限并不完全一致，而远期交易的上述特点又决定了大额订单不能拆分成小规模合约去匹配远期结售汇的期限，因此利用远期交易对冲结售汇头寸仍会有较大的风险暴露遗留。其次，在就交易要素进行协商的过程中，由于远期市场流动性有限，协商耗时较长，对于远期汇价中的即期汇率部分可能产生的波动，银行无法直接控制，因此银行对远期结售汇进行平盘的成本也相应提高。人民币外汇掉期交易开展之后，银行远期结售汇平盘的方式发生了重大改变。同样是锁定远期汇价，采用一笔即期交易加一笔掉期交易，能够快速锁定即期汇率，进而使银行风险收窄为单纯的利率风险。银行在柜台签订了一份结汇远期合同后由此承担了远期汇率的风险，为了闭合该敞口，银行在银行间外汇市场对该笔头寸进行平盘，采取的方法是在即期市场卖出一笔即期外汇，同时在掉期市场做一笔近端买入、远期卖出（Buy/Sell）的掉期交易。由于即期外汇交易流动性活跃，因此银行可以及时锁定即期汇率，将风险控制在远期点（掉期点）波动的部分，也就是利率波动的部分。相反，如果银行利用远期交易进行平盘，即期汇价无法及时确定，因此除去承担利率风险外，银行还需承担更多的汇率风险。

在风险管理成本优势的帮助下，人民币外汇掉期一经推出便受到了普遍的欢迎，其交易量也进入了一个稳定增长的阶段。2008 年人民币外汇掉期交易的年成交量就已达到 4 403 亿美元，而同期远期交易的年成交量不过 173. 7 亿美元。值得注意的是，虽然表面上人民币外汇掉期交易的活跃度要远远超过远期，但是由于一笔掉期交易的达成，也即意味着一笔远期交易成交，因此掉期交易量大于远期只是一种操作技术处理方面的表现，并不代表市场对于远期交易的需求匮乏。由于掉期交易的远端货币交换即是远期交易，因此正常情况下远期点与掉期点应完全一致。出于减轻工作量的考虑，自 2006 年 7 月下旬外汇掉期推出后不久，国内银行就自动取消了远期点的报价，直到 2010 年 11 月 18 日，银行间外汇市场远期点与掉期点的报价始终处于完全重合的状态。从定价的形成机制上看，外汇掉期交易开设之初，掉期价格水平曲线主要跟随香港 NDF 市场人民币外汇远期价格的走势。这一阶段，在人民币持续升值压力的推动下，境外人民币衍生品市场取得了较快发展，同时由于资本管制的存在，国内外人民币远期交易报价也时常出现较大价差，由此导致部分境内银行到境外进行人民币远期交易报价，并通过境外买进境内售出的方式获取套利收益。因此在该阶段，香港 NDF 价格水平也是银行参与外汇掉期交易报价的主要依据，进而导致外汇掉期价格呈现出与香港人民币 NDF 价格渐行渐近的态势。

为了抑制境外投机力量通过香港 NDF 市场报价引领人民币汇率快速升值的可能，2006 年 10 月国家外汇管理局发文宣布，禁止境内金融机构和个人参与离岸人民币衍生品交易，特别禁止境内银行在境外市场进行人民币无本金交割远期外汇报价。在此背景下，利率平价才开始恢复对外汇掉期价格的定价导向作用，境内银行间外汇掉期价格与境外 NDF

也开始逐步实现分离。

图 3-11　2006 年后掉期价格与 NDF 价格开始分离

第二阶段：成熟之后的快速扩张期。

2007 年至 2008 年，受到外资银行套利行为的驱动，人民币外汇掉期开始快速扩张。众所周知，外资银行一直是银行间外汇市场衍生品交易的主要参与者。历年中国外汇交易中心评选的银行间外汇市场衍生品交易优秀奖中，都活跃着外资银行的身影。在外汇衍生品交易过程中，外资银行的交易技术、美元头寸是其主要比较优势。这一时期，外资银行利用其比较优势在人民币外汇掉期市场进行套利的行为，也成为了推动人民币外汇掉期交易成交量快速攀升的主要力量。

在开展人民币外汇掉期交易的过程中，掉期点的高低体现了相应的本外币利率，当掉期点所隐含的外币利率高于外币持有者的筹资成本时，利差间的套利空间也就开始显现了。通过人民币利率曲线与掉期曲线，推导对应的美元隐含利率，我们可以发现在 2007 年至 2008 年，甚至是 2009 年间，银行间外汇掉期价格所隐含的美元利率，要远远高于伦敦同业拆借的美元利率。对于通过美元注资并且具备美元头寸优势的外资银行而言，只要在银行间外汇市场进行近端掉出美元、掉入人民币的掉期

交易（Sell/Buy），并对该交易一直展期（Rollover），便可获得远高于其
筹资成本的收益。除此之外，在掉入人民币期间，外资银行还可利用掉
入的资金进行各种投资获取额外的收益。从外资银行的角度考虑，由于
缺乏足够的债券，其利用回购交易进行套利的可能性非常有限；而同业
拆借也因监管限制，导致规模面临瓶颈，因此利用外汇掉期进行套利也
是外资银行权衡其比较优势之后的必然选择。从价格数据上我们也可直
接找到佐证这一套利行为存在的有力证据，自 2008 年初开始，受到套利
行为的支配，外汇掉期隐含美元利率开始与 LIBOR 利率走势趋同。对于
人民币外汇掉期市场而言，外汇银行的这一行为也对市场交易量的快速
增长起到了非常积极的促进作用。

此外，2009 年货币经纪公司的重新介入也再一次推动了外汇掉期市
场的加速扩张。从国内外的经验来看，在灵活性与标准化程度较低的
OTC 衍生品市场中，货币经纪公司具有重要而独特的作用。外汇经纪业
务不仅为市场参与者节约了询价时间，而且还便利了匿名报价，提供了
新的交易手段，因此货币经纪公司在市场参与者、中国外汇交易中心和
货币经纪公司之间形成了良性互补互动机制，丰富和完善了外汇市场的

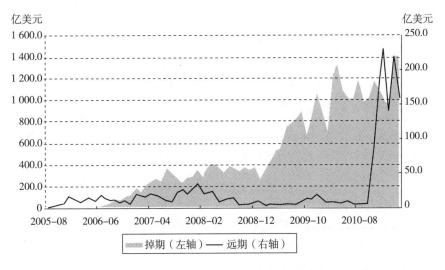

图 3-12　银行间外汇市场人民币外汇掉期与远期交易月度成交量

交易平台。2008 年以前，活跃于银行间外汇掉期交易市场的货币经纪商主要是毅联汇业（ICAP PLC，IAP. LN）和德利万邦（TullettPrebon PLC，TLPR. LN）。在被暂停从事外汇掉期经纪业务之前，两家公司几乎撮合了银行间市场的所有掉期交易，进而使得 CFETS 的电子平台边缘化。2009 年 3 月，中国外汇交易中心组建立了自己的货币经纪子公司，并试图通过提供免费服务提高市场占有率，同时也再次允许两大货币经纪商重新介入外汇掉期业务。由此经纪业务重开之后的银行间外汇掉期市场便形成了三足鼎立的竞争格局，而这种局面也有效地促进了外汇掉期交易活跃度的提升。

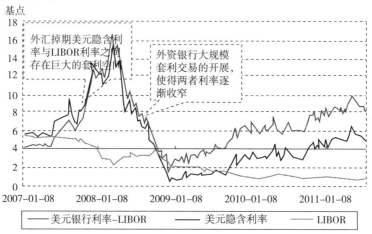

图 3－13　美元隐含利率与 LIBOR 利率

第三阶段：政策制约下的增速放缓期。

2010 年 11 月 9 日，国家外汇管理局下发了《国家外汇管理局关于加强外汇业务管理有关问题的通知》，其中对银行间外汇市场掉期交易冲击最大的内容当属"加强银行结售汇综合头寸限额管理"的新规，该规定要求在现有对银行结售汇综合头寸进行限额管理的基础上，将原来的权责发生制原则改为对银行按照收支实现制计算的头寸余额实行下限管理。

在人民币汇率升值预期明显的大环境中，银行柜台远期协议以结汇为主，因此银行对应的是平盘方式，也即在银行间市场以即期交易卖出

外币，同时进行一笔近端换入外币、远端换出外币的掉期交易。在权责
发生制原则的管理下，柜台远期协议订立之日，远期结汇使银行外汇头
寸上升，同时银行间市场即期卖出外币又使银行外汇头寸下降，而掉期
交易则对外汇头寸没有任何影响，因此总体来看，在此过程中银行外汇
头寸不会受到任何削减。实行收付实现制原则管理后，以上头寸的流转
方式就发生了明显变化。首先，银行柜台远期结汇所带来的外汇头寸的
增加，需要在外币的实际交割日才能得到显现，银行间即期卖出外币则
会立即造成银行外汇头寸的下降，而整个外汇掉期交易则由于不计入外
汇综合头寸管理而对银行外汇头寸不产生任何影响。因此总体来看，在
收付实现制下，银行利用即期与外汇掉期对柜台远期结售汇进行平盘，
就会导致外汇头寸的明显下降。出于上述原因，收付实现制实施初期，
为了防止出现即期加掉期平远期结售汇所带来的外汇头寸下降甚至是接
近外汇局规定下限的问题，银行开始改用远期交易对柜台远期结售汇进
行平盘。也是从这一时期开始，银行远期市场与掉期市场产生了明显的
分离，远期市场交易逐步复苏，交易量有序扩张，而掉期市场交易增速
则由于受到政策制约而有所放缓。特别是在中长端的期限上，掉期成交
量明显下滑，而远期交易则总体上升。甚者在一年期限上，远期交易反
而能够超过掉期。而且，二者在价格方面也由于受到不同因素驱动而产
生分离。

图 3 – 14 2010 年 11 月后远期点与掉期点开始分离

人民币国际化与外汇期货市场建设研究

虽然后期随着银行远期结汇实现外币交割，银行外汇头寸紧张局面有所缓解，但是出于节约外汇头寸的考虑，银行还是继续沿用远期交易对远期结汇进行平盘，由此也巩固了远掉市场在第三阶段的格局。

三、银行间人民币期权外汇市场

（一）推出的背景

期权与远期、期货、掉期（互换）是最基础的四种衍生产品。2005年7月人民币汇率形成机制改革以来，我国外汇市场加快发展，交易品种日趋丰富，银行对客户市场和银行间外汇市场相继推出远期、外汇掉期和货币掉期等三类人民币外汇衍生产品。2010年，各类人民币外汇衍生产品累计交易量超过1.6万亿美元，较上年增长64.8%。但与发达经济体和一些新兴市场经济体相比，我国外汇市场的交易品种仍显单一，产品功能不够多样化。随着人民币汇率弹性的增强，企业、银行等市场主体运用衍生产品进行避险保值的需求日益上升，这是推动人民币外汇衍生产品市场发展的内在要求。

近年来，企业、银行等市场主体对衍生产品的认识趋于成熟，在合理、灵活运用现有各类产品的基础上，对于期权这种新产品的交易意愿增强。当前，国内外汇市场已基本具备推出期权交易的宏观和微观条件：一是人民币汇率弹性增强，存在期权交易所需要的波动率；二是国内外汇市场已具有一定的深度，可以容纳期权交易对市场流动性的影响；三是人民币利率市场化稳步推进，为银行的资金管理和产品定价提供了基础；四是商业银行开展外币对期权交易已有一定经验，为人民币外汇期权交易提供了有益借鉴。在这种情况下，顺应市场发展的需要，国家外汇管理局决定推出期权交易。

表3-5 人民币期权事件进展

时间	事件
2010年10月9日	汇丰完成首批离岸人民币期权交易
2011年2月16日	外汇局称4月1日推出人民币期权交易
2011年2月16日	外汇局就人民币期权交易问题答问
2011年4月1日	德银执行首批在岸人民币对外汇期权交易

（二）上市后的运作情况

上市一年来，银行间市场人民币期权交易量有限，截至 2012 年 7 月，月度最高成交额仅有 67 亿元，而最高笔数也仅有 112 笔。导致期权产品交投清淡的原因主要在于：一是定价难，即市场流动性不足，期权定价长期偏离基本理论价格，存在很大问题；二是客盘量小，市场对于外汇期权的认识不足，在国际市场，一般期权交易量会明显小于期货交易量，客观上的原因之一就是期权定价复杂，期权上市后，监管层对其定价过程没有太多的公示和教育，除了真正参与的几家银行之外，其他银行对此了解甚少，更不要说银行客户等一些潜在期权参与机构了；三是制度的约束，根据外汇局的要求，客户办理期权业务应符合实需原则，银行应审核客户基础商业合同，且银行只能办理客户买入外汇看涨或看跌期权业务，对于需要套期保值的客户，目前远期和掉期交易相对更加便利，由于套期保值工具具有很强的替代性，存在多种选择，对期权的短期需求可能相对有限。

3.3.4 人民币国际化战略的实施、离岸市场的快速发展、经济体外汇风险敞口的扩大，对我国发展场内外汇衍生品市场提出了更高的要求

一、当前人民币国际化战略实施需要场内外汇衍生品市场的配合

随着人民币国际化的推进，人民币汇率市场化改革的步伐也将加快，为了保障汇率体制转换的平稳进行，必须为市场提供参与面更广、效率更高、定价更透明、操作更便捷的风险管理产品，而场内外汇衍生品市场的特性也决定了其能更好地满足上述要求。

二、离岸市场的发展对境内外汇衍生品市场带来了一定压力

目前境外已经形成了一个品种齐全的人民币外汇衍生品市场。由于不受国内货币当局管制、自由化程度高，因此随着此类市场流动性与效率的提高，人民币价格发现中心容易向外转移，进而造成人民币定价权旁落。在此情况下，必须大力提高本国外汇市场的定价效率，而借鉴巴西等国经验，凭借较外汇期货市场更高的流动性，建立并完善场内衍生品市场无疑能够增强外汇市场整体的定价实力。

表 3 – 6   境外 OTC 市场人民币对美元日均交易量高于境内

(截至 2010 年 4 月)   单位：百万美元

中国	中国香港	新加坡	英国	美国
9 742	10 690	7 447	6 772	3 025

资料来源：BIS。

表 3 – 7   离岸总体市场效率优于在岸

	品种	期限	每笔交易量	买卖价差
在岸	即期	—	10 亿 ~ 15 亿美元	10 ~ 20 个基点
	远期及掉期	最高至 18 个月	10 亿 ~ 15 亿美元	50 ~ 100 个基点
离岸	无本金交割远期	最高至 1 年	10 亿 ~ 20 亿美元	30 ~ 50 个基点
	无本金交割货币互换	5 年以上	10 亿 ~ 20 亿美元	20 ~ 30 个基点
	即期	—	5 亿美元	10 ~ 20 个基点
	远期及掉期	最高至 1 年	10 亿美元	50 ~ 100 个基点

资料来源：苏格兰皇家银行。

三、经济体的外汇风险敞口日益增大

目前我国银行业外币存款已由 2005 年 6 月的 1 653 亿美元增加到了 2011 年 10 月的 2 626 亿美元，而央行外汇资产用人民币计价也由 2006 年 12 月的 84 360.8 亿元上升到了 2011 年 10 月的 232 960.1 亿元，增幅高达 176.1%；此外，进出口总额也由 2005 年初的 950 亿美元上升到了 2011 年 11 月的 3 344 亿美元，规模提高了 2.52 倍。这些均意味着经济整体外汇风险敞口的扩大，并且随着今后资本项目的进一步开放还有继续增加的可能，而这些都会对外汇衍生产品交易种类创新、规模扩张提出更高的要求。

本章参考文献

[1] 张光平：《人民币衍生品》，北京，中国金融出版社，2006。

[2]《国家外汇管理局关于自费留学人员赴比利时留学购付汇有关问题的通知》，汇发〔2003〕100 号，www. safe. gov. cn。

[3]《国家外汇管理局关于调整境内居民个人经常项目下购汇政策

的通知》，汇发〔2003〕104 号，www. safe. gov. cn。

[4]《国家外汇管理局关于调整境内居民个人经常项目下因私购汇限额及简化相关手续的通知》，汇发〔2005〕60 号，www. safe. gov. cn。

[5]《个人外汇管理办法实施细则》，汇发〔2007〕1 号，www. safe. gov. cn。

4 人民币国际化与离岸人民币
衍生品市场发展概况

4.1 人民币国际化的时代背景与进程

4.1.1 人民币国际化战略的形成背景

人民币国际化战略的形成有较长时间的酝酿。早在 1997 年东南亚金融危机时，中国监管层就觉得有建立亚洲范围内的基金救助体系的必要。虽然遇到欧美国家的反对，东南亚各国还是签订了《清迈协定》。东南亚金融危机虽然没有显著地影响中国，但它提醒中国，同样的故事在某个时刻也可能在中国发生。

总体而言，人民币国际化战略形成的背景如下。

一是 2007 年开始的国际金融危机暴露了我国经济受制于美元的极大风险。随着中国经济的快速发展，中国 GDP 已经居于世界第二位。但是，中国在国际经济往来中所使用的主要结算货币为美元，严重依赖美元的货币供应量使中国经济对美元产生过度依赖。这种过度依赖的后果在 2007 年爆发的国际金融危机中暴露无疑。中国经济并没有在这次金融危机中受到较大的冲击，但是中国进出口贸易在 2008 年的某几个月份中萎缩 30% 以上。究其原因，外需减少也许是因素之一，但主要还要归因于国际货币市场上美元的短缺。美元的流动性危机不仅使中国外贸快速缩小，也使世界主要国家的贸易和国际投资规模急剧缩小。

我国对美元的依赖不仅表现在贸易领域，还表现在信贷规模、金融市场和外汇储备等多个领域。美元在我国外币贷款中占有很高比重，我国银行间外汇市场中超过 90% 的交易与美元有关，美元资产也是我国 3 万亿美元外汇储备的主要组成部分。

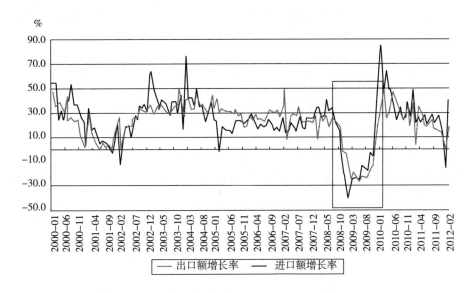

资料来源：万得资讯。

图 4－1　2008—2009 年美元短缺导致我国进出口大幅下降

如此过度依赖美元，相当于将我国的国民经济绑在美国经济上，受到美联储的调节和控制。当我国经济达到世界第二的规模之后，这种过度依赖将非常致命，特别是美联储通过国债购买频频扩张美元信用。我国经济必须用自己的双脚站立。这里，双脚不仅指实体经济的继续发展和扩张，还指货币经济中让人民币发挥更大的作用，以便减少对美元的依赖。

人民币国际化战略正是在这种环境之下酝酿的。长期而言，人民币国际化可以降低我国经济对于美元的依赖，减少国际美元资金的紧张程度对我国经济的影响，也减少美联储对我国货币政策的影响。

二是为了对抗流动性风险，地区金融合作逐渐加强，特别是《清迈协定》加强了东亚国家中央银行之间的合作。发展中国家发生金融危机后，国际货币基金组织在给予援助之时往往提出各种苛刻条件，并且援

人民币国际化与外汇期货市场建设研究

助行动也不够快速，故而各发展中国家一直有建立地区性金融合作机制的想法。《清迈协定》就是亚洲地区互助合作的典型案例。通过这个协定，我国央行与东盟国家央行签订了一系列货币互换协议。人民币国际化战略也产生于这种环境中。

《清迈协定》是重要的亚洲地区货币金融合作框架。1997年东南亚金融危机爆发后，日本提出亚洲货币基金，不过由于遭到美国和国际货币基金组织的反对而搁浅。但亚洲地区寻求地区之间金融合作的努力没有放弃。2000年5月，"东盟（ASEAN）＋3"财政部长在泰国清迈的亚洲发展银行年会上达成协议，形成地区性货币金融合作框架。截至2003年12月底，中、日、韩与东盟10国共签署16个双边互换协议，累积金额达440亿美元。

人民币国际化是《清迈协定》的自然扩展。2008年之后，我国与各国/地区货币当局签订了数个本币互换协议。央行层面的人民币互换协议成为人民币国际化战略的重要起点。此后，我国央行在贸易领域和投资融资领域的人民币结算，是央行层面人民币互换协议的扩展。

人民币在亚洲地区发挥更大的作用也有利于亚洲地区的经济稳定。东亚地区存在大量双边贸易，如此密切的经济联系却要借助于第三国货币（美元）实现将增加这个经济体系所面临的风险。国际金融危机的历史中，美元利率急促升高等问题也经常导致发展中国家爆发危机。再者，我国一向在国际事务上负责任，因此亚洲经济体内采用人民币结算将增加地区金融的稳定性。

三是人民币汇率市场化增加了实体经济面临的汇率风险，我国企业的避险能力受到考验。我国在2005年7月就宣布开始人民币美元汇率的市场化改革进程，但一直到现在改革进程依旧进展缓慢，其中一个原因是担心实体经济不能承受人民币汇率波动风险。

随着汇率市场化不断推进，人民币汇率弹性增加，企业的避险需求增加，增加了实体经济的转型难度。我国很多外向型中小企业仅维持着3%到5%的利润率，汇率的波动很容易吞噬企业利润，造成企业经营困难。为了增强实体经济规避汇率风险的能力，我国从2005年开始加快建

160

设了外汇衍生品市场,如今已经形成包括外汇远期、掉期和期权产品在内的场外市场。然而,场外市场交易成本高,运行效率低,显著地影响了企业的汇率风险规避能力。

人民币国际化有助于实体经济降低外汇风险。如果贸易双方采取人民币作为结算货币,那么国际贸易相当于国内贸易,不会面临任何外汇风险暴露,因为根本不涉及外汇。而用外汇衍生品规避外汇风险还会面临买卖差价和期现价格不一致等问题。因此,人民币国际化是企业对抗外汇风险的重要工具。目前,我国三分之一的国际贸易额集中在亚洲区域,如果在亚洲区域实现人民币贸易结算,那么将降低我国经济约三分之一的外汇风险暴露。

4.1.2 人民币国际化的进展

人民币的国际使用主要以三种方式进行,即人民币作为贸易结算货币、作为投资和融资工具和作为外汇储备货币。人民币国际化在这三个方面的进展情况如图4-2所示。

贸易结算货币	投资融资货币	外汇储备货币
·2009-07:开始试点; ·2010-06:扩大试点; ·2011-08:扩至全国; ·2012-04:完全放开,具有进出口资格的企业都可以采用人民币贸易结算。	·2007:香港发行人民币点心债券; ·2010-08:放开境内银行间债券市场; ·2010-01:开始在新疆试点人民币直接对外投资; ·2011-03:商务部确认离岸人民币境内直接投资。	·2011-09:尼日利亚央行宣布把10%的外汇储备换成人民币; ·2012:更多的央行买入人民币债券,作为外汇储备的配置资产。

图4-2 人民币国际化进程的三个阶段

一、人民币跨境贸易结算发展迅速

早在我国央行推出人民币国际化战略之前,人民币贸易结算就已经自发地在我国西南和西北边境贸易中广泛使用。在越南、老挝和缅甸等

人民币国际化与外汇期货市场建设研究

东南亚国家，人民币已经成为仅次于美元、欧元和日元的硬通货。在蒙古国、俄罗斯和哈萨克斯坦等国，人民币也被广泛用于贸易结算。据专家预测，云南的边境贸易中约97%采用人民币结算①。

2009年7月，人民银行推进了跨境贸易人民币试点，标志着人民币国际化战略的正式启动。人民币跨境贸易结算共经历了以下四个阶段。

第一步：人民币跨境贸易试点。2009年7月6日，第一单人民币跨境贸易结算款项从香港汇到上海。这一天标志着人民币跨境贸易结算的正式开始。而此前3天，中国人民银行公布《跨境贸易人民币结算试点管理办法实施细则》。这次试点的境内城市包括上海、广州、深圳、东莞和珠海，总共约400家公司参与试点，而境外地区包括我国港澳地区和东盟地区，试点范围仅包括货物贸易。

第二步：扩大试点。2010年6月，经国务院批准，中国人民银行等六部委联合发布《关于扩大跨境贸易人民币结算试点工作有关问题的通知》，跨境贸易人民币结算试点地区扩大到北京等20个省（自治区、直辖市）；试点业务范围包括跨境货物贸易、服务贸易和其他经常项目人民币结算；不再限制境外地域，企业可按市场原则选择使用人民币结算；进口货物贸易、跨境服务贸易和其他经常项目结算不再限于试点企业，出口货物贸易人民币结算试点企业也从365家增加到6.7万余家。

第三步：结算区域扩大至全国。2011年8月，人民银行、财政部、商务部、海关总署、税务总局和银监会联合发布《关于扩大跨境贸易人民币结算地区的通知》，明确河北、山西、安徽、江西、河南、湖南、贵州、陕西、甘肃、青海和宁夏等省（自治区）的企业可以开展跨境贸易人民币结算；吉林省、黑龙江省、西藏自治区、新疆维吾尔自治区的企业开展出口货物贸易人民币结算的境外地域范围，从毗邻国家扩展到境外所有国家和地区。至此，跨境贸易人民币结算境内地域范围扩大至全国。

第四步：完全放开人民币跨境贸易结算。2012年3月，人民银行、

---

① 胡列曲：《大湄公河次区域货币实践》，载《财经》，2012（1）。

财政部、商务部、海关总署、国家税务总局和银监会联合发布《关于出口货物贸易人民币结算企业管理有关问题的通知》，具有进出口经营资格的企业可按照《跨境贸易人民币结算试点管理办法》开展出口货物贸易人民币结算业务。参与出口货物贸易人民币结算的主体不再限于列入试点名单的企业，所有具有进出口经营资格的企业均可开展出口货物贸易人民币结算业务。至此，我国从事进出口货物贸易、服务贸易、其他经常项目的企业均可选择以人民币进行计价、结算和收付。

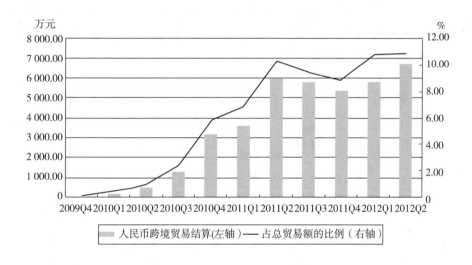

资料来源：万得资讯。

图 4 – 3 人民币贸易结算额快速提高

人民币跨境贸易结算发展迅速。2009 年全年结算额仅有 36 亿元，2011 年 3 月之后，每个季度的人民币贸易结算额达到约 6 000 亿元，占我国对外贸易总额的10%。同时，人民币贸易结算刚开始阶段出现的进出口结算不平衡现象也得到缓解。

人民币作为贸易结算货币的地位也快速提高。据 SWIFT 报道，人民币目前在全球贸易结算的比例是 0.34%，居第 16 位。而人民币在信用证领域的结算份额达到 4%，成为仅次于美元（84.4%）和欧元（7%）的第三大货币，甚至远远超过日元（1.9%）。

二、人民币跨境投资和融资功能逐渐加强

人民银行于 2012 年 2 月公布了人民币资本项目开放路径图。这份名为《我国加快资本账户开放的条件基本成熟》的报告将资本账户开放步骤分为短期、中期、长期三个阶段。短期安排（1～3 年），放松有真实交易背景的直接投资管制，鼓励企业"走出去"；中期安排（3～5 年），放松有真实贸易背景的商业信贷管制，助推人民币国际化；长期安排（5～10 年），加强金融市场建设，先开放流入后开放流出，依次审慎开放不动产、股票及债券交易，逐步以价格型管理替代数量型管制。这是央行首次以官方报告的形式描绘出人民币资本项目开放的清晰路径图，并给出相对具体的时间表。

当前，我国推出人民币跨境直接投资、人民币跨境贷款和境内金融市场开放等措施。

一是人民币跨境直接投资稳步推进。2010 年 10 月，央行在新疆开展跨境直接投资人民币结算试点。2011 年 1 月，央行公布《境外直接投资人民币结算试点管理办法》，标志着人民币对外直接投资正式启动，凡获准开展境外直接投资的境内企业均可以人民币进行对外直接投资。2011 年 10 月，央行又发布《外商直接投资人民币结算业务管理办法》，境外的企业和个人也可以使用人民币来华开展直接投资。2011 年全年银行累计办理人民币对外直接投资（ODI）结算 201.5 亿元，人民币外商直接投资（FDI）结算 907.2 亿元。2012 年前 7 个月人民币 ODI 和 FDI 分别达到 199 亿元和 1 060 亿元。

二是人民币跨境贷款开始起步。2011 年 10 月，央行出台了《境内银行业金融机构境外项目人民币贷款的指导意见》，允许具备国际结算能力的境内银行业金融机构，对中国企业机构的各类境外项目提供信贷资金支持。境外项目包括但不限于境外直接投资、对外承包工程以及出口买方信贷等。境外项目人民币贷款业务涉及的非居民存款不纳入现行外债管理，其利率水平应当符合人民银行有关规定。境外项目人民币贷款资金不得用做对境内提供贷款。

三是逐步开放境内金融市场。2010 年 8 月，我国允许境外央行、港澳清算行、境外参加行等三类机构运用人民币资金投资银行间债券市场，截至 2011 年底，获准进入银行间债券市场进行投资的境外机构已达 51 家。2011 年 12 月，人民币合格境外机构投资者（RQFII）制度开始试点，符合资格的境内基金管理公司、证券公司的香港子公司，可以运用在香港募集的人民币资金投资境内证券市场。到 2012 年上半年，获批的 RQFII 额度达到 500 亿元。

三、离岸人民币市场发展迅速

人民币国际化和离岸人民币市场的发展相辅相成。人民币国际化促进了离岸市场的发展，而离岸市场又进一步为人民币国际化的快速推进提供支持。

离岸人民币市场的发展可以分为以下四个阶段。

第一阶段：离岸市场个人人民币业务稳步发展。2003 年 11 月 19 日，中国人民银行与香港金融管理局联合签署关于允许香港银行开办个人人民币业务的合作备忘录。根据备忘录，国务院将批准香港银行在港办理人民币存款、兑换、银行卡和汇款四项个人人民币业务。2004 年 4 月，该项业务正式开通，但每人每天的兑换限额为 2 万元，汇款限额为 5

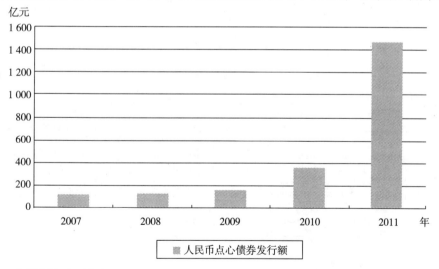

资料来源：汇丰银行。

图 4-4　离岸人民币债券发行额快速增加

万元。

第二阶段：离岸人民币债券市场快速发展。2007 年 6 月，国家开发银行在香港发行了第一笔离岸人民币债券。此后 3 年人民币债券市场稳步发展。而随着人民币跨境贸易结算推出，香港市场的人民币存款快速增加，人民币点心债券的发行额也获得爆炸式发展。汇丰银行预测两年之后，离岸人民币债券市场就将超过境内交易所债券市场。

人民币点心债券的发行机构和所在国别也呈现多样化。除了中资金融机构和中资公司外，港澳公司、跨国公司、外资银行和国际机构也发行了离岸人民币债券。中国财政部也分别于 2009 年 9 月和 2010 年 11 月在香港发行了总额 140 亿元的国债。世界银行于 2011 年 1 月发行了 5 亿元、为期两年的人民币债券，具有标志性意义。

第三阶段：离岸人民币外汇市场快速发展。2010 年 7 月 19 日，中国人民银行与香港金管局签订了香港人民币业务补充合作备忘录。同时，

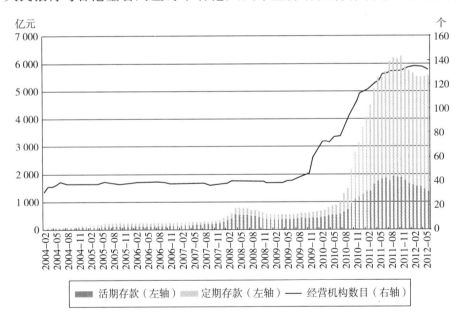

资料来源：香港金管局。

图 4-5　香港的人民币存款迅速增加促进离岸市场发展

中国人民银行与中银香港签署了经修订后的《香港人民币业务清算协议》。从此，离岸人民币在境外市场成为可以自由兑换的货币，离岸人民币外汇市场获得惊人发展。2011年5月，离岸人民币外汇市场每天交易10亿美元，具备一定的流动性。2012年6月，据我们调查，离岸银行间人民币外汇市场已经达到每天90亿美元的规模。

离岸人民币市场展现出以下几个特点：

一是规模迅速扩大，并开始赶超境内市场。经过短短两年，离岸人民币外汇市场，包括银行间市场、零售柜台市场和人民币NDF市场，就达到300亿美元/天的规模，市场规模即将超过境内市场。鉴于成本和效率的考虑，大型中资或外资跨国公司纷纷将香港作为人民币资金运营中心，促进了离岸人民币外汇市场的快速发展。离岸人民币债券市场也发展很快。

二是汇率利率价格机制逐渐完善，并开始反作用于境内市场。离岸市场已经形成人民币可交割远期和NDF两条汇率曲线，并且有迹象显示可交割远期汇率曲线开始反作用于境内的远期汇率。离岸人民币货币市场的发展比较滞后，至今没有形成统一的利率曲线。不过，2012年6月，香港金管局推出人民币回购业务，必将会加速促进利率曲线形成。

三是产品种类日益丰富。除了人民币外汇类和债券类产品外，离岸人民币货币市场也开始形成。银行也提供人民币结构性存款产品和保险产品。2010年8月，第一只人民币共同基金诞生。2011年4月，港交所推出第一只以人民币计价的房地产信托基金——汇贤信托。2011年9月，港交所推出了双币双股人民币证券发行模式。港交所的人民币外汇期货产品也于2012年9月推出。而人民币股票期权等衍生品也进入市场测试阶段，预计很快就将推出。

四、人民币逐渐迈向国际储备货币

截至2012年6月，我国央行已经与18个国家（地区）的央行签订货币互换协议，互换金额达到16 000多亿元。货币互换协议不一定使人民币转化为该国（地区）的外汇储备，但至少说明该国（地区）有意愿将人民币纳入外汇储备之中。世界各国（地区）的央行可以通过三种途

人民币国际化与外汇期货市场建设研究

径配置人民币资产：一是通过中国人民银行许可进入我国银行间债券市场；二是通过 QFII 计划进入我国金融市场；三是在离岸人民币市场配置人民币资产，主要是人民币点心债券。

表 4-1　　　我国央行与其他国家（地区）央行的货币互换

单位：亿元人民币

	国家（地区）	货币互换金额
2008 年 12 月	韩国	1 800
2009 年 1 月	中国香港	2 000
2009 年 2 月	马来西亚	800
2009 年 3 月	白俄罗斯	200
2009 年 3 月	印度尼西亚	1 000
2009 年 4 月	阿根廷	700
2010 年 6 月	冰岛	35
2010 年 7 月	新加坡	1 500
2011 年 4 月	新西兰	250
2011 年 4 月	乌兹别克斯坦	7
2011 年 5 月	蒙古国	50
2011 年 6 月	哈萨克斯坦	70
2011 年 10 月	韩国	3 600
2011 年 11 月	中国香港	4 000
2011 年 12 月	泰国	700
2011 年 12 月	巴基斯坦	100
2012 年 1 月	阿联酋	350
2012 年 2 月	马来西亚	1 800
2012 年 2 月	土耳其	100
2012 年 2 月	蒙古国	100
2012 年 3 月	澳大利亚	2 000
2012 年 6 月	乌克兰	150

资料来源：中国人民银行。

4 人民币国际化与
离岸人民币衍生品市场发展概况

当前,部分国家已经开始接纳人民币作为储备货币。目前已有尼日利亚、韩国、白俄罗斯、马来西亚、泰国、柬埔寨、俄罗斯和菲律宾等国央行宣布将人民币纳入其外汇储备货币。其中尼日利亚央行行长表示将把10%的外汇储备转换成人民币资产。

离岸人民币债券市场没有限额,成为各国央行配置人民币资产的重要渠道。据彭博社报道,泰国央行表示他们用尽银行间债券市场70亿元和QFII3亿元的额度之后,再次通过离岸人民币债券市场配置了人民币资产。据泰国央行助理行长透露,人民币资产占泰国外汇储备的0.5%。

4.1.3 人民币国际化的前景展望

人民币国际化的潜力巨大。中国经济自改革开放之后经历了30多年的高速发展,目前已经成为全球第二大经济体。随着人民币资本项目的开放和金融市场改革的深入,人民币国际化将会逐步达到与中国经济规模相匹配的地位。

中国人民大学2012年6月发布《人民币国际化报告2012》。报告估计人民币国际化将在10年后水到渠成,并在2030年到2040年间形成与美元和欧元"三元制衡"的国际货币新格局。

中国银行预测2025年,人民币将成为继美元和欧元之后的第三大国际货币。届时,人民币作为贸易结算的计价货币、投资工具和储备货币的比重将分别达到30%、20%和10%,如图4-6所示。

汇丰银行预计3~5年内中国与新兴市场国家50%以上的贸易额将以人民币结算,相当于每年将近2万亿美元,而人民币也将由此成为全球三大贸易货币之一。

然而,Frankel(2011)指出金融市场深度将是人民币国际化的最大障碍。研究认为,决定人民币国际化地位的基础因素是经济总量、对货币的持有信心和金融市场深度。一旦这三个因素都具备,人民币的国际地位就能快速提高。当前多数预测都没有考虑第三个因素,即金融市场深度,而这个因素也是决定人民币国际化速度和成果的决定性因素。

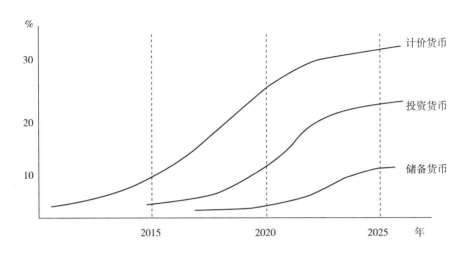

资料来源：中国银行。

图 4 - 6　中国银行预测 2025 年人民币将成为三大国际货币之一

4.2　离岸人民币衍生品市场发展简况

　　中国于 2005 年进行汇率制度改革，汇率波动幅度扩大；近几年人民币的国际化进程也有所加快，跨境贸易结算业务已初见成效，离岸市场中的人民币存量迅速增长，以人民币形式进入内地的直接投资和境内企业对外直接投资均开始试点。随着人民币避险需求上升，境内外都涌现出了很多新的人民币衍生品，而境外市场的发展则比境内市场更为迅速——不仅有无本金交割远期（NDF）、可交割远期（DF）等场外 OTC 衍生产品，还有许多交易所推出的人民币期货及期权产品。这些产品已在境外构成一个品种丰富、体系完善的人民币衍生品市场。而这一市场正在或者将要对我国的外汇交易市场以及汇率形成机制产生深远的影响，不仅是有可能抢占境内外汇衍生品的市场份额，而且不排除汇率定价权旁落他人的可能性。因此，了解境外人民币衍生品发展现状，有助于境内在推进汇率形成机制改革的过程中，配套发展人民币衍生产品市场，防范人民币定价权旁落的风险。

4.2.1　境外的场外（OTC）人民币衍生品

境外的场外（OTC）人民币衍生品主要包括 NDF、DF、无本金交割期权（NDO）、无本金交割掉期（NDS）等，这些产品在世界多个金融中心都有交易，但绝大多数集中在香港和新加坡两个市场，尤其是 DF 仅在香港进行交易。

一、人民币 NDF 市场

（一）人民币 NDF 市场的产生背景

NDF 市场的发展一般涉及不可自由兑换的货币。为了规避这些货币所在国的投资风险，银行往往在境外推出 NDF 产品，以满足跨国公司和国际投资者的风险规避需求，同时也为对冲基金或机构投资者提供货币投机的工具。NDF 市场一般兴起于国际金融中心，如伦敦、纽约和香港等。由于设在境外，该市场一般不受货币所在国的外汇管制或其他监管政策的影响。

人民币 NDF 市场，是人民币跨境资本流动受管制情况下，在香港和新加坡的银行间市场自发形成的。这个市场开始于 1994 年，当时一些跨国公司在境内有大量直接投资，为了规避这些投资在中国的外汇风险，这些公司与境外银行签订远期合约规避风险。而由于人民币不可自由兑换，这种合约使用现金交割方式，以美元作为结算货币，因此也被称为无本金交割远期。

与其他 NDF 市场一样，人民币 NDF 产品主要由香港和新加坡的银行通过做市商的形式与客户签订。银行赚取买卖差价，而未平仓的多头或空头，银行可以选择在银行间市场交易或自己持有。这样，NDF 市场实质上是分散于各银行和银行间的场外市场，与集中在交易所交易的场内市场存在较大区别。也因为这个原因，NDF 市场的交易额只能通过调查的方法得到，比较著名的是国际清算银行（BIS）每三年举行一次的各国中央银行对外汇市场的调查和新兴国家外汇交易协会（EMTA）的 NDF 市场调查。

图 4-7 显示了境外人民币 NDF 市场。该图表示：（1）境外人民币

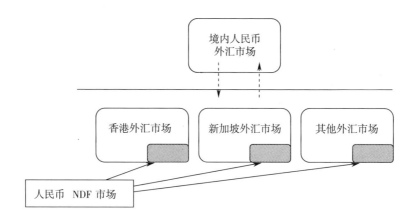

图 4-7　境外人民币 NDF 市场示意图

NDF 市场分散于多个地方，这些地方多数是国际或区域金融中心；（2）中国的外汇管制政策一定程度上隔离了人民币 NDF 市场与境内人民币外汇市场之间的联系，因为国家外汇管理局规定境内银行不得参与境外人民币 NDF 市场；（3）境内和境外市场还是存在一定的联系，这些联系主要通过同时能参与两个市场的企业完成①。

（二）人民币 NDF 市场的发展及现状

最初人民币 NDF 的使用者是为了规避汇率贬值风险，人民币 NDF 汇率在亚洲金融危机期间价格持续走高，甚至达到 10 以上，预示着强烈的贬值预期。但在这一阶段，人民币 NDF 产品的交易量很小。之后随着中国政府不贬值承诺的奏效和经济持续强劲的发展，NDF 远期汇率迅速走低，美元/人民币远期贴水一度达到 5 000 点②，人民币在国际外汇市场上长期面临着较大的升值压力。随着升值预期的增强，2002 年之后 NDF 市场交易额得到爆炸性的增长。由于香港 NDF 数据较新加坡更容易得到，单以香港市场为例，从每天 1 亿美元的交易额在 10 年间迅速增长

---

① 朱钧钧、刘文财：《香港人民币无本金交割远期（NDF）市场介绍》，载《中国金融期货交易所外汇市场研究专报》，2011（12）。

② 美元/人民币远期贴水 5 000 点，指远期汇率小于即期汇率达到 5 000 个基点，如果即期汇率为 7.00，则升值预期幅度为 0.5000/7 = 7.14%。

到 2011 年的每天 40 亿美元的交易额①，如图 4 - 8 所示。

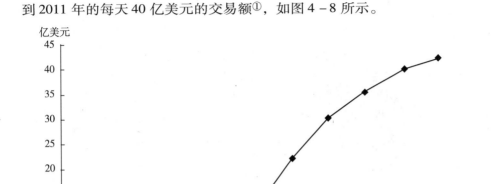

资料来源：张光平、RBS、作者估计。

图 4 - 8　香港人民币 NDF 市场的交易额发展

　　值得指出的是，自从香港市场出现可交割远期（DF）以后，香港
NDF 有所萎缩，部分真实需要人民币的贸易企业会选择在 DF 市场进行
对冲。而且香港和新加坡成熟的 NDF 市场也成为两地交易所难以上市场
内衍生品的主要原因，这一点会在后文介绍 CME 人民币期货时作出更具
体的分析。

　　从人民币外汇市场（期加上衍生品）的地理分布来看，如图 4 - 9
所示，香港是最大的人民币外汇市场，其交易额占 27%，略超中国内地
的人民币外汇市场，而新加坡、英国和美国都是重要的人民币外汇市场。
境外市场所交易的人民币产品绝大多数都属于人民币外汇衍生产品，其
中 NDF 产品占多数份额。而人民币的外汇即期市场主要发生在中国

---

　　①　交易额数据参考张光平：《人民币衍生产品》，623 ~ 637 页，北京，中国金融出版社，2008。
苏格兰皇家银行在 2011 年 11 月《欧洲货币》中国全球债务资本市场研讨会报告内容；部分数据作者
在结合这些资料基础之上估算得到。

内地。

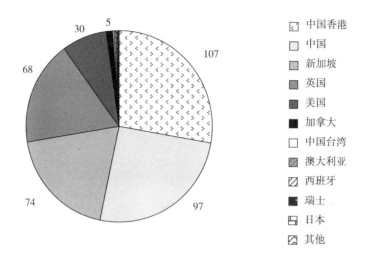

中国香港
中国
新加坡
英国
美国
加拿大
中国台湾
澳大利亚
西班牙
瑞士
日本
其他

资料来源：BIS。

图4-9 人民币外汇市场在全球的地理分布

NDF 合约在到期日是用中国人民银行每天上午 9：15 公布的人民币对美元中间价进行结算的，而 NDF 市场对现货价格的预期会和这一中间价有一定差距，因此该结算价格的使用会对 NDF 合约尤其是短期合约的成本造成影响。

二、人民币 DF 市场

（一）人民币 DF 市场的产生背景

DF 即离岸市场的可交割远期合约，最早是由香港的一些银行于 2010 年下半年推出的。其发展前提是人民币国际化进程的推进和跨境贸易结算范围的扩大，促进了香港人民币离岸市场 CNH 的发展。目前，香港的离岸人民币存量已经达到 5 500 亿元①以上。随着离岸人民币资金池的扩大，可交割的人民币远期市场也日渐活跃，逐渐取代了部分香港 NDF 的交易量。当然，目前这个市场还处于起步阶段，其交易活跃性和流动性还不能够与人民币 NDF 市场相比。

---

① 资料来源：香港金管局，2012 年 5 月。

（二）人民币 DF 市场的交易发展及现状

CNY、CNH 和 NDF 三个人民币外汇市场如图 4 – 10 所示。

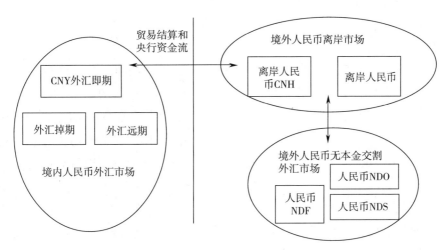

图 4 – 10　境内和境外人民币外汇市场全景①.

境内和境外的资金流动受到中国大陆外汇管制政策的限制，因此这三个市场之间并不是完全流通的。其中，境内人民币与离岸人民币市场在政策规定之内的贸易结算可以相互流通。作为离岸人民币市场上唯一的清算行，中银香港也是香港离岸人民币 CNH 和 DF 市场上最大的做市商。境外人民币离岸市场和人民币 NDF 市场之间的资金流通当然是没有限制的。

DF 市场目前的主要问题就是相对利率较低、流动性不好以及套利比较困难，而且 DF 涉及最后人民币的交割，而对于那些期限较长的合约，市场很难预计到期时境外是否有充裕的人民币用来交割。

三、其他场外人民币衍生产品

（一）人民币 NDO 市场

人民币 NDO 是在出现人民币 NDF 之后不久在香港出现的，新加坡

---

①　朱钧钧、刘文财：《香港人民币无本金交割远期（NDF）市场介绍》，载《中国金融期货交易所外汇市场研究专报》，2011（12）。

随即也推出了该项交易。人民币 NDO 可以被看做是人民币 NDF 在期权市场的延伸，是以人民币为计价标的计算汇率价差，并折算为美元后，以美元结算，无须交割契约本金，亦无须持人民币进行结算。NDO 依契约形态可分为买权（Call）及卖权（Put），依交易形态则可区分为买入买权、买入卖权、卖出买权、卖出卖权。

一般来说外汇期权是较外汇期货更为复杂但是使用更广泛的衍生产品，市场参与者会有一些区别。但是人民币 NDO 市场的参与者和人民币 NDF 的参与者很大程度上是相同的，这是因为大多数参与者会运用人民币 NDO 的各种交易策略来对冲他们在人民币 NDF 市场上的头寸。最初人民币 NDO 市场的主要参与者是在我国进行投资和贸易以及和我国有其他业务往来的国际企业，在 20 世纪 90 年代这些主体暴露于人民币贬值的风险之下，从而产生了规避人民币汇率波动风险的需求。2002 年之后，国际上要求人民币升值的呼声不断高涨，自此人民币 NDF、NDO 市场的参与者有了一些区别。很多机构和个人参与人民币 NDF、NDO 市场的目的已经不是为了规避人民币贬值的风险，而是投机人民币升值的可能性（张光平，2010）。

2005 年人民币汇改后境外的 NDF 和 NDO 交易量都有所发展，NDO 成为第二大人民币外汇衍生品，日均交易量为 NDF 的 1/2，2005 年人民币 NDF 和 NDO 的 4 月日均交易量分别为 5 亿美元和 2.5 亿美元（韩立岩等，2009）。2008 年日均交易量上升到 10 亿美元（黄智，2011）。

没有机构更新此后 NDO 的交易量，但可以预计的是，在 NDF 爆发性增长的同时，NDO 市场也会有所发展，而且随着境外人民币存量在香港的增长，可交割期权（DO）也可能会在香港诞生并发展。香港财资工会于 2011 年 6 月开始公布离岸市场美元兑人民币即期汇率定盘价，该定盘价即可为期权市场定价提供更好的参考。

（二）人民币 NDS 市场

人民币 NDS 合约的内容与货币掉期几乎完全相同，唯一的区别在于无须进行实际的货币转换，即 NDS 是以美元来进行交割的。

货币掉期的主要使用者之一是债券发行者，因为他们可以在卖出所

持货币的同时规避面临的汇率风险并换入期望得到的货币。同时，货币
掉期也能让企业更有效地利用全球资本市场。因此我们可以估计在点心
债券（境外人民币债券）出现后，假若其发行者在香港融得人民币资产
并希望转换成其他货币，则人民币 NDS 市场将会有所发展。目前点心债
券的发行量已经超过 1 000 亿元人民币。促成其迅速发展的原因是多方
面的，其中很重要的一点是很多企业在未获得很好的信用评级的情况下
发行美元债券会支付相当高的融资成本，而人民币债券则具备募资快、
成本低的优势。

四、境外 OTC 人民币衍生品的交易特点

（一）根据市场需求自发形成

由以上 OTC 人民币衍生品的产生背景和发展现状不难看出，这些产
品的起因往往是市场有实际汇率避险需求，同时银行作为逐利的商业机
构很好地满足了这些需求，于是逐渐形成一个供需平衡的市场。而随着
人民币汇率形成机制改革的深入，这些 OTC 产品日趋多样化且流动性迅
速上升，进一步满足了投资者的避险和投机需求。

近年来，无本金交割人民币衍生品越来越丰富，如人民币无本金交
割远期期权（NDF Options）、人民币无本金交割外汇远期掉期（Non -
deliverable FX Forwards Swaps）都有其相应的市场，这些都是交易者根据
自身需求自发形成的。

（二）交易量、合约金额和价差各有特点

境内外的人民币外汇银行间市场以 NDF 为主，表 4 - 2 显示的数据
仅为中国香港 NDF 市场，而如果加上新加坡、英国等市场，这个数字预
计还会翻倍。该表中显示的为境内人民币远期加掉期的数据，而如果单
看境内远期交易量是不及香港 NDF 的。DF 市场发展较快，目前有约为
15 亿美元的交易量，但仍不及香港 NDF 市场。

各种产品的合约金额和价差存在一定区别，可以看到，远期市场中，
NDF 每笔合约金额略大于境内的人民币远期市场。DF 市场平均每笔合
约金额最大，为 3 000 万美元。NDS 的单笔合约交易额最小。

而香港人民币 NDF 市场的价差更小，表示这个市场的流动性优于大

人民币国际化与外汇期货市场建设研究

陆市场。

表 4 - 2　　　　　境内和香港人民币衍生品市场的合约金额和价差

	银行间日均交易量 （美元）	每合约交易额 （美元）	买卖价差 （基点）
境内人民币远期 + 掉期	60 亿	1 000 万 ~ 1 500 万	50 ~ 100
NDF	30 亿 ~ 40 亿	1 000 万 ~ 2 200 万	30 ~ 50
NDS	0.2 亿 ~ 0.5 亿	500 万 ~ 1 000 万	200 ~ 500
DF	15 亿	3 000 万	30

资料来源：RBS。

就价差和合约金额而言，银行间市场和银行与客户之间的市场差异甚大。如果说前者是外汇批发市场，那么后者是外汇零售市场。在境内的外汇零售市场，价差随着成交金额的变化而有所不同，其中大客户不仅能够得到较小的价差，也普遍拥有一定的议价能力，而有时甚至因为小客户交易金额过小，银行不愿意与他们签订外汇远期合约。在香港，价格方面也会出现类似的情况，但是受法律制度约束，银行如果因为金额过小而不接受客户的交易，则有可能遭到客户的法律诉讼。

（三）期限结构以 1 年以内为主

仍以香港为例，因为香港外汇衍生品市场的合约期限结构与国际市场基本相似。这里首先介绍香港外汇远期和掉期市场的期限结构。

如图 4 - 11 所示，香港外汇市场的远期合约中大约三分之一在 7 天内到期，而掉期市场中三分之二的合约 7 天内到期。大于 1 年的合约在两个市场中都非常少。根据 RBS 的数据，NDF、DF、NDS 等也基本上符合这一规律，流动性主要集中在 1 年期以内的合约。中国内地的远期市场中，50% 左右的合约期限小于 7 天，另有 6% 的合约期限大于 1 年。

（四）交易方式及交易对手类型多样化

国际外汇市场起步较早，通过很长一段时间的变迁才形成目前的交易方式。牙买加国际货币体系刚开始的一段时期内，外汇交易主要通过银行进行。20 世纪 80 年代，银行间外汇交易占到 80% 以上的份额。同时，银行也是外汇衍生品创新的开拓者，因为产品创新与它们的盈利能

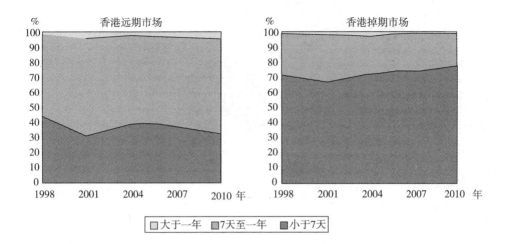

资料来源：BIS。

图4-11 香港远期和掉期市场的合约期限结构

力乃至竞争力联系在一起。

随着外汇市场的发展，出现了一批专业的外汇市场投机力量。这些专业人士不再需要银行的专业咨询意见，而抱怨银行所收取的过高差价。客户需求的不断分化，促使专业货币经纪商的产生。这些经纪商为专业客户提供一个交易平台，收取比银行更优惠的费用。而银行服务于那些没有多少经验的外汇市场参与者和具有实际需求的套期保值者。前者可以从银行处得到必要的专业意见，而后者的独特需求只有银行才能满足，因为银行拥有强大的产品设计和创新能力。同时，电子化交易系统的发展使得外汇衍生品市场的交易方式日趋分散化，具体如图4-12所示。

目前的国际外汇市场中，银行所占的份额大约只有一半。其余份额由经纪商或客户直接联系达成交易。而在中国的外汇市场上，虽然也存在货币经纪商，但数量和交易规模普遍较小，并且通过经纪商达成的交易还必须上报中国外汇交易中心。银行在中国的外汇市场上还是占据主要份额。而由客户自己达成的交易则几乎没有，因为中国市场目前普遍缺乏外汇专业人士。

分析交易对手的类型能显示外汇衍生品市场中的主要参与者。香港

人民币国际化与外汇期货市场建设研究

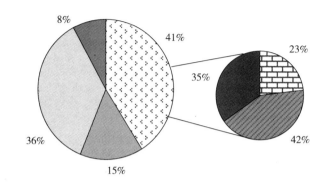

图4-12　外汇远期市场的交易方式

和内地的远期外汇市场上，交易对手的类型①如表4-3所示。

表4-3　　　　　　　香港和内地远期外汇交易的交易对手

	银行或经纪商	其他金融机构	非金融客户
香港	68%	18%	14%
内地	19%	6%	75%

　　其中，香港市场上银行或经纪商占主要份额，而非金融客户份额最低。但是内地刚好相反，非金融客户所占的份额最大，高达75%。这说明内地的外汇远期市场以零售市场为主，企业或机构的实际需求在市场中占有主要地位。当然，这种结果与中国监管当局对银行产品创新能力的限制和企业外汇买卖实际需求的条款有关。这些制度限制了投机或正常的投资需求，同时，对人民币汇率的一致性预期也一定程度上压制了银行间外汇市场的发展。

　　人民币NDF、NDO市场上的主要交易者包括银行、对冲基金、机构投资者和跨国公司。2013年初，中国通胀率高达5.5%，再加上对地方政府债务的隐忧，一些西方经济学家发表了看空中国的言论。而美国和

---

　　①　一般而言，交易的一方是银行或经纪商，这里的交易对手指另一方的类型。

英国的对冲基金开始做空中国人民币的操作，它们的主要操作手段就是在香港或新加坡的人民币 NDF、NDO 市场与银行签订相应的远期或期权合约。美联储的一份报告[1]显示，NDF 市场上，60% ~ 80% 的交易额由投机者提供。

4.2.2 境外交易所人民币衍生产品

境外交易所人民币衍生品包括在芝加哥商品交易所（CME）上市的两种报价方式的人民币期货、纳斯达克期货交易所（NFX）上市的人民币对美元期货、南非证券交易所（JSE）上市的人民币对南非兰特期货、巴西交易所（BM&F Bovespa）上市的人民币对巴西雷亚尔合约、CME 上市的人民币期货期权以及香港交易所（HKEx）上市的人民币期货合约。目前除 HKEx、CME 的旧人民币期货有少量交易以外，其他期货及期权产品均无交易量，所以我们仅介绍产品的上市背景以及合约设计的主要特点。

一、CME 人民币期货及期货期权

（一）CME 推出人民币期货的背景

CME 先后推出两种人民币期货以及期货期权，与人民币汇率制度的改革不无关系。

2005 年 7 月 21 日人民币汇率制度改革以后，人民币不再盯住美元，实施以市场供求为基础，参考一篮子货币进行调节，有管理的浮动汇率制度。虽然人民币汇率并未完全市场化，但总体波动率却有明显提升，市场对汇率避险工具的需求也在不断上升。2006 年 8 月 28 日，CME 的人民币期货和期货期权应市而生。

CME 于 2011 年 10 月 17 日再次推出一种与 NDF 更相近的美元对人民币期货及其 E – micro（十分之一面值）期货。上市这一直接标价法[2]

---

[1] Lipscomb, L., An Overview of Non – Deliverable Foreign Exchange Forward Markets, Federal Reserve Bank of New York, May 2005.

[2] 直接标价法是以 1 单位外币为标准计算应付多少本币，即 "1USD = 6.47RMB"，或 "USDRMB = 6.47"；由于此前 CME 的人民币期货合约报价形式为 "RMBUSD = 0.155"，交割价格需用人民银行的即期报价换算，过程中可能有换算损失，给投资者造成不便。

的期货合约对 CME 来说是为了深化在亚洲的战略布局，该交易所也是通过分析中国货币当局的许多动作，认为新的契机已经到来。例如人民币在朝着可自由兑换的方向发展；已进行两年的人民币境外贸易结算试点使得境外人民币存量迅速增长，避险需求增加；2010 年 6 月 19 日，金融危机后我国重启汇改；中国外汇交易中心人民币期权产品于 2011 年的 4 月 1 日挂牌上市，表明中国金融市场为人民币双向波动做好了准备。

（二）CME 旧期货与期货期权合约交易现状

如图 4 - 13 所示，自 2006 年挂牌以来，人民币期货交易量一直不尽如人意，没有明显上升趋势。在 2008 年至 2010 年人民币停止升值期间更为冷清。近 5 年以来总交易量 470 亿元人民币，还不到 CME 每日外汇产品交易量的 10%；每日平均交易量不到 4 500 万元人民币，即不到 45 手。

百万元人民币

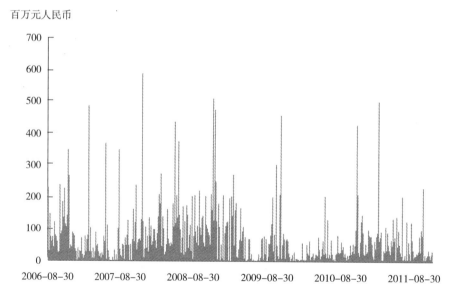

资料来源：路透社。

图 4 - 13　CME 人民币期货交易量

CME 的人民币期货期权到目前为止仍然是一张白纸，没有任何交易记录。

（三）CME 新人民币期货合约交易清淡的原因

尽管被众多媒体寄予厚望，但 CME 新的人民币期货合约上市后无人问津，成交量为零，其原因主要有以下几点：

（1）缺乏银行的支持

一般来说，交易所推出新的产品，前期需有会员的支持以提供足够的流动性，才会吸引更多的交易者入市。在外汇市场上，交易所与银行之间的关系是十分微妙的。一方面，交易所的外汇产品会吸引部分的银行客户资源，期货更加透明的价格也会对银行在场外市场报价造成压力，从而影响银行的利益；另一方面，银行又可以通过场内市场做市商的身份获利，亦是连接场外市场和场内市场价格的桥梁。总之，银行和交易所既是竞争关系又是合作关系。在 20 世纪 70 年代 CME 最初上市外汇期货的时候，也是通过将银行纳入会员体系并与它们维持良好的关系，才使外汇期货市场蓬勃发展的。

此次 CME 推出的美元对人民币期货产品主要是与人民币 NDF 竞争，因此 CME 还需和亚洲的银行、货币经纪商进行积极沟通才有可能获得它们的支持，然而从香港和新加坡银行反映的情况来看，大多对新的人民币期货并没有太多的关注和了解。这些银行认为 NDF 市场经过近 20 年的发展已经相当成熟，基本能满足市场的需求，价格也较为透明，并不需要一个功能相似的标准化产品。

目前 CME 的新人民币期货合约只有一家结算银行，也就是仅有的做市商。值得指出的是，CME 在 2006 年推出的人民币对美元期货交易清淡的部分原因也是做市商不足。一直以来，这一旧的人民币期货就只有渣打和汇丰两家做市商。CME 曾在 2007 年的时候考虑过为了提升流动性而引入中国境内的银行做市，但是因为我国规定境内的金融机构不得参与境外衍生品交易而作罢。

不过也有一些银行开始留意人民币期货。因为场内的人民币期货除了有效防范交易对手方风险以外，银行也能使用场内产品对冲场外市场的风险。但这样的对冲仓位一般都是短期的，因为毕竟人民币期货和 NDF 两种产品之间可能会出现价差，不能算做平盘，只能算是部分的风险锁定。

（2）交易时间不匹配

外汇市场可谓最国际化的市场之一，要考虑各国家之间的时差，所以在设计期货合约的过程中对交易时间的设计是一个重要的环节。国际主要货币的现货市场 24 小时都有活跃的交易。CME 的 Globex 交易系统也已经非常完善，可以进行 23 小时交易，但是仍然需要考虑交易者的作息习惯。新的人民币期货针对的主要是亚洲交易者，这部分交易者集中在亚洲工作时间交易，而 CME 的传统欧美客户集中在 CME 的公开喊价时间进行交易，即美国中部时间 7:20 ～ 14:00（北京时间 20:20 ～ 凌晨 3:00），也就是说这两类交易者的流动性很难集中到一起。另外，如前所述，亚洲银行往往是聚焦于人民币 NDF 市场或 DF 市场，它们的交易员已经习惯于在工作时间紧盯这些市场的价格，而无暇顾及期货市场。

（3）未得到投资者的认可

决定投资者是否愿意进入场内市场交易的关键在于交易所是否能提供比银行更好的产品和服务。而以目前的人民币 NDF 市场来看，CME 还有很长的路要走。

一般认为标准化的合约相较于 OTC 合约会更加便利，但从银行了解到，由于人民币 NDF 市场的流动性充裕，在签订一个合约以后也可以轻易地像在期货市场一样平掉这个合约。具体方式有两种：一种是将该合约卖给银行，银行会给出剩余期限的报价并做结算；另一种则是进行同一到期日的反方向操作。因此在这一方面 CME 的美元对人民币期货较人民币 NDF 也没有明显优势，相反，其标准化的期限很难匹配企业的实际需求。

当然 CME 也在致力于为亚洲客户提供更优质的服务，他们正在考虑是否应该在亚洲设立一个结算所，为亚洲客户提供风险管理服务。当然这一计划还在研究阶段，不会很快推出。2012 年底，CME 刚刚在伦敦设立了一家结算所，现在也在讨论是否利用伦敦的这家结算所为亚洲客户提供服务。

二、NFX 的人民币对美元期货

NFX 于 2009 年 12 月上市人民币对美元期货，合约价值为 10 万元人民币。同时上市的还有巴西雷亚尔、新西兰元、土耳其里拉、墨西哥比索、挪威克朗、南非兰特、瑞典克朗、俄罗斯卢布和韩元对美元的外汇期货。在此之前 NFX 平台上仅有美元利率互换期货以及一些主要货币的外汇期货，因此这样大批量地上市外汇期货，尤其是新兴市场货币的外汇期货，可以看做 NFX 抢占市场的战略行为。

三、JSE 人民币对兰特期货

JSE 于 2010 年 11 月 9 日推出人民币对南非兰特的期货，合约价值为 1 万元人民币，以兰特进行现金结算，出于人民币不可自由兑换等因素到目前为止还没有交易量。与此同时，为了反映汇率的综合变化，JSE 根据现有的期货合约设计了兰特指数（Rand Currency Index，RAIN）。该指数的货币篮子由南非最大的 5 个贸易伙伴的货币组成，共 15 份期货合约，其中人民币期货合约占 3 份，如果以 10 000 元人民币的合约面值计算，人民币对指数的影响低于欧元，但是高于美元①。JSE 表示将来会推出以兰特指数为标的的期货，为持有多货币资产的投资者提供避险工具。

这样的设计方案体现了 JSE 对人民币的关注，而这与中非贸易合作的深入、中国对非洲直接投资的迅速增长以及人民币国际化的进程是密切相关的。

首先我们要考虑的是人民币作为结算货币在中非贸易中的使用情况。中非贸易在过去 10 年增长迅速，2000 年中非贸易额仅 100 亿美元，这一数字在 2011 年已突破 1 600 亿美元。南非第一大银行标准银行估计到 2015 年中非贸易中至少有 40%，即 1 000 亿美元将使用人民币结算。标准银行表示使用人民币作为贸易结算货币可以节省非洲出口商 7% ~ 10% 的成本，并且在出口退税环节还可节省很多时间。在非洲经济大国中，南非与中国之间的贸易关系最为均衡。在金融危机之后，中国超越美英日德成为南非最大贸易伙伴，南非也成为中国在非洲的最大贸易伙伴。

其次是需要关注中国对非洲直接投资的迅速增长。从国际经验来看，

---

① 兰特指数由 15 份期货合约构成——6 份欧元期货 + 3 份美元期货 + 3 份人民币期货 + 1 份英镑期货 + 2 份日元期货，加总后除以 10 即得到指数的数值。

人民币国际化与外汇期货市场建设研究

贸易额仅有 10% ~ 30% 需要进行避险，而直接投资由于是资本项下一国对另一国家的长期投资，面临的汇率风险更高，更需要相关的避险工具。根据商务部的统计[①]，到 2010 年底，中国对非洲的直接投资存量为 130.4 亿美元，是 2005 年末的 8.2 倍，占中国对外直接投资总额的 4.1%，中国已有 2 000 家企业在非洲 59 个国家中的 50 个国家运营。标准银行估计到 2015 年将有至少 100 亿美元的中国对非洲投资以人民币结算。而南非是中国对外直接投资存量排名第 8 位的国家，为 42.53 亿美元，占中国对非洲投资总额的 25%，排名第一位。

最后，非洲多国看好人民币的国际化趋势，极有可能推广人民币作为外汇储备货币。这与国际金融危机之后以美元为基础的国际货币体系的风险明显加大有关，国际社会对于减少国际货币体系中对美元的依赖以及有效防范金融风险问题的关注更趋密切。尽管政府将人民币当做外汇储备并不会直接增加人民币避险需求，但随着一国政府对人民币认可程度的增加，两个国家的双边金融合作以及贸易投资等活动必然得到促进，从而增加市场对避险工具的需求。

四、人民币对雷亚尔期货

2011 年 8 月 15 日，有 6 种新的外汇期货在巴西证券期货交易所（BM&F Bovespa）上市，其中包括人民币对雷亚尔期货，合约价值为 35 万元人民币。同样，我们从贸易和直接投资等方面分析这一期货合约上市的背景。

2009 年 10 月，在南美的第一笔人民币跨境贸易结算就是在巴西完成的，然而人民币跨境贸易结算在南美进展缓慢。原因是多重的，例如人民币尚不能自由兑换、在商业银行的认可度不够高等。但其中一条就是若要巴西对华出口企业开始使用人民币结算大部分贸易，须先有丰富多样的人民币投资及对冲工具，以使他们能够对贸易收入进行管理。

2005—2010 年，中巴贸易年平均增长率达 43.3%，高出同期中国外贸整体增速 23.1 个百分点。2009 年中国便超过美国成为巴西第一贸易

---

① 《2010 年度中国对外直接投资统计公报》，2011 年 9 月 6 日发布。

伙伴，2010 年中国是巴西第一大出口目的地和第二大进口来源国。中国海关显示，2010 年中巴贸易额达 800 亿美元，同比增长 28%。和中国的贸易往来占巴西进出口总额的比重也在不断上升，从 1995 年的 2% 左右，上升至 2010 年的 15% 左右。在金砖国家中，巴西与中国的经贸关系相当紧密，互补性较强。

由表 4 – 4 可以看出，巴西的十大进口国和出口国共 13 个国家的货币大部分都有对应的外汇期货在 BM&F Bovespa 上市，例外是阿根廷、俄罗斯、韩国和印度。但随着南南贸易的深入，巴西很有可能在不久的将来推出相关的外汇期货。

表 4 – 4 　　　　　　巴西十大进口国和十大出口国贸易情况　　单位：亿美元，%

国家	进口			出口			是否有外汇期货
	排名	金额	占比	排名	金额	占比	
中国	1	308	15.2	2	256	14.1	是
美国	2	196	9.6	1	273	15	是
阿根廷	3	185	9.2	3	144	7.9	否
荷兰	4	102	5.1	—	—	—	是
德国	5	81	4	4	126	6.9	是
日本	6	71	3.5	6	70	3.8	是
英国	7	46	2.3	—	—	—	是
俄罗斯	8	42	2.1	—	—	—	否
韩国	9	38	1.9	5	38	4.6	否
墨西哥	10	37	1.8	9	38	2.1	是
法国	—	—	—	7	48	2.6	是
印度	—	—	—	8	42	2.3	否
加拿大	—	—	—	10	27	1.5	是

资料来源：巴西外贸秘书处、BM&F Bovespa。

人民币国际化与外汇期货市场建设研究

　　尽管中巴贸易前景乐观，但仍然存在诸多问题，汇率问题是其中之一。巴西从中国进口的主要商品为劳动密集型产品，2010 年中国制造业产品占到巴西向中国进口总量的 97.5%，而这些产品受汇率影响较大。两国均使用美元作为结算货币，则两国贸易还受到美元涨跌的影响。如果能通过衍生产品规避外汇风险，对增强相关的产业的竞争力，甚至对整个巴西经济都是有利的。

　　从直接投资来看，巴西中央银行的数据显示，中国已经超越美国成为巴西最大的直接投资来源国。不论是收购现有资产还是在当地新建公司，此后中国的跨国公司会将中间产品、机械设备运往巴西，再将制成品带回中国，这都意味着中国和巴西的双边贸易将进一步纵深发展。

　　2011 年以来，商务部、人民银行已经开始力推使用人民币进行对外直接投资，益处良多。首先，在实施"走出去"战略中，使用人民币与促进对外贸易战略相结合，有助于降低汇率风险，提高资金的周转和使用效率。其次，在国际金融动荡的大背景下，我国对外直接投资如使用人民币，融资流动性可通过境外项目人民币贷款业务加以支持。最后，使用人民币能进一步推动中国和东道国在贸易投资等领域的务实合作，有效支持当地建设。

　　问题是我国对外直接投资的收益率一贯低于正常水平，失败案例较多，更应注意对外汇风险的防范和管理。目前我国的对外直接投资都是使用美元的，所以需考虑人民币对美元、雷亚尔对美元的双重外汇风险。BM&F Bovespa 的人民币期货正好综合考虑了两种汇率。

五、港交所推出人民币期货

　　港交所于 2012 年 9 月 17 日上市了离岸人民币期货，旨在为投资者提供管理人民币汇率风险的对冲工具。该人民币期货以离岸人民币对美元的汇率变动为标的，要求于到期时卖方交付合约指定的美元金额，买方则支付以最后结算价计算的人民币金额。

　　合约报价将以每美元对人民币汇率计算，准备金以人民币计算，交易费及结算费用也以人民币缴付。香港人民币期货的交易代码是 CUS，合约月份包括现月、下三个月及之后的三个季月，合约金额为 10 万美元，最低波幅为人民币 0.0001 元，最后结算日为合约月份的第三个星期三。首日成交了 415 张，实现了平稳起步。

六、人民币期货合约设计特点

（一）上市特点体现市场需求

尽管不像前文所述的 OTC 产品一样完全由市场自发形成，交易所推出人民币产品也是建立在对市场避险需求的了解之上。这从以下两点可以看出。

其一，相对于集中在亚洲两个市场的 OTC 人民币产品来说，交易所的人民币产品分布在三个大洲，除了美国是发达国家，巴西和南非都是发展中国家，但作为"金砖国家"的成员，它们与中国经贸往来甚密，人民币将对双边的贸易和投资等方面产生重要影响，企业和金融机构都需要进行与汇率有关的避险。

其二，这些交易所上市外汇期货产品的历史较长，但上市人民币期货的时间除 CME 在 2005 年推出的旧合约以外，都集中在 2009—2011 年之间。那时正值金融危机之后大量 OTC 产品进入交易所交易；2009 年 6 月后人民币跨境贸易结算等国际化战略开始实施；2010 年 6 月人民币二次汇改停止盯住美元，扩大汇率波动幅度。这些因素共同导致了众交易所纷纷在近两年上市人民币期货。

（二）合约面值不等

各交易所上市人民币期货的和约价值主要根据交易所定位决定，因此会有较大差异（见表 4 - 5）。CME 在 2005 年推出的人民币期货合约面值为 100 万元人民币，是针对机构客户的；而且不仅有人民币对美元的期货和期权，还有对欧元、日元的交叉汇率产品，得到了和主要国际货币同样的待遇，可见 CME 对人民币衍生品的重视。2011 年推出的新人民币期货，合约规模变成 10 万美元；同时推出的还有 E - micro 合约，规模为 1 万美元，主要目标人群为零售投资者。

表4-5　　　　　　　　　　人民币期货合约设计特点

交易所	CME 旧期货合约	CME 新期货合约	NFX	JSE	BM&F Bovespa	HKEx
合约面值	100 万元人民币	10 万美元/1 万美元	10 万元人民币	1 万元人民币	35 万元人民币	10 万美元
标价方式	RMB/USD	USD/RMB	RMB/USD	ZAR/RMB	BRL/RMB	USD/RMB
合约月份	13 个月合约及 2 个季度合约	13 个月合约及 8 个季度合约	4 个季度合约	4 个季度合约	12 个月合约	7 个月合约
交割结算价	人民银行中间价	人民银行中间价	最后 1 分钟费城交易所即期市场价格	最后 30 分钟即期市场加权平均价		香港财资公会公布的定盘价
保证金	1 620 美元	11 138 元人民币①	125 美元			7 930 元人民币

资料来源：各交易所官方网站。

　　NFX 主要针对的客户是零售投资者，因此外汇期货合约的合约规模普遍小于 CME，该交易所的人民币期货面值只有 10 万元人民币。而 JSE 的人民币期货是几种期货合约中面值最小的，只有 1 万元人民币。这与 JSE 上市期货的风格有关，最初上市美元期货他们也是从面值较小的合约开始，在市场出现更大的需求后才上市大面值的合约。

　　（三）标价方式以间接标价法为主

　　在此要说明的是，对于我们来说的间接标价法对这些国家本土的投资者实际上是直接标价法。CME 的旧人民币期货采取一单位人民币折合

———————

　　①　CME 人民币合约保证金根据 2011 年 12 月 1 日 CME 数据测算。

多少美元（或欧元、日元）的报价方式，精确到小数点后五位。CME 的外汇期货交易基本上都是用"1 外币换多少美元"交易，这被称做美式的或 IMM 式标价法。只有 CME 的新人民币期货合约采取的是 NDF 式的直接标价法。由此前 1 元人民币换多少美元报价改为 1 美元换多少人民币报价，即直接标价法，人民币 NDF 市场也是这种报价方式，因此新期货更符合亚太做市商和交易者的习惯。

（四）合约月份更加灵活

CME 旧人民币期货的合约月份是将于未来连续 13 个月份以及此后 2 个季月到期的共 15 份合约。人民币期货期权可供交易的月份是将于未来连续 12 个日历月份到期的月期权以及 4 份周期权。但是鉴于保持场内期权流动性和降低交易成本的需求，CME 规定 Globex 控制中心有权去除交投不活跃的期货合约，只挂出交投活跃的期货合约作为人民币期货期权标的。而目前期货合约交易并不活跃，因此可能 Globex 系统上并没有挂出这么多个月份的期权合约，期权合约交易量为零。相对于只有 4 个季度合约的国际主要货币期货来说，CME 的这种设计更为灵活。

CME 新的人民币期货除了 13 个连续日历月到期的月份合约还有 8 个季度合约，即最长持仓期限增加至 3 年，这是为了满足重型机械企业等的实际需求，体现了 CME 与 NDF 的市场接轨意图。

JSE 的人民币对兰特期货主要有 4 个季月合约，但交易所也表示市场如果有特殊需求可以挂出其他月份，显示了交易所的灵活性。

（五）大部分采用现金交割

由于人民币尚不可自由兑换，大部分期货及期货期权合约都采取现金交割的方式，即用本国货币轧差交割，而 HKEx 的人民币合约采用实物交割。

CME 人民币期货和该交易所其他外汇的不同之处在于最后交易日的设计，国际主要货币的最后交易日往往是根据美国时间安排的，而两种人民币期货的最后交易日为每个合约月份第三个周三的前一个工作日，交易到北京时间上午 9:00 结束。这是因为人民币期货直接使用中国人民银行每日上午 9:15 公布的即期中间价作为交割结算价。

NFX 的交割结算价是最后一分钟费城交易所人民币即期的交易价格（费城交易所也是纳斯达克旗下交易所），但由于费城交易所没有人民币即期的交易量，所以这种设计方案在现阶段不太现实。

由于 JSE 的人民币对兰特期货合约于纽约时间 10:00 结束（南非时间 16:00），JSE 也没有选取中国人民银行的中间价作为交割结算价，所以他们使用的是最后 30 分钟的即期价格的加权平均数。

（六）保证金率较低

CME 对每种外汇期货制定的违约保证金都有所不同，而且会在其官方网站上实时更新。目前针对人民币期货的初始保证金为 1 620 美元，如果以 2011 年 11 月 30 日的即期中间价（1USD = 6.35RMB）换算，初始保证金率大致为 1.03%，维持保证金为 1 200 美元，维持保证金率大致为 0.76%。

CME 的人民币期权有卖方保证金，根据 SPAN 模型计算。理论上期权是在交割日才需要清算，实际上 CME 还是对外汇期权进行每日盯市的结算。一般是用每日 13:30 至 14:00 之间的买卖价差中间值得出隐含波动偏度（Implied Volatility Skews），这一曲线即可确定所有执行价格下的结算价格。

NFX 的套期保值和投机保证金分别为 125 美元和 90 美元，按照合约面值 10 万元人民币计算，保证金率接近 CME 的水平，而对于跨期套利者来说，每合约保证金只有 25 美元。

值得指出的是，NDF 虽然在银行间交易时占用银行信贷额度，但在客户与银行交易时，有时客户也需要缴纳保证金，而比率一般在 10% 左右，根据银行风险控制能力而变化，但总的来说要明显大于交易所设定的保证金率。

HKEx 人民币期货合约的保证比率也大约只有 1.25%，杠杆率接近 80 倍。

附件 1   **CME 人民币对美元、欧元、日元期货合约**

合约标的	人民币对美元、欧元、日元
合约月份	将于未来连续 13 个日历月份以及此后的 2 个季度周期月份到期的共 15 份合约
合约规模	1 000 000 元人民币
报价形式	1 元人民币的美元价格
最小价格波幅	＄0.00001/RMB
交易时间	周日至周五的每天下午 5:00 到第二天下午 4:00，交易 23 小时
最后交易日	合约月份第三个周三前一个交易日（通常是周二）的北京时间上午 9:00 点结束
每日结算价格	交投活跃的近月合约可使用最后 30 秒交易价格的加权平均价格
交割方式	现金交割
交割日	合约月份的第三个周三
交割结算价	以中国人民银行每日上午 9:15 公布的即期中间价作为交割结算价。交割价格需转换成美元兑人民币的形式，转换后保留到小数点后六位
持仓限制	持有不同月份到期的期货合约净多头或净空头不得超过 6 000 份，对于当月到期的期货合约，到期前一周内持有的头寸都不得超过 2 000 份

附件 2   **CME 人民币对美元、欧元、日元期货期权合约**

合约标的	人民币对美元、人民币对日元及人民币对欧元的期货
行权方式	美式期权
交易单位	1 手人民币期货合约
合约月份与期限结构	将于未来连续 12 个日历月份到期的月期权以及 4 份周期权
报价方式	期权费价格，期权费也采取一单位人民币折合多少美元的报价方式
最小价格波幅	＄0.00001（10 美元/合约） €0.00001 ¥0.001
最后交易日	月度期权：同人民币期货 周期权：每个周五
交割价格	当天的期货结算价
行权规则	美式期权的买方可以在任何交易日执行期权。除了最后交易日以外，代表买方的清算会员需在下午 19:00 以前向清算中心发出执行通知 在最后交易日，所有价内的、还未被执行的人民币期货期权都将被自动执行
交割方式	现金交割

附件 3 　　　　　　　　　　CME 美元对人民币期货合约表

	标准人民币期货（CNY）	E - micro 人民币期货（MCY）
合约规模	100 000 美元（≈648 300 元人民币）	10 000 美元（≈64 830 元人民币）
最小跳动点	每美元 0.001 元人民币；即每合约 100 元人民币（≈ \$15.42）；日历套利最小跳动点为每美元 0.0005 元人民币，即每合约 50 元人民币（≈ \$7.71）	每美元 0.001 元人民币；即每合约 10 元人民币
计价方式	每日收支以人民币计算，然后以中国人民银行每日公布的即期中间价换算成美元并以美元存储	
交易时间	周日到周五：下午 5:00 至第二天下午 4:00（美国中部时间）	
清算时间	周日到周五：下午 5:00 至第二天下午 4:15（美国中部时间）	
交易月份	13 个连续月合约以及 8 个季度合约（最长期限结构为 3 年）	12 个连续月合约
最后交易日	交易于每个月第三个周三的前一个北京交易日上午 9:00（北京时间）结束	
交割价格	当天中国人民银行上午 9:15 公布的即期汇率中间价；即路透 SAEC 页面的 "USD-CNY ="	
持仓限制	最大持仓限制：USD/RMB 期货转换成 6 000 手 CME 的 RMB/USD 标准期货（=60 亿元人民币）；交易结束前一周对该月合约的限制：2 000 手 CME 的 RMB/USD 标准期货（=20 亿元人民币） 同一交易者所持的 E - micro 合约也在持仓限制统计范围内，10 手 E - micro 算做 1 手标准合约 例：假设现在汇率为 1 美元兑 6.4830 元人民币（前一天正常交易时间 RTH 的结算价格），那么 1 手合约规模为 100 000 美元的标准期货合约将被转换成 648 300 元人民币；1 手合约规模为 10 000 美元的 E - micro 期货合约将被转换成 64 830 元人民币；这些头寸累积后不得超过前述的 60 亿/20 亿元人民币。	
大额交易最小手数	50 手	不可进行大额交易
组合交易（EFRP①）	可以	
交易规则	遵循 CME 交易规则	

① EFRP（Exchange for Related Position）即同时发生的两笔相关的但方向相反、不同市场的交易，由交易双方私下协商。它包括 EFP（Exchange for Physical），即同时有期货和现金持仓；EFR（Exchange for Risk），即同时有期货和 OTC 互换或其他 OTC 产品的持仓；EOO（Exchange of Options for Options），即同时有场内期权和 OTC 期权或其他 OTC 产品的持仓。

4 人民币国际化与
离岸人民币衍生品市场发展概况

附件 4   **NFX 人民币对美元期货合约表**

交易标的	人民币对美元汇率
合约价值	100 000 元人民币
合约月份	3 月、6 月、9 月、12 月
交易时间	美国东部时间 8:20—16:15
最小跳动值	0.0001
每日结算价	16:15 分在费城交易所的人民币即期价格/100
最后交易日	合约月份第三个周五
交割方式	现金交割
交割结算价	最后交易日当天 12:00 的即期价格
持仓限制	持有不同月份到期的期货合约净多头或净空头不得超过 60 000 份，对于当月到期的期货合约，到期前一周内持有的头寸都不得超过 20 000 份
大额交易	100 手以上

附件 5   **JSE 人民币对兰特期货合约表**

交易标的	人民币对兰特汇率
合约价值	10 000 元人民币
合约月份	3 月、6 月、9 月、12 月
最后交易日	合约月份第三个周三前两天
最小跳动值	0.00001
结算价格	使用每日 16:55—17:00 现货市场的算术平均价进行每日盯市
最后交易时间	纽约时间 10:00（南非冬季时间 16:00；夏季时间 17:00）
交割结算价	最后 30 分钟即期市场加权平均价
交割方式	现金交割

HKEx 美元对人民币期货合约表

项目	合约细则
合约	美元兑人民币（香港）期货
交易代码	CUS
合约月份	即月、下三个日历月及之后的三个季月
合约金额	100 000 美元
报价单位	每美元兑人民币（如 1 美元兑人民币 6.2486 元）
最低波幅	人民币 0.0001（小数点后第 4 位）
交易时间	上午 9 时至下午 4 时 15 分（到期合约月份在最后交易日收市时间为上午 11 时）
最后结算日	合约月份的第三个星期三
最后交易日	最后结算日之前两个营业日
最后结算价	香港财资市场公会在最后交易日上午 11 时 15 分公布的美元兑人民币（香港）即期汇率定盘价
结算方式	由卖方缴付合约指定的美元金额，而买方则缴付以最后结算价计算的人民币金额
交易所费用	人民币 8.00 元

4.3 离岸人民币衍生品市场发展对人民币定价权的影响

4.3.1 人民币即期汇率定价权

人民币汇率的定价权一直是学术界和政策研究机构关心的课题。早在 2006 年 8 月，CME 集团推出人民币对美元的外汇期货时，国内一些学者就开始担心人民币的汇率定价权问题，认为 CME 可能在将来决定人民币汇率。可是由于资本管制，CME 的人民币外汇期货成交量一直很

小，现在也只有每天 18 手左右，目前对人民币汇率的定价权没有构成
威胁。

然而，随着人民币跨境贸易结算的推进，特别是 2010 年 7 月人民币
在香港可以自由交易以来，离岸人民币市场短短 1 年之间发展很快，每
天人民币即期交易交易额约为 20 亿美元，并且离岸人民币汇率已经形成
全天 24 小时的连续报价。离岸人民币市场的发展，使境内境外形成两个
人民币即期汇率。到底哪个人民币汇率拥有更大的价格发现能力，或者
说拥有定价权呢？2011 年 9 月以来，随着境外人民币的贬值预期，境内
人民币汇率频频跌停，更加引起监管层和研究机构对人民币汇率定价权
的关注。

本节的主要内容是比较境外人民币即期汇率和境内人民币即期汇率
的价格发现贡献度，并回答哪个市场决定着人民币汇率定价权。

一、文献综述

价格发现能力是评判市场有效性和资源配置效率的重要指标。价格
发现是指，一个市场中的新信息随机产生，投资者观察到信息之后，通
过交易行为将信息反映到资产价格上。价格发现即市场寻找有效价格或
均衡价格的过程。可是，什么才是均衡价格呢？现实当中，投资者很难
确定市场的均衡价格到底是多少。不过计量方法可以近似的确定这个
"均衡价格"。由此，引出最常用的两种价格发现贡献度，一是信息含量
法，二是永久暂时成分的分解法。

基于信息含量法的价格发现贡献度是 Hasbrouck（1995）提出的。这
种方法通过协整项系数和新息（Innovations）方差分解来决定具体的值。
而基于永久暂时成分分解的价格发现贡献度由 Gonzala 和 Granger（1995）
提出。这种方法认为两个协整变量形成的价格分享了一个共因子随机过
程，而观察到的价格可以分解为对市场的永久冲击（共因子部分）和短
暂冲击两部分（误差修正部分），并指出每个变量对价格发现的贡献度
就在共因子系数中。

此后，也有一些学者拓展了上述两种价格发现贡献度，如 Eun 和
Sabherwal（2003）提出一种更简便的方法，而 Lien 和 Shrestha（2009）

197

提出一种修正的信息含量法，并宣称这种方法弥补了 Hasbrouck（1995）中价格发现贡献度不确定的缺陷。De Jong（2002）比较了不同的价格发现贡献度。

这些价格发现贡献度的模型广泛用于比较不同外汇市场或外汇交易平台的价格发现能力。外汇市场价格发现能力的研究文献多数都集中在比较 CME 外汇期货交易平台和场外外汇市场的价格发现贡献度方面。

Tse 等（2006）比较了 CME 集团的 Globex 外汇期货交易平台、交易大厅公开喊价和 CMC 外汇零售交易平台的价格发现能力，发现 CME 公开喊价系统的价格发现贡献度最低，CMC 零售平台在日元/美元汇率上拥有主导的价格发现能力，而 CME Globex 发现了欧元/美元汇率的价格。由于 CMC 公司并不是外汇市场的主流交易平台，因此一些学者认为 Tse 等（2006）的结论欠缺说服力。

作为进一步的研究，Cabrera 等（2009）比较了 CME 集团的 Globex 系统和全球最大的外汇电子交易平台——EBS 银行间交易系统之间的价格发现能力，发现 EBS 即期市场的价格发现能力比外汇期货更强。这个结论与传统的观点，即期货领先现货不同，但与这两个外汇交易平台悬殊的交易量差别相一致。

Rosenberg 和 Traub（2008）也研究了 CME Globex 外汇期货交易平台和场外即期外汇市场之间的价格发现能力。他们发现随着时间的变化，两者的价格发现贡献度有很大的变化。其中，1996 年时，CME 所拥有的价格发现能力相对其交易量大得多，而 2006 年的数据不再支持 CME 拥有显著的价格发现能力。究其原因，他们认为场外市场交易透明度的提高也许是导致场外市场价格发现能力提高的主要因素。Poskitt（2010）也研究了 CME 和 Reuter D3 000 交易系统之间的价格发现功能。他们发现不同的收益率计算方式会产生不同的价格发现贡献度。

对人民币汇率的价格发现的研究非常少，而随着境内和境外都出现连续报价的人民币汇率，这个问题显然也非常重要，因为关系到境内市场是否还把握着人民币汇率的定价权问题。这个问题的答案对于中国进一步的汇率市场改革意义重大。

4 人民币国际化与离岸人民币衍生品市场发展概况

中文文献中，诸多学者研究了境内外人民币汇率之间的相互影响关系。黄学军和吴冲锋（2006）应用 Granger 因果检验研究了人民币 NDF 和境内人民币每天即期汇率之间的关系，发现即期汇率引导 1 月和 1 年的 NDF 远期汇率，而 1 月期限的 NDF 汇率也引导人民币即期汇率，但是 1 年的 NDF 汇率不引导即期汇率。他们以此判断 1 月的 NDF 主要用于套期保值，而 1 年的 NDF 用于投机。代幼渝和杨莹（2007）也用 Granger 因果检验研究了境内人民币即期汇率、远期汇率和境外 NDF 远期汇率之间的关系，发现境内即期和远期汇率是境外 NDF 汇率变动的 Granger 原因。由此，他们认为境内市场具有本土信息优势。徐剑刚等（2007）应用 MA – GARCH 模型研究了境内人民币即期市场和境外 NDF 市场的价格和波动率溢出效应，发现两个市场的波动率没有相互影响关系，并且即期市场对 NDF 市场没有报酬溢出效应，但 NDF 市场对即期市场具有报酬溢出效应。严敏和巴曙松（2010）应用误差修正模型和 DCC – GARCH 模型研究了相同的问题，发现虽然境内市场对境外 NDF 市场有一定的信息溢出，但境外 NDF 市场还是占据主导的价格引导能力。贺晓博（2009）和陈蓉等（2009）也研究了相似的问题。

以上各项研究得出了差距很大的结论，其原因在于所用数据、模型和研究方法不同。此外，以上文献较多地研究了境外 NDF 汇率对境内人民币汇率的影响，不过 2010 年之前严格的跨境资金管制使得汇率之间影响有限。本节专注于两个即期汇率的影响，主要原因是人民币即期市场比衍生品市场大，价格影响关系首先会在即期市场之间产生。

基于目前已有的研究文献，本节作出以下三方面的创新：其一，是应用多种频率的汇率数据进行研究，包括 10 分钟、半小时和日数据①，以确定研究结果是否随着数据频率的不同而有所区别；其二，本节扩展了 Granger 因果检验，相比原来的检验方法，扩展检验考虑了协整项系数也等于零的原假设，这种调整对于两个拥有协整关系的变量是必要的；其三，本节同时运用价格发现贡献度和扩展 Granger 因果检验研究境内

---

① 作者也对 1 分钟数据进行了研究，只不过结论与 10 分钟数据相似，因此没有详细列出这些数据的估计结果。

人民币国际化与外汇期货市场建设研究

外汇率的价格发现能力，或者说相互影响关系，以区别这两种方法的优劣，提高研究结果的稳健性。

本节介绍境内人民币即期汇率和境外人民币即期汇率，说明所用的价格发现贡献度和扩展 Granger 因果检验方法；描述数据和分析模型的估计结果，分析主要观点，探究其原因，并进行总结。

二、价格发现贡献度

设 h 为 CNH 汇率的自然对数值，而 c 为 CNY 汇率的自然对数值。则根据 Engle 和 Granger（1987），本文的误差修正模型如下：

$$\Delta h_t = \alpha_h + \beta_h (h_{t-1} - c_{t-1}) + \sum_{i=1}^{I} \varphi_{hi} \Delta h_{t-i} + \sum_{j=1}^{J} \theta_{hj} \Delta c_{t-j} + \varepsilon_{h,t} \quad (4.1)$$

$$\Delta c_t = \alpha_c + \beta_c (h_{t-1} - c_{t-1}) + \sum_{i=1}^{I} \varphi_{ci} \Delta h_{t-i} + \sum_{j=1}^{J} \theta_{cj} \Delta c_{t-j} + \varepsilon_{c,t} \quad (4.2)$$

其中，误差修正项 $(h_{t-1} - c_{t-1})$ 的系数设置成（1，−1），而不采用参数估计的方法确定这个系数，其原因为 CNH 汇率和 CNY 汇率都是人民币汇率，只不过由于境内和境外的人民币还不能完全自由流动，因此两个汇率还有些差别。但这些差别不足以使两个汇率永久偏离。此外，即使对其进行参数估计，结果也显示不能拒绝（1，−1）。因此，这个设置既符合经济学的一价理论，又简化了模型的估计过程。而滞后项数 I 和 J 可以由 AIC 和 BIC 等信息准则决定。

Hasbrouck（1995）是最常用的价格贡献度。这个度量建立在误差修正模型的残差方差分解之上。在此基础之上，Eun 和 Sabherwal（2003）提出一个更直观更简洁的价格发现贡献度。按照他们的定义，境外 CNH 汇率 h_t 和境内 CNY 汇率 c_t 的价格发现贡献度 IS[①] 分别为

$$IS_h = \frac{|\beta_c|}{|\beta_h| + |\beta_c|}, \quad IS_c = \frac{|\beta_h|}{|\beta_h| + |\beta_c|} \quad (4.3)$$

Granger 因果检验也常常用于说明两个时间序列数据的相互影响关系。参照 Hansen 和 Seo（2002），误差修正模型中的扩展 Granger 因果检验 F_h 的原假设［对式（4.1）］如下。

---

① IS 指 Hasbrouck（1995）提出的信息共享（Information Share）。

$$\beta_h = \{\theta_{hj}\}_{j=1}^J = 0$$

如果拒绝该原假设，则 CNY 汇率是 CNH 汇率变动的 Granger 原因。该原假设与普通 Granger 因果检验的区别就是误差修正项的系数也等于零。至于原因，该误差修正项也包含 CNY 汇率的滞后项，故而应该纳入因果检验中。

三、数据和估计结果

本书资料来源于 Bloomberg，包括 2011 年 4 月 28 日到 11 月 2 日之间的 CNH 即期汇率和 CNY 即期汇率，数据频率为 10 分钟、半小时和日数据，所有数据都是实际成交价格。人民币中间价每天公布一次，只有日数据。高频数据都从北京时间每天早上 9:30 到下午 4:30。由于两个市场流动性的差别，并不一定在每个时刻都存在两个实际成交的汇率。我们经过数据处理，只保留那些同一时刻境内和境外人民币即期汇率都存在的数据。此外，在每个模型的具体计算中，本书使用每个时刻的收盘价作为主要数据①。

就 CNH 和 CNY 汇率的相互关系而言，我们可以将 2011 年 4 月至 11 月分成四个时期。第一个时期是 4 月至 5 月中旬，CNH 汇率相对于 CNY 汇率升值。第二个时期是 5 月中旬到 8 月初，两个汇率差别较小，没有明显的升值或贬值迹象。第三个时期是 8 月初到 9 月初，CNH 汇率又显示较强的升值趋势。第四个时期是 9 月中旬之后，CNH 汇率突然转变为相对于 CNY 汇率贬值。

（一）不同频率的数据对价格贡献度的影响

本书先对不同频率的汇率数据建立误差修正模型，并估计参数，以确定不同频率的数据是否会影响模型价格贡献度的估计结果。Johansen 协整检验显示 CNH 汇率和 CNY 汇率在 10 分钟、30 分钟和日数据中都存在协整关系，检验结果如表 4 - 6 所示。

---

① Bloomberg 的日内数据库提供每个时刻的开始价、最高价、最低价和收尾价。

表 4 – 6   CNH 和 CNY 汇率的 Johansen 协整检验结果

	10 分钟数据	30 分钟数据	日数据	99% 临界值
	秩统计量（Trace Statistic）			
$r \leqslant 0$	3 114. 832	1 281. 099	190. 644	23. 148
$r \leqslant 1$	1 465. 659	628. 217	79. 277	6. 635
	单根统计量（Eigen Statistic）			
$r \leqslant 0$	1 649. 173	652. 883	111. 367	21. 747
$r \leqslant 1$	1 465. 659	628. 217	79. 277	6. 635

然后，我们用三种不同频率的数据构建了三个 CNH 汇率和 CNY 汇率的误差修正模型。各模型的参数估计结果如表 4 – 7 所示。

三个模型都显示了相似的结果，即 CNY 的价格发现贡献度约为 90%，拥有主导的价格发现贡献度。这个结果也表明不同频率的数据对于模型的价格发现贡献度没有影响，或者说价格发现贡献度具有一定的稳健性。

扩展 Granger 因果检验却在不同模型中拥有不同的结果，显示数据频率的选择对 Granger 因果检验结果产生影响，即 Granger 检验结果没有很好的稳健性，应用其检验结果时必须非常小心。在对 CNH 和 CNY 汇率的相互影响中，10 分钟和半小时数据显示两个汇率之间互为 Granger 因果，但是日数据却拒绝了这种因果关系。应用日数据的模型 3 中，只有 β_h 和常数项具有统计显著性。β_h 显著小于零，说明 CNH 汇率会根据 CNY 汇率上一日的走势调整，而我们不能拒绝 β_c 等于零，即 CNH 汇率基本遵循一个随机游走过程，不受 CNH 汇率影响。常数项显著小于零，说明两个汇率都有显著的升值趋势，并且每天升值的幅度接近。

模型 1 和模型 2 中，CNH 和 CNY 汇率的双向 Granger 因果检验都不能拒绝，即 10 分钟和半小时的数据层面上，两个汇率之间还是存在相互影响的。在对内地银行和香港地区银行的调研中，我们也得到类似的结果，即内地银行在银行间外汇市场报价时会参考香港地区银行的报价，而香港地区银行的报价中，人民币中间价的影响很大。

表 4 - 7　　　　　　　不同频率的数据所组成的模型得到相似的结果

参数	模型 1 10 分钟数据	模型 2 半小时数据	模型 3 日数据
α_h	0.00 (0.00)	0.000011 (0.56)	- 0.0002 * (- 1.73)
β_h	- 0.0054 *** (- 3.59)	- 0.0115 *** (- 3.09)	- 0.047 ** (- 2.33)
φ_{h1}	0.016 (1.04)	0.0058 (0.23)	- 0.0085 (- 0.124)
θ_{h1}	0.013 (0.45)	0.092 ** (1.97)	0.0165 (0.131)
φ_{h2}	0.0117 (0.76)	- 0.098 *** (- 3.98)	0.0395 (0.576)
θ_{h2}	0.038 (1.31)	0.129 *** (2.78)	0.089 (0.710)
DW 检验	1.998	2.01	2.01
F_h 因果检验	4.67 ***	9.09 ***	1.91
$R_h{}^2$	0.38%	1.92%	2.33%
修正 $R_h{}^2$	0.27%	1.66%	0.71%
α_c	0.00 (0.00)	- 0.000012 (- 1.15)	- 0.0002 *** (- 3.31)
β_c	- 0.0006 (- 0.81)	- 0.0011 (- 0.55)	- 0.0044 (0.39)
φ_{c1}	0.037 *** (4.69)	- 0.035 *** (- 2.65)	0.005 (0.133)
θ_{c1}	- 0.046 *** (- 3.04)	- 0.139 *** (- 5.62)	- 0.113 * (- 1.65)
φ_{c2}	0.002 (0.31)	- 0.032 *** (- 2.47)	0.025 (0.667)
θ_{c2}	- 0.08 *** (- 5.24)	- 0.036 (- 1.47)	0.024 (0.341)
DW 检验	2.01	2.00	2.01
F_c 因果检验	11.82 ***	10.69 ***	1.03
$R_c{}^2$	1.13%	3.30%	1.69%
修正 $R_c{}^2$	1.02%	3.04%	0.06%
数据量	4 626	1 845	308
CNY 价格发现贡献度	90.00%	91.27%	91.43%

（二）CNH 汇率在不同月份的价格发现贡献度

CNH 和 CNY 汇率的关系随着时间会发生改变。为了把握 CNY 价格发现贡献度随着时间的动态变化过程，我们对每个月的 10 分钟数据进行 Johansen 检验和误差修正模型的估计，结果都通过了 Johansen 检验，并且模型的估计结果如下：

表4-8   不同月份的价格发现贡献度

2011 年	β_h	β_c	F_h检验	F_c检验	CNY 价格发现贡献度
4 月	-0.078 ** (-1.98)	0.0245 (0.508)	3.07 **	2.49 *	76.10%
5 月	-0.0124 ** (-2.42)	-0.002 (0.49)	6.03 ***	0.92	86.11%
6 月	-0.051 *** (-3.90)	-0.002 (0.15)	16.12 ***	0.60	96.23%
7 月	-0.027 ** (-2.25)	0.0027 (0.25)	16.39 ***	1.64	90.00%
8 月	-0.027 *** (-2.92)	-0.0077 (-1.10)	30.28 ***	12.67 ***	77.81%
9 月	-0.0048 (-1.36)	-0.0010 (-0.76)	5.39 ***	1.45	82.76%
10 月	-0.048 *** (-4.03)	0.00038 (0.072)	6.62 ***	4.54 ***	99.21%

对不同月份的估计结果显示，CNY 价格发现贡献度比较稳定，都在 75% 以上。结合表4-6 的估计结果，我们可以认为，CNY 即期汇率在境内外人民币外汇市场中拥有主导的价格发现能力。

而扩展 Granger 因果检验也显示相似的结果，即 CNY 汇率是引起 CNH 汇率变动的 Granger 原因，但只有在几个月份，CNH 汇率才是 CNY 汇率的 Granger 原因。这个结果也支撑 CNY 汇率拥有主导的价格发现能力。

但是，表4-7 也显示两个反常现象，其一是 2011 年 4 月和 8 月的 CNY 价格发现贡献度较弱，约为 75%。这两个月份 CNH 和 CNY 之间的偏差持续扩大，而持续扩大的汇率偏差使协整关系不明显，从而减弱了模型所计算得出的 CNY 价格发现贡献度。只要拉长数据长度，包含汇率偏差逐步缩小的阶段，价格发现贡献度会重新稳定在 90% 左右。

其二，10 月 CNY 价格发现贡献度为 99%，这一点也具有一定的迷惑性。按照常识判断，这么高的价格发现贡献度也不大可能，因为这意味着 CNH 汇率没有提供一点额外信息。实际上，离岸市场的信息含量肯定不会太小以至于可以忽略不计，至少离岸市场 24 小时连续交易就比中国外汇交易中心的交易时间限制更符合国际惯例。反过来说，如果这么高的价格发现贡献度成立，那么 F_c 检验拥有 1% 的统计显著性就与其矛盾了。

实际上，10 月 CNY 汇率这么高的贡献度是由数据本身的特点引起的。CNY 汇率在 10 月份多次跌停或处于跌停边缘。所谓的跌停，即 CNY 汇率触及每日中间价上下各 0.5% 的波动幅度限制。处于跌停状态时，CNY 汇率基本不怎么波动。不管 CNH 汇率怎么变化，CNY 都很少反应。这样，按照价格发现贡献度的定义，CNY 的价格发现能力就被高估了。高估的根源在于 CNY 汇率的正常波动在 10 月份受到限制，实际上是一个受限变量，因此用常规的价格发现贡献度自然会出现差错。

（三）10 月的 CNH 和 CNY 汇率走势

10 月 CNY 汇率受到波动幅度的限制，因此这个时期的 CNY 价格发现贡献度高估，我们难以定量研究，但仍有必要对这个时期的汇率走势进行定性分析。如图 4 - 14 所示，9 月 22 日，离岸市场的 CNH 汇率就出现急速贬值。

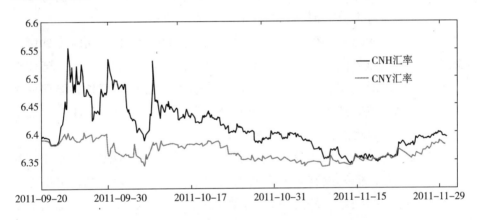

图 4 - 14 2011 年末的 CNH 和 CNY 汇率变动

至于贬值的原因，据境外银行和基金公司的相关调研和报告，欧债危机的加剧导致国际信用风险产品的投资收紧，跨国基金纷纷从新兴市场和信用评价不高的市场撤资，新兴市场的货币出现快速贬值。这些新兴市场的货币也包括离岸市场的人民币 CNH 汇率。CNY 汇率虽然没有被直接影响，但人民币跨境贸易结算所引发的人民币跨境资金流动使境内人民币外汇市场也受到冲击，具体表现为 11 月和 12 月境内人民币汇率的频频跌停。人民币出口结算比率的增加，进口结算比例的减少，以及香港人民币存款数量的相应变化都可以说明这种变化①。

10 月人民币汇率即期汇率多次触及跌停线，而使其波动率大幅度降低。与此同时，CNH 汇率似乎不再受到 CNY 汇率的牵引，不断走出独特的走势，特别是 10 月中旬之前，受到欧债危机的影响，CNH 汇率贬值迅速，波动幅度也升高很快。但是，中长期而言，CNH 汇率仍然受到 CNY 的牵引而缓慢向 CNY 靠拢。特别是 10 月中旬之后，两个汇率的收敛趋势非常明显。收敛过程中，CNH 汇率的调整幅度更大，而境内 CNY 汇率受到中间价的影响，调整幅度有限。不过境内外人民币汇率差距扩大，吸引了套利和投机资金进入，导致中国外汇储备在 10 月大量减少，外汇占款也罕见的减少。

11 月初，CNY 汇率的中间价开始调整，引导 CNY 汇率迅速向 CNH 汇率收敛。当两个汇率于 11 月中旬收敛时，CNH 汇率又开始脱离 CNY 汇率，走出独特走势，似乎逐步在取得更大的价格发现能力。

CNH 和 CNY 的上述走势说明，首先，境外 CNH 汇率同时受到国际金融风险和境内人民币汇率的影响。其中前者的影响较快，并引起 CNH 汇率波动率增加；而后者的影响则较慢，但影响的时间更长，能促使两个汇率逐步收敛。其次，这段时间 CNY 汇率也明显受到 CNH 汇率贬值的影响，具体表现形式是经常跌停。

作为对比，2008 年次贷危机肆虐时，境外人民币 NDF 汇率也出现显著的贬值趋势，但并没有对境内的人民币汇率造成很大影响，更没有引起境内汇率频频跌停。而这一次，同样是境外汇率贬值，为何境内的反应却这么大？原因在于人民币国际化。2009 年 7 月，人民币跨境贸易结算标志着人民币国际化战略全面启动，此后 2010 年 7 月香港离岸市场的人民币实现自由交易。离岸人民币市场的发展和人民币跨境资金的流动，使境内和境外之间可以互相传递汇率升值或贬值的压力。2011 年 9 月，欧债危机的风险加剧时，境外人民币出现贬值，汇差拉大，企业就选择在香港结汇，然后再通过人民币跨境贸易将资金转入境内，这

---

① 更详细的资料可以参考张斌：《谁动了外汇市场》，"中国金融 40 人论坛"，2011。

种方式比直接用美元结算，再在境内结汇可节省 1% ~ 3% 的费用。正是企业套取汇差的行为，使境内人民币外汇市场的供需失衡，压低了人民币汇率，而央行为了维护汇率的稳定，投放大量的美元，使其美元储备减少很快。

四、为什么 CNY 汇率会有主导的价格发现能力

根据徐剑刚等（2007），境内人民币汇率甚至受到境外 NDF 汇率的影响，本书却得出了不同的结论，那么又如何解释呢？

根据央行的汇率政策，境内 CNY 即期汇率受到人民币中间价和每日 0.5% 波动幅度的限制。为此，我们对人民币中间价和 CNH 日数据做相似的协整模型，估计结果如下：

表 4 - 9　　　　　CNY 中间价和 CNH 汇率的误差修正模型

模型 4：CNY 中间价和 CNH 日数据			
α_h	-0.0003 * (-1.96)	α_c	-0.00023 *** (-3.66)
β_h	-0.0563 ** (-2.52)	β_c	-0.00525 (-0.593)
φ_{h1}	-0.104 (-1.59)	φ_{c1}	0.052 ** (2.03)
θ_{h1}	0.232 (1.42)	θ_{c1}	0.095 (1.46)
φ_{h2}	0.034 (0.531)	φ_{c2}	-0.028 (-1.09)
θ_{h2}	-0.215 (-1.342)	θ_{c2}	0.0029 (0.045)
DW 检验	1.97	DW 检验	2.01
F_h 因果检验	3.82 **	F_c 因果检验	0.937
R_h^2	4.69%	R_c^2	4.05%
修正 R_h^2	2.98%	修正 R_c^2	2.33%

模型 4 的估计结果显示，人民币中间价相对于 CNH 汇率也拥有主导的价格发现能力，价格发现贡献度达 91.47%，约等于模型 3 中 CNY 的价格发现贡献度。而扩展 Granger 因果检验显示人民币中间价是引起 CNH 汇率变动的原因，而模型 3 中，CNY 即期汇率却不是引起 CNH 汇率变动的 Granger 原因。由此，我们认为，人民币中间价才是 CNY 汇率拥有绝对主导的价格发现能力的原因。

　　除了上述定量估计结果支撑这个结论之外，人民币中间价的政策特性也是一个重要因素。一般认为，人民币中间价的确定过程并非完全市场化的。具体表现在以下几个方面：（1）人民币中间价在开盘前就公布，而不是盘中交易最活跃时公布①，中间价的公布是为了引导一天的汇率走势，而不是反映市场状况；（2）人民币中间价经常与即期汇率的走势不一致，就像 10 月汇率出现频频跌停，但是中间价却依然小幅升高，显示其与市场相背离的特性。

　　正由于人民币中间价的政策特性，境外 CNH 即期汇率难以影响中间价。而这一点也可以说明，人民币中间价是 CNY 即期汇率相对于 CNH 即期汇率拥有主导的价格发现能力的原因。

　　人民币汇率的价格发现能力主要来自于人民币中间价。这个论点也得到众多离岸市场的外汇交易员的认可。调研中，这些交易员都声称他们会在开盘前预测当天的中间价，并根据这个预测采取相应的交易策略。如果当天公布的中间价与预期相差甚远，则离岸人民币外汇市场会出现较大波动，因为市场不知道什么因素导致中间价的偏离。这些市场交易员的意见也支撑了本书的论点。

五、总结

　　本书运用误差修正模型和扩展 Granger 检验方法研究了境外 CNH 人民币汇率和境内 CNY 人民币汇率之间的价格发现能力。作为研究结果，人民币即期汇率定价权掌握在境内市场手中。相对于离岸 CNH 即期汇率，境内 CNY 即期汇率的价格发现贡献度达到 90%，并且该结果具有很好的稳健性，不会因为所采用的数据频率不同而导致结果的偏差。

　　并且，我们发现人民币中间价相对于境外 CNH 人民币汇率也拥有 90% 的价格发现贡献度。由于人民币中间价的政策特性，我们认为人民币中间价在境内外人民币汇率中发挥了价格发现的功能，即目前的人民币中间价影响着离岸和在岸人民币即期汇率。

---

　　① 作为对比，香港财资公会的人民币定盘价就是在盘中交易最活跃时公布的。

4.3.2 人民币远期汇率定价权

人民币汇率定价权事关我国实体经济的持续发展和宏观金融的稳定运行。至于人民币即期汇率，到目前为止，央行的市场调节仍然非常有效，人民币中间价还发挥着人民币即期外汇市场基准汇率的作用。而我国外汇管制的相对有效性使人民币即期汇率定价权和远期汇率定价权可以分离，分属不同的市场。然而，人民币远期汇率定价权却较少讨论。

人民币远期汇率定价是否仍然掌握在境内市场呢？有迹象显示，境外人民币 NDF 汇率引导着境内的人民币远期汇率。本书发现人民币远期汇率定价权取决于境外人民币 NDF 市场，即人民币远期汇率定价权已经旁落，然后本书将探讨人民币远期汇率定价权旁落的原因和风险，继而提出政策建议。

一、人民币远期汇率定价权已经旁落

境内和境外存在多个人民币外汇远期汇率，其中境内的银行间人民币远期汇率和境外无本金交割远期（NDF）汇率分别在境内外市场占主导地位，这也是本书研究的主要对象。境内市场中，银行柜台的远期结售汇汇率从属于中国外汇交易中心的银行间外汇远期汇率。境内远期结售汇市场的远期汇率直接来源于银行间市场的报价，一般在这个报价基础之上加点形成银行对客户的报价。而境外市场包括无本金交割远期市场（NDF）和 2010 年 7 月之后在香港发展起来的人民币可交割远期市场（DF）。而离岸人民币可交割远期市场的规模还比不上 NDF 市场①。

本书应用 ECM – MGARCH 模型研究了境内银行间市场的人民币远期汇率和 NDF 远期汇率之间的价格发现能力，以此确定人民币远期汇率定价权。

作为研究结果，人民币远期汇率定价权掌握在境外 NDF 市场。特别是两次汇改阶段，境内的人民币远期汇率显著受到境外 NDF 汇率的影响。而 2008 年 9 月至 2010 年 6 月汇改停止阶段，由于央行保持了美元/

---

① 据汇丰银行和中银香港的数据，2011 年底离岸人民币可交割远期市场的每天交易额约 10 亿美元，但该市场发展很快，2012 年 4 月交易额为 30 亿至 40 亿美元，接近 NDF 市场的规模。

资料来源：彭博。

图4-15　境外 NDF 和境内银行间远期汇率走势

人民币汇率的稳定，境内远期汇率没有受到境外 NDF 汇率的引导，不过由于这段时间的特殊性，无法推翻本书关于人民币远期汇率定价权旁落的结论。

人民币远期汇率定价权旁落的具体形式表现如下：

（一）境内人民币远期汇率倾向于跟着 NDF 汇率而变动。一般研究中，协整关系用以表述两个具有共同走势的变量。境内和境外的远期汇率显然具有协整关系，它们之间的差距一般都很小，而一旦两个汇率之差超过一定幅度，套利的力量也很快就能减小差值。一般而言，那个更倾向于对差值作出调整的汇率没有显著的价格发现能力，因为它倾向于随着另一个汇率的增加而增加，减少而减少。一旦它与另一个汇率的差距增加，它会快速跟随，以便能保持协整关系。这样，另一个汇率就是引导者，主导着汇率的定价权。

模型研究显示，境外 NDF 汇率就是那个主导者。NDF 汇率对境内外汇率差值的反应不敏感，而境内的远期汇率却很敏感。境内的人民币远期汇率不断地对境外人民币 NDF 汇率的变动趋势作出调整。因此，境内市场没有掌握人民币远期汇率的定价权。

（二）NDF 汇率可以预测境内的远期汇率，而反之则不可。预测一般指用一个汇率的历史数据能否推测另一个汇率的现在或未来数据。时间序列分析可以证实这种预测性。我们发现，境外 NDF 汇率更像随机游走，难以用境内的远期汇率进行预测。而滞后的 NDF 汇率却可以预测境内的远期汇率。

（三）NDF 汇率显示显著的每天升值趋势，而境内远期汇率却没有。模型研究显示，NDF 汇率的常数项统计上显著区别于零，即 NDF 汇率具有显著的每天升值趋势。而境内人民币远期汇率的常数项却没有统计显著性。这说明人民币升值趋势来源于境外市场，境外市场主导着人民币升值的幅度和长期趋势。

二、人民币远期汇率定价权旁落的微观证据

除了模型研究结果，微观市场证据也支撑境外 NDF 市场拥有人民币远期汇率定价权的结论。这些微观结构证据包括市场规模或成交额、交易时间、市场参与者、价差和交易灵活性等等。

（一）境外人民币 NDF 市场成交更活跃，支持其拥有更好的价格发现能力

一般而言，市场的交易越活跃，交易额越大，这个市场就拥有更大的价格发现能力。相对于境内的人民币外汇市场，境外 NDF 市场交易更活跃，市场规模也更大，因此支持其价格发现能力更强的判断。

境外 NDF 市场历史长久，并且成交活跃，每天交易额达到约 40 亿美元。20 世纪 90 年代中期，人民币 NDF 合约开始在香港和新加坡的一些国际性银行中产生，并为跨国公司在中国的直接投资项目提供汇率风险的对冲工具。现在，境外的 NDF 交易已经非常活跃。据国际清算银行 2010 年的调查数据，境外人民币 NDF 市场的每天成交额甚至达到 100 亿美元左右。不过，一些主要参与银行如汇丰和中银香港都估计这个市场规模大约是每天 40 亿美元。

相反，境内银行间人民币外汇远期市场每天交易约 8 亿美元，而 2011 年之前成交更少。境内的外汇市场受到外汇管理政策的显著影响。2010 年 11 月之前，外汇综合头寸管理政策采用权责发生制计算外汇头

寸，使银行倾向于使用掉期加即期对银行柜台市场积累的远期结售汇头寸进行平盘，以至于银行间远期市场非常小。2009 年之前平均每天成交额不到 1 亿美元，约 12 笔。2010 年 11 月之后，外汇综合管理政策改为收付实现制计算头寸余额，远期交易不再立即计入外汇综合头寸，使得远期交易额成倍增长。2011 年，银行间外汇远期市场达到每天约 8 亿美元的规模，但市场活跃度和规模仍然远远小于境外 NDF 市场。境内人民币外汇掉期的规模更大，不过远期和掉期之间存在各种政策区别，也阻碍了掉期市场的汇率传导到远期。

境内的银行柜台远期结售汇业务分散于各个银行，无法形成集中的价格，更别谈价格发现能力，远期结售汇的报价也会参考银行间市场的远期汇率。根据《中国货币政策执行报告》和《中国跨境资金流动监测报告》，2011 年远期结售汇规模约 3 871 亿美元，远大于当年 2 146 亿美元的银行间远期市场规模，相当于每天 15.5 亿美元。但是远期结售汇业务分散在各个城市和银行，合约期限和条款也没有标准化，难以形成统一的价格，并且其交易规模也远小于境外 NDF 市场。

（二）境外人民币 NDF 市场交易时间更长，市场参与更广

境外 NDF 市场的交易时间更长，更自由。境外市场没有外汇政策管制，交易时间从周一日本时间的早上到周五美洲时间的晚上，每个工作日 24 小时不间断交易，甚至没有节假日。境内的银行间外汇市场每天交易时间从早上 9:30 到下午 16:30，每逢公共节假日，外汇市场也停止交易。其中，每年春节和国庆假期都会因为境内外人民币外汇市场的不协调而发生大幅波动。

境外 NDF 市场的参与者更广。境外市场基本不限制市场参与主体，与国际外汇市场一样，各类基金和银行是境外 NDF 市场的主角，并且柜台市场和银行间市场的信息也高度融合在一起。而境内银行间市场仅限于银行和几个财务公司，市场参与主体有限。银行柜台市场和银行间市场的融合度不高，银行会根据企业情况和订单大小设定标准不一的报价，这些都阻碍了境内人民币远期市场价格发现功能的发挥。

（三）境外人民币 NDF 市场的价差更小

境外人民币 NDF 市场的买卖价差介于 40 点①到 60 点之间，而境内银行间市场的远期合约买卖价差约 40 点至 100 点之间，具体如图 4 – 16 所示。根据经验，一般而言，价差更小的市场具有更强的价格发现功能，这样价差的区别也支持人民币远期汇率定价权旁落的结论。

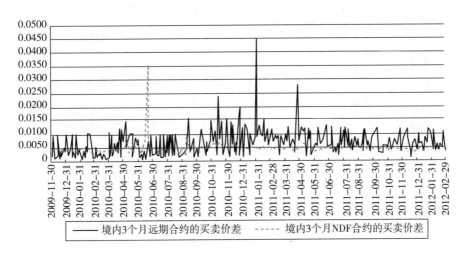

资料来源：路透。

图 4 – 16　境内 3 个月远期合约和境外 NDF 合约的买卖价差

（四）境外人民币 NDF 市场的交易方式更灵活

NDF 合约的交易机制非常灵活。企业或基金公司在境外银行签订 NDF 远期合约不需要任何审查，并且所需支付的保证金比例很小，甚至仅为 1%。而且，企业不一定等到合约到期日现金交割，到期日之前也可以自由地平仓，平仓的方法既可以将该合约以一个价格卖给银行，或与银行再签订一份金额相同而方向相反的合约。

境内人民币外汇远期市场却存在诸多交易限制。一是企业受到严格的实需原则限制。只有那些有实际汇率风险的企业或机构可以签订远期合约，并且一旦签订一般都等到到期日交割，否则只能违约。二是银行

---

① 外汇交易中，一般称 0.0001 为 1 个点。

受到外汇综合头寸管理制度的限制。由于头寸的限制，银行也形成按照实需原则交割的习惯，一般用于对冲银行在柜台市场所积累的远期合约净头寸。三是银行和企业都受制于交易机制限制。银行与银行之间的交易只能通过中国外汇交易中心进行，而不能自由地在银行之间完成交易。企业签订的远期合约不能转让，不能取消，也不能差额交割。提前或延后交割虽然可以，但企业一般要承受财务费用的损失。

（五）境内远期汇率和境外 NDF 汇率的高频数据显示境内远期汇率的高频走势混乱，说明其难以短期内找到有效的价格

如图 4-17 所示，2011 年 4 月末到 5 月初，境内远期汇率基本没有变动，保持一条水平直线。而 2011 年 10 月到 11 月之间，每隔 10 分钟的远期汇率变动幅度却非常大。这些特殊性形成的原因可能是流动性、市场结构因素或交易机制。不过，如此短时间内价格出现大幅度的上下变动，至少说明境内市场的价格发现机制不流畅，市场在短期内找不到一个明确的方向。

境内3个月远期汇率（10分钟）　　境内3个月NDF汇率（10分钟）

资料来源：彭博。

图 4-17　境内 3 个月远期和境外 NDF 汇率的 10 分钟走势对比

因此，境内外人民币外汇市场的微观结构差别，包括市场活跃度、交易时间、参与者种类、买卖价差、交易方式和高频数据也都支撑本书所得出的境外 NDF 市场拥有人民币远期汇率定价权的结论。

三、外汇管理政策的限制导致人民币远期汇率定价权旁落

外汇管理政策的限制是人民币远期汇率定价权丧失的主要原因。当前我国境内银行柜台外汇市场的人民币相关产品受到诸多交易限制，包括实需原则、不能灵活取消或平盘外汇远期产品等。这些交易限制，特别是实需原则，极大地限制了境内人民币外汇市场的价格发现功能。所谓实需原则，指企业在银行办理结售汇业务时都需要提供必要的进出口贸易或融资的文件证明。

（一）实需原则减缓了境内市场对信息的反应速度。微观层面上，实需原则束缚了企业的决策行为，使企业不能灵活应对可能的环境变化。实际调查中，诸多企业在签订直接投资意向书或不确定的贸易订单时，不敢使用外汇远期产品锁定汇率成本，而一旦投资项目落实或贸易订单确定后，往往已经丧失最佳的时机。宏观层面上，这种束缚就表现为境内的人民币远期汇率不能快速地对信息作出反应，从而降低了价格发现功能。

（二）外汇远期产品交易机制的不灵活也限制了外汇远期市场发挥价格发现功能。企业与银行签订人民币远期结售汇协议之后，无法单方面地平盘或提前交割，交割方式也只能采取实物交割。这些交易机制设计也如同实需原则一样限制了企业决策的灵活度。

（三）实需原则限制了银行柜台市场的规模，从而也限制了银行间外汇远期市场的长期发展，影响了价格发现功能。银行间市场一般都建立在银行柜台市场基础之上。客户所签订的外汇头寸集中到银行后，银行可以选择到银行间市场平盘，从而转移风险。而实需原则的限制使我国银行柜台市场的发展速度与进出口增长速度相似，慢于银行间市场的发展速度。目前银行间市场规模已经超过银行柜台市场，并且这几年银行间市场的增长速度已经极大地放缓。如果银行柜台市场得不到有效发展，银行间市场的规模和效率都将受到影响，从而使争夺远期汇率定价权的目标很难实现。

（四）银行的外汇综合头寸管理政策限制了自由地交易外汇，对冲汇率风险，进而限制了境内市场的价格发现能力。外汇综合头寸管理制

度限制银行所持有的外汇头寸，使利率平价短期内不成立，也限制了银行自由地交易外汇。当前的外汇综合头寸政策限制银行持有外汇头寸的上限和下限。上限随着市场的发展不断得到提高，而下限一直是零，即不允许银行持有外汇空头。这种头寸限制迫使银行从头寸管理的角度看待外汇交易，限制了外汇市场的交易活跃度。

银行间外汇远期市场不活跃直接导致境内市场缺乏价格发现能力。2010 年之前，银行间外汇远期市场甚至每天只成交十几笔。2010 年之后，成交稍微活跃，但仍然存在流动性不足和价差太大等问题，从而影响了银行间市场发挥价格发现功能。

四、人民币远期汇率定价权旁落的风险

境外人民币 NDF 汇率的升贬值幅度影响着境内企业的结售汇行为，同时银行柜台市场的不平衡又转移到银行间市场，并通过银行间市场得到放大，使得我国货币当局市场干预的难度加大，具体表现为外汇储备波动加大。虽然境内市场目前仍然掌握着人民币即期汇率，但维持汇率稳定的成本不断增加。另一方面，如果这种远期汇率受境外市场控制的局面得不到改善，货币当局也很难顺利推进汇率市场化。

（一）境外人民币 NDF 汇率影响境内企业的结售汇决策，加剧银行柜台层面的结售汇不平衡

我们通过对境内银行和企业的调查，发现境内银行和企业都在一定程度上参考境外 NDF 汇率，从而导致境内人民币外汇远期市场朝 NDF 汇率预期的方向发展。

企业的结售汇决策通常咨询银行，而银行对于升值预期的判断影响了企业的结售汇决策。升值预期强烈时，企业将推迟购汇决策，尽早结汇。而出现贬值预期时，企业将减少或推迟结汇，尽早售汇。

NDF 升值预期通过银行间接导致了银行柜台市场的结售汇不平衡。长期存在的升值预期使企业倾向于尽早结汇，推迟售汇，造成结售汇不平衡，以至于结售汇差额随着 NDF 汇率预期而变动，如图 4 - 18 所示。

NDF 升值预期也导致出口结汇率和进口售汇率的变动。境内银行柜台市场的出口结汇率（结汇金额/出口金额）长期维持在 70% ~ 80% 之

间，而进口售汇率（售汇金额/进口金额）在 40% ~ 60% 之间。而一旦
境外市场出现人民币贬值迹象，境内企业纷纷加快购买外汇，使结售汇
比例持平，从而给境内市场也增加了人民币贬值压力。如 2012 年初，受
到境外人民币贬值的影响，境内企业的结售汇比率一度接近，使银行间
市场出现人民币即期汇率连续 12 天触及中间价上下 0.5% 的波动幅度
限制。

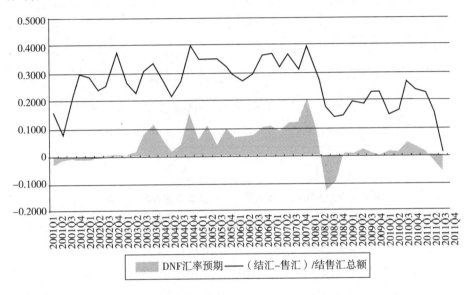

资料来源：彭博、万得资讯和路透。

图 4 - 18　NDF 汇率预期导致银行柜台市场的结售汇不平衡

（二）银行间市场将进一步放大银行柜台市场的不平衡，进而增加
中央银行市场干预的成本

NDF 汇率预期不仅导致结售汇不平衡，还与外汇储备的变动息息相
关。图 4 - 19 显示了境外 NDF 汇率的预期幅度、境内企业结售汇差额和
外汇储备增量的每月变化。境外 NDF 升贬值预期确实在一定程度上引起
了企业结售汇行为的变化，进而导致货币当局干预力度的增加。

至于因果关系，本书无法从数据上获得境外 NDF 升贬值预期和结售
汇差额的因果关系证据，不过我们认为这是数据频率过低所造成的。一

217

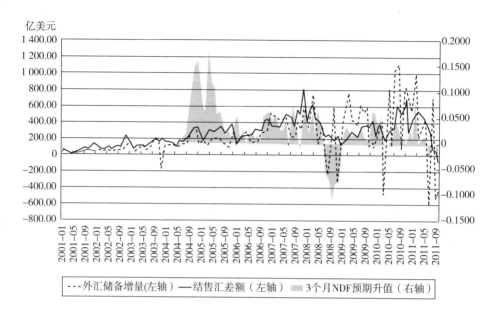

资料来源：万得资讯和彭博。

图4-19　人民币汇率预期、外汇储备增量和结售汇差额

般而言，企业在发现境外出现贬值迹象后，就会马上改变结售汇决策，而不会等到下个月再调整策略，因此应用月度数据，本书只能证实一个月度内的境外 NDF 升贬值幅度与结售汇差额存在显著相关关系。根据我们的实际调查，企业也确实在一个月内连续多次开会决定是否改变结售汇行为，而银行间远期市场或境外 NDF 市场的升值或贬值趋势会影响他们的决策，同时每个月都会评估既定的结售汇决策是否最佳。

银行间市场放大了银行柜台市场所呈现出来的结售汇不平衡，以至于外汇储备增量的波动幅度显著大于结售汇差额。银行从盈利的角度考虑，一般都会顺着市场趋势操作，而 2005 年汇改之后，银行间人民币外汇市场获得很快的发展，目前规模约5.5万亿美元，已经超过银行柜台市场代客结售汇约2.7万亿美元的规模，因此可以放大源于银行柜台市场的结售汇不平衡。并且，银行间市场规模是银行柜台市场约2倍，而外汇储备增量的波动率①约是结售汇差额的 2.2 倍，银行间市场的波动放大倍数也与两个市场的规模之比相似。

（三）远期汇率定价权旁落将使央行市场干预的成本越来越大，长期而言难以持续

外汇储备存量不断增加、波动不断加剧，显示央行市场调节的成本越来越大。央行在银行间外汇市场的调节可以从外汇储备存量和增量中反映出来。近年来，大家普遍关注外汇储备的存量急剧增加，使央行面临巨大的汇率风险。不过另一方面，外汇储备的波动越来越大，却被多数人忽视。如图 4-19 所示，2005 年汇改启动之后，外汇储备增量的波动率越来越大。用外汇储备增量的半年标准差作为波动指标，则当前外汇储备增量的波动率是 2001 年的近 20 倍。

五、政策建议

人民币远期汇率定价权有所失落，境外 NDF 远期汇率通过影响境内银行间人民币远期汇率而间接影响了企业的结售汇决策，造成银行柜台市场结汇持续大于售汇的局面。而境内银行间市场又进一步放大了这种不平衡，从而增加了中央银行市场干预的难度。长期而言，这将导致中央银行市场干预政策的不可持续，影响我国汇率市场化的稳步推进，增加我国所面临的金融系统性风险。

为了重新夺回人民币远期汇率定价权，防范系统性金融风险，本书的政策建议如下。

（一）我国应逐步放松实需原则和外汇综合头寸制度的限制，使市场逐步发挥价格发现功能

权衡实需原则的利弊，本书认为我国应逐步放松实需原则和外汇综合头寸制度的限制。市场发展初期，实需原则限制了外汇投机，维持了市场平稳发展，但随着市场日益成熟，实需原则限制了市场进一步的正常发展，增加了企业的运营成本，影响了市场运行的效率和质量，更重要的是阻碍了境内市场发挥价格发现功能，使境内市场失去了人民币远

---

① 以标准差作为波动率指标。

人民币国际化与外汇期货市场建设研究

期汇率定价权，从而增加了我国汇率市场化改革的难度。

我们必须拓宽外汇市场发展思路，外汇市场不仅服务于实体经济，还承担着宏观经济平稳运行的任务。一旦市场效率欠缺或规模太小，以至于境内市场不能有效掌握远期汇率定价权，将为我国经济增添额外的系统性金融风险，从而威胁实体经济和外汇市场的长期健康发展。

逐步放松实需原则限制可以采取如下措施：一是减少或免除小型企业的实需原则限制；二是设置一定的外汇交易限额，在这个限额内免除实需原则限制；三是允许企业在一定额度内可以选择净额结算，即允许一定程度的投机；四是设计更灵活的交易方式，允许企业在一定额度内可以提前交割；五是对不同的市场主体实行有区别的实需原则，如快速放开企业的实际需求原则，但仍相对保留对非银行金融机构的实需原则。

（二）积极研究人民币外汇期货，通过外汇期货市场掌握人民币远期汇率定价权

我国迟迟不推出外汇期货市场，可能的原因是货币当局担心升值预期将增加汇率政策执行的难度。可是，目前境外人民币 NDF 市场已经掌握了人民币远期汇率的定价权，境外市场形成的升值预期正引导着境内企业和银行的外汇交易行为，并且境外市场不在我国货币当局的控制之下，一旦发生极端风险，货币当局将难以迅速而有效地作出反应。

人民币外汇期货市场将发挥以下功能：一是人民币外汇期货市场有助于争夺人民币远期汇率定价权。境外 NDF 合约采取人民币中间价作为最终结算价格，外汇期货的合约设计可以与境外 NDF 合约相似，这样外汇期货市场和境外 NDF 市场之间更容易相互影响。只要境内人民币外汇期货市场的规模超过境外 NDF 市场，境内市场就可以较快地掌握人民币远期汇率定价权。二是人民币外汇期货市场有助于货币当局更有效地调控汇率。当前，境内人民币外汇市场受到境外 NDF 升值预期的显著影响。如果境内市场掌握定价权，我国货币当局可以通过外汇期货市场影响汇率的预期，从而更有效地控制人民币汇率升值的步伐。三是人民币外汇期货市场有利于我国汇率市场化的稳步推进，也有利于在人民币资本项目开放过程中控制风险。鉴于当前外汇市场的复杂状况，实现一个

新生的外汇期货市场的汇率市场化成本更小。同时货币当局可以通过交易机制设计和市场规则设计更有效地调控这个新生市场的汇率,并通过掌握远期汇率定价权稳步推进汇率市场化的进程。

权衡利弊,我国应该尽早建设境内人民币外汇期货市场。依靠尽快推进外汇市场的深化改革依然不能较快地解决远期汇率定价权旁落的风险。建立人民币外汇期货市场是我国较快地夺取人民币远期汇率定价权的可行方案。

(三)探索基于汇率预期的市场调节方法,以保持人民币中间价的汇率基准作用

调节汇率预期可以节约市场调节的成本,从而有利于中央银行长期保持有效的市场调节。预期将影响企业和个人的外汇交易决策,直接调节汇率预期则可以改变市场参与者的决策,从而使中央银行的调节节约成本,同时在一段时期内有效。与之相反,对即期外汇市场直接调节耗费更大的成本。而远期汇率定价权旁落将进一步增加即期市场调节的成本。

建立人民币外汇期货市场有利于我国探索基于市场预期的市场调节策略,从而降低央行市场调节的成本,在一个较长时期内保持人民币汇率的稳定,使人民币中间价发挥汇率基准价的作用。

本章参考文献

[1] 陈蓉、郑振龙、龚继海: 《中国应开放人民币 NDF 市场吗?——基于人民币和韩圆的对比研究》,载《国际金融研究》,2009(6)。

[2] 代幼渝、杨莹:《人民币境外 NDF 汇率、境内远期汇率与即期汇率的关系的实证研究》,载《国际金融研究》,2007(10)。

[3] 贺晓博:《境外人民币 NDF 和境内人民币掉期之间关系的实证研究》,载《国际金融研究》,2009(6)。

[4] 黄学军、吴冲锋:《离岸人民币非交割远期与境内即期汇率价格的互动:改革前后》,载《金融研究》,2006(11)。

[5] 徐剑刚、李治国、张晓蓉:《人民币 NDF 与即期汇率的动态关联性研究》,载《财经研究》,2007 (9)。

[6] 严敏、巴曙松:《境内外人民币远期市场间联动与定价权归属:实证检验与政策启示》,载《经济科学》,2010 (1),72～84 页。

[7] 张斌:《谁动了外汇市场》,"中国金融 40 人论坛",2011。

[8] 张光平:《人民币产品创新》,北京,中国金融出版社,2010。

[9] 韩立岩、王允贵主编:《人民币外汇衍生品市场:路径与策略》,北京,中国科学出版社,2009。

[10] 黄智:《我国推出人民币外汇期权产品的相关问题探讨》,载《上海金融》,2011 (3)。

[11] Cabrera, J., Wang, T. and Yang, J., 2009, Do Futures Lead Price Discovery in Electronic Foreign Exchange Markets? Journal of Futures Market, 29, 137 – 156.

[12] Choi, P. M. S. and Chen, H., 2010, Price Discovery and Threshold Cointegration: Theory and Empirics on Cross Border Stock Trading, Working Paper in European Financial Management Symposium 2011: Asian Financial Management, Beijing, China.

[13] De Jong, F., 2002, Measures of Contribution to Price Discovery: A Comparison, Journal of Financial Markets, 5, 323 – 327.

[14] Engle, R. F. and Granger, C. W. J., 1987, Co – integration and Error Correction: Representation, Estimation and Testing, Econometrica, 55, 251 – 276.

[15] Eun, C., Sabherwal, S., 2003. Cross – border Listings and Price Discovery: Evidence from U. S. – listed Canadian Stocks. The Journal of Finance 58, 549 – 574.

[16] Gonzalo, J. and Granger, C. W. J., 1995, Estimation of Common Long – memory Components in Cointegrated Systems, Journal of Business and Economic Statistics, 13, 27 – 36.

[17] Hasbrouck, J., 1995, One Security, Many Markets: Determining

the Contribution to Price Discovery, Journal of Finance, 50, 1175 – 1199.

[18] Hansen, B. E. and Seo, B. , 2002, Testing for Two – regime Threshold Cointegration in Vector Error – correction Models, Journal of Econometrics 110, 293 – 318.

[19] Lien, D. and Shrestha, K. , 2009, A New Information Share Measure, Journal of Futures Market, 29, 377 – 395.

[20] Poskitt, R. , 2010, Price Discovery in Electronic Foreign Exchange Markets: The Sterling/Dollar Market, Journal of Futures Markets, 30, 590 – 606.

[21] Rosenberg, J. V. and Traub, L. G. , 2008, Price Discovery in the Foreign Currency Futures and Spot Market, Federal Reserve Bank of New York Staff Reports, no. 262.

[22] Tse, Y. , Xiang, J. , and Fung, J. K. W. , 2006, Price Discovery in the Foreign Exchange Futures Markets, Journal of Futures Markets, 26, 1131 – 1143.

5 金砖国家汇率制度选择与外汇期货市场建设经验

5.1 金砖国家外汇管理体制变革研究

外汇管理体制一般包括汇率制度、外汇市场管制和跨境资本管制三部分内容。不过，跨境资本管制涉及资本项目开放等内容，经常被单独分析和研究，因此通常所说的外汇管理体制改革包括汇率制度改革和外汇市场发展。

巴西、俄罗斯、印度和南非的经济发展和金融改革与我国处于相似的阶段，比较和分析这些金砖国家①的外汇管理体制改革过程，可以为我国汇率制度和外汇市场的进一步改革提供思路和借鉴。本书先介绍金砖国家外汇管理体制改革的历程，重点在于理清改革前和改革后的体制区别，然后分析外汇管理体制改革的原因，最后梳理外汇市场的发展路径和特点。

5.1.1 金砖国家外汇管理体制改革的历程

一、金砖国家的汇率制度经历了从钉住汇率制度到管理浮动制度的转变

1972 年布雷顿森林体系崩溃之后，全球主要经济体纷纷朝着浮动汇率制度转变。其中，发达国家 1972 年之后就采用自由浮动汇率制度，而发展中国家刚开始采用钉住美元或马克等其他货币的汇率制度，而后转

---

① 本书所指的金砖国家指我国以外的巴西、俄罗斯、印度和南非。

变成管理浮动或自由浮动汇率制度。20 世纪 90 年代的一系列危机，如 1994 年墨西哥比索危机、1997 年东南亚金融危机和 1999 年巴西和俄罗斯危机，使钉住汇率制度的可持续性受到质疑。这种背景下金砖国家纷纷改革汇率制度，增加汇率形成机制的市场化特性，实行管理浮动汇率制度。

总体而言，金砖国家的汇率制度经历了以下两个阶段。

第一阶段：钉住美元或英镑的汇率制度①。

巴西在 1999 年之前采用钉住美元的汇率制度。其中，1994 年巴西雷亚尔计划推出，新的货币雷亚尔实行爬行区间（Crawling Band），再后变成爬行钉住汇率制度（Crawling Peg）。直到 1999 年巴西发生货币危机，巴西中央银行才被迫放弃爬行钉住汇率制度，并开始实行管理浮动的汇率制度。图 5－1 显示了美元对巴西雷亚尔、俄罗斯卢布和印度卢比汇率在外汇管理体制改革前后的走势。

俄罗斯的情况与巴西非常相似，1999 年之前也长期实行钉住和爬行区间汇率制度。在 1992 年至 1995 年之间俄罗斯甚至实行过浮动汇率制度。

印度很长时期内也一直采用钉住英镑或美元的汇率制度。其间，1975 年 9 月印度曾宣称钉住一篮子货币，但实际上它们的汇率制度仍然钉住英镑。1979 年 8 月之后，实际汇率制度变成钉住美元。1991 年印度发生货币危机，此后印度政府积极采取经济自由化改革和外汇市场改革，并于 1993 年宣布管理浮动汇率制度。不过图 5－1 显示，1995 年之后印度卢比汇率的波动才明显增强，这也是印度实际实行管理浮动汇率制度的时间。

南非也经历了从钉住汇率制度到管理浮动制度的转变，只是早在

---

① 国际货币基金组织（IMF）定义了多种钉住汇率制度，如传统钉住（Conventional Peg）、爬行钉住（Crawling Peg）、类似爬行钉住（Crawling－like Arrangement）、钉住汇率区间制度（Pegged Exchange Rate with Horizontal Band）。钉住汇率制度下，央行都维持美元（或其他主要货币）对本币的汇率相对平稳。而不同钉住汇率制度的区别在于汇率平稳性的定义不同，如爬行钉住指央行一段时间调整一次汇率，使得汇率走势看起来就像在缓慢爬行一样。而钉住汇率区间制度指央行将美元对本币的汇率水平维持在一定的区间内。

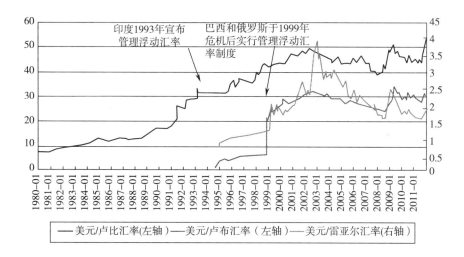

资料来源：Economics Intelligence Unit。

图5-1　金砖国家的汇率制度从钉住制转向管理浮动

1983年就放弃了钉住汇率制度。究其原因，南非在很长一段时间内由西欧白人统治，因此南非的外汇管理体制带有很强的发达市场特征。1972年布雷顿森林体系崩溃之后，南非建立了只向外国人开放的兰特金融市场，并由市场自发引入浮动汇率制度，而南非官方的汇率制度仍是钉住美元，并且只针对国内企业和机构。由于兰特金融市场和国内金融市场实行资本流动管制，有效地实现了市场分割，南非的浮动汇率制度和官方钉住美元汇率制度能够共同存在。1983年2月，南非取消了两个市场之间的资本管制，统一了兰特汇率。但是1985年的债务危机，促使南非重新引入隔离的兰特金融市场和双轨汇率制度，只不过这次两个汇率制度都自由浮动。这种双轨汇率制直到1994年南非民主政府成立之后才再次取消，并实行统一的浮动汇率制度。

这个阶段金砖国家的汇率体制有如下特点：一是各国都实行过多种钉住汇率制度，如钉住、爬行钉住和汇率区间制度；二是金融危机促成汇率制度改革，巴西1999年、俄罗斯1999年、印度1991年和南非1985年的金融危机直接导致了金砖国家汇率制度的改革。

第二阶段：管理浮动汇率制度。

巴西 1999 年实行管理浮动汇率制度，放弃了以汇率为锚的货币政策，而采取调控短期利率以将通货膨胀控制在一定区间之内的货币政策，即通货膨胀目标制（Inflation Targeting）。图 5 – 2 显示了金砖国家汇率制度的演变路径，其中纵坐标为汇率制度，而横坐标为货币政策，包含汇率为锚①、通货膨胀制和其他货币政策。图中时间是各个国家采用该汇率制度的时间点。

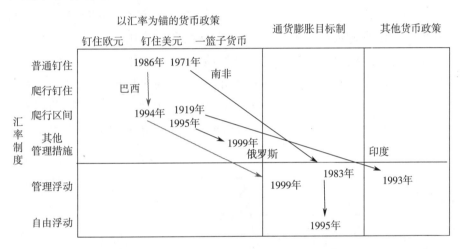

图 5 – 2　金砖国家汇率制度的演变路径②

俄罗斯于 1999 年实行管理浮动汇率制度，不过 IMF 把俄罗斯的实际汇率制度列入钉住一篮子货币。印度也于 1995 年实现了管理浮动汇率制度，但其货币政策没有明确采用通货膨胀目标制。南非 1983 年就实现了管理浮动汇率制度，然后 1995 年实行自由浮动汇率制度，并明确采取通货膨胀目标制的货币政策。金砖国家的管理浮动汇率制度确立之前，都

①　以汇率为锚的情况下，辅以资本管制也可以实行独立的货币政策，如我国。只不过在 IMF 分类中，把这类以汇率为锚的制度归为一类，而不再区分具体的货币政策。此外，除了通货膨胀目标制和其他货币政策之外，IMF 的分类中还包括控制货币量的货币政策，只不过没有金砖国家属于这个类型，因此本书没有列出。

②　参考 Reinhart, C. M. and Rogoff, K. S., 2002, The Modern History of Exchange Rate Arrangements: A Reinter – pretation, NBER Working Paper No. 8963; IMF, 2010, Annual Report on Exchange Arrangements and Exchange Restrictions. 图中还加入作者自己的判断。

经历过一段双轨汇率制度时期。其中，巴西在很长一段时间之内存在旅游美元市场，1999 年这个市场才与官方外汇市场统一；俄罗斯的汇率制度在 1992 年之前更混乱，存在不少于三种汇率；印度于 1992 年 3 月至 1993 年 3 月之间实行双轨制汇率，除了市场汇率，政府还为紧急的进口物资提供优惠的官方汇率；而南非的双轨汇率制度存在时间长达 30 年。

金砖国家的管理浮动汇率制度有以下两个特点：

一是汇率市场化特性不断增强，央行的外汇市场干预逐步减弱。随着管理浮动汇率制度的实行，巴西、俄罗斯和印度的汇率波动率大幅上升。图 5 - 3 显示，1999 年巴西实行管理浮动汇率制度之后，美元/雷亚尔汇率的波动率①显著提高，标志着汇率的市场化特性显著增强。在此过程中，央行干预市场的规模却相对缩小，如印度央行市场干预规模与外汇市场交易额的比率从 2000 年的约 4% 下降到 2007 年末的约 0.7%②。

资料来源：Federal Reserve Economic Data。

图 5 - 3　巴西汇率波动率 1999 年之后大幅升高

---

①　这里，汇率波动率的计算如下：先求解每日汇率收益率，然后将 7 天的收益率标准差作为汇率波动率。

②　Sharan, V. , 2009, Indian's Financial Sector: An Era of Reform, SAGE Publications, p154.

　　二是金砖国家的汇率仍然一定程度上参考美元,具体表现为这些货币的汇率与美元指数高度相关。2011年下半年,巴西雷亚尔、印度卢比和南非兰特汇率与美元指数的相关系数分别高达91%、94%和87%[①]。图5-1中,1999年之后的巴西雷亚尔、俄罗斯卢布和印度卢比汇率的走势有一定的相似性,而这种相似的走势又与美元指数的走势吻合,如2002年达到局部高点,而2008年下半年反弹趋势明显。图5-4显示了近10年来印度卢比对美元汇率与美元指数的走势,显然两者的相关度很高。

资料来源:Federal Reserve Economic Data。

图5-4　金砖国家的汇率与美元指数相关性很高

　　金砖国家的汇率与美元指数呈现高度相关性,原因如下:一是美元是金砖国家的主要贸易结算货币,美元对本币占外汇市场90%以上的交易份额,因此美元的强弱也极大地影响着美元对这些国家货币的汇率;二是金砖国家央行的市场干预部分参考美元指数。

　　二、金砖国家的外汇市场随着汇率制度改革而迅速发展

　　汇率制度的变迁客观上也要求外汇市场的发展。按照汇率制度从钉

---

① 相关系数的计算采用月度数据。

人民币国际化与外汇期货市场建设研究

住制度到管理浮动汇率制度的转变，外汇市场的管制也逐步放松。按照管制程度不同，外汇市场的发展经历了三个阶段：

第一阶段：钉住汇率制下外汇市场的严格管制。

印度和俄罗斯在钉住汇率制下实行非常严格的外汇管制，类似于我国 1994 年之前的制度。严格管制体现在以下几个方面：一是外汇买卖通过国家指定机构进行，这些机构通常为中央银行或国有银行；二是企业的部分外汇收入必须强制上缴国家；三是企业的剩余外汇可以在外汇市场出售，但市场的流动性很差；四是一般存在一个规模较大的外汇黑市，并且黑市汇率通常高于市场汇率和官方汇率；五是外汇产品非常有限，外汇债务和对外投资等几乎不存在。

巴西和南非没有计划经济的历史，企业不需要强制结汇。这一阶段的外汇管制主要体现在对各类型跨境资金和外汇兑换的许可制度，并且这些许可制度经常随着国际环境和国内经济状况而不断调整。

第二阶段：汇率制度转变而带来的外汇市场自由化改革。

金砖国家实行管理浮动汇率制度后，迅速推出外汇市场自由化改革。改革主要体现在以下三个方面：一是有计划的顶层设计，如监管模式和清算模式；二是推出更多的外汇产品；三是允许更多的交易主体，并放松外汇交易限制。

金砖国家之间外汇市场自由化改革的时间存在一些区别。其中，巴西和俄罗斯在实行管理浮动汇率之前就开始外汇市场自由化，它们此前都曾实行过短暂的浮动汇率制度，这也是外汇市场发展起步较早的原因。印度在实行管理浮动汇率制度后才加快外汇市场改革。南非的外汇市场分割为金融兰特市场和国内市场两个部分，而前者从诞生之日起就非常自由。

巴西和俄罗斯都在 1999 年管理浮动汇率制度确立之前就开始部分改革。其中，巴西于 1994 年推出外汇 OTC 衍生品，这与巴西雷亚尔计划刚引入时实行浮动汇率制度有关。俄罗斯实行经济休克疗法之初，也在 1992 年到 1995 年之间实行浮动汇率制度，当时市场就推出外汇远期和掉期产品，不过市场规模很小。1999 年之后，巴西和俄罗斯的外汇市场才快速发展。

印度外汇市场自由化改革的计划性更强。印度在宣布实行管理浮动汇率制度后4年，开始引入外汇远期和掉期市场。印度中央银行逐步放松外汇市场管制的同时，稳步而积极地发展外汇市场。

南非的金融兰特市场与发达国家的外汇市场一样，交易自由并且产品丰富。1994年南非政府实行金融自由化改革后，金融兰特市场和国内其他市场迅速融合，使南非快速建立了发达的OTC外汇市场，因此南非不存在真正意义上的外汇市场自由化改革。

金砖国家的外汇市场自由化改革之后，外汇黑市逐渐萎缩，并在管理浮动汇率确立之后逐渐消失。作为一个证据，黑市美元溢价幅度1995年之后大幅缩小，直至接近于零，如图5-5所示。

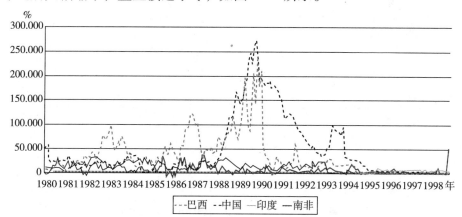

资料来源：Reinhart 和 Rogoff（2011）①。

图5-5 金砖国家的黑市美元汇率溢价1995年之后快速降低

第三阶段：管理浮动汇率制度下发展迅速的外汇市场。

汇率制度改革之后，金砖国家的外汇市场开始快速发展。南非的外汇市场具有明显的发达市场特征，与其他金砖国家区别较大，具体表现

---

① Reinhart, Carmen M., and Kenneth S. Rogoff, 2011, From Financial Crash to Debt Crisis, American Economic Review, 101 (5): 1676-1706. 数据下载：http：//terpconnect. umd. edu/~creinhar/Courses. html [2011-01-05]。

在以下方面：一是南非兰特不存在无本金交割远期（NDF）市场；二是南非兰特存在全球清算网络，而其他金砖国家的货币只能在本国清算，因此本币外汇交易也基本集中于本国①。

总体而言，巴西、俄罗斯和印度的外汇市场有如下特点：

一是外汇市场发展迅速，增长率惊人。巴西、俄罗斯和印度的外汇市场相对于1998年分别增长5倍②、5倍和10倍。相对于全球平均水平1.5倍，这三个国家的增长速度很快。

二是场内和场外外汇市场互相协调，平衡发展。金砖国家都有发展很快的外汇期货市场，形成了场内和场外市场协调发展的局面。

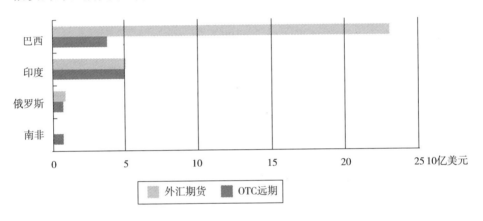

资料来源：BIS 和 FOW 数据。

图 5-6　金砖国家场内和场外市场协调发展

三是外汇市场产品类别齐全，数量众多。金砖国家都推出了齐全的场内和场外市场产品，包括外汇即期、远期、掉期和期权，与场内外汇期货期权产品。此外，伦敦、香港和新加坡等境外市场还存在雷亚尔、卢布和卢比的不可交割远期（NDF）产品。

---

① 不过随着金砖国本币国际化进程的启动，这一点将逐步改变。

② 这里外汇市场包括场外市场和场内市场，如果仅仅指 OTC 场外市场，则巴西的增长率为 2 倍。

5.1.2 金砖国家外汇管理体制改革的原因

引起金砖国家外汇管理体制改革的原因包括金融危机、不当的国内经济政策和不利的国际经济环境。金砖国家几乎都是被迫开始外汇管理体制改革的。一方面国内经济政策遭遇诸多问题，不可持续；另一方面自身引发或由别国传导过来的金融危机逼迫金砖国家开始改革。从表面上看，金融危机是改革的导火索，而更深层次上，不当的国内经济政策和不利的国际经济环境才是金砖国家实行外汇管理体制改革的最终原因。

一、金融危机是引发外汇管理体制改革的导火索

金砖国家实行管理浮动汇率制度之前都发生了货币危机[①]。巴西和俄罗斯都在 1999 年发生了货币危机，并于几个月之后就实行管理浮动汇率制度。印度于 1991 年发生了货币危机，1992 年就放弃钉住汇率制度而实行双轨制汇率制度，1993 年宣布管理浮动汇率制度，1995 年汇率弹性增加，才真正实行管理浮动汇率制度。

南非稍有区别。南非 1994 年成立了民主政府，此后就开始经济自由化改革，并于次年废除了象征外汇管制的金融兰特市场，建立了统一的兰特外汇市场。所以，南非外汇管理体制改革的直接原因是政治制度的变迁，而不是金融危机。但是，金融危机也引发过南非的外汇管理制度变迁，如 1985 年债务危机促使南非再次实行外汇管制。

二、不当的经济政策是改革的内因

金砖国家，特别是巴西、俄罗斯和印度在发生货币危机之前都有一定的相似性，包括经常项目逆差、汇率高估和财政赤字等问题。这是它们金融系统脆弱性的表现，而不合理的国内经济政策是导致这些问题乃至最终引发金融危机和外汇管理体制改革的深层次原因。

我们以巴西作为例子解释经济政策的不合理性。巴西在 20 世纪 90 年代初面临恶性通货膨胀，1994 年初 CPI 高达 3 000%，同年巴西推出一项以汇率为锚的货币稳定计划——雷亚尔计划（Real Plan）。这项计划

---

① 所谓的货币危机，一般指一个国家的货币几个月之内迅速贬值30%以上，或因为外汇储备快速减少，被迫放弃原来的汇率政策而引起快速贬值。

的核心其实就是维持固定汇率来稳定国内通胀水平①。这项计划的不合理性表现在以下几个方面。

一是钉住美元的汇率制度短期内有效地降低了通货膨胀，然而长期却导致了雷亚尔汇率高估。如图 5 - 7 所示，1995 年末 CPI 迅速降到 23%，并于之后几年降到 10% 以下，通胀问题得到了控制。货币市场利率从 1994 年初的 7 700%，降到 1995 年末的 41%。极度不稳定的宏观经济得到了控制，国民经济开始正常的生产和运作。

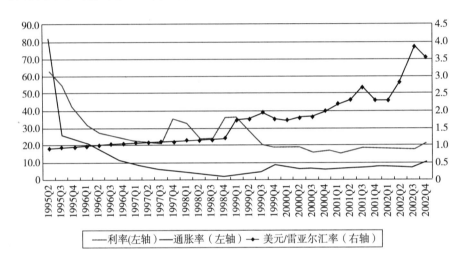

资料来源：Economic Intelligence Unit。

图 5 - 7　雷亚尔计划有效地降低了通胀率和利率

成功降低通货膨胀之后，巴西政府和中央银行更加信赖钉住汇率制，从而使得巴西放弃汇率制度得到进一步改革。而实际上，缺乏弹性的汇率制度限制了美元/雷亚尔汇率回归均衡水平，使雷亚尔汇率长期高估，并引发长期的贸易赤字。根据 IMF 的研究，1994 年到 1995 年间，巴西雷亚尔被高估 33%②。1994 年之后的钉住汇率制度下，雷亚尔贬值幅度

①　现阶段我国央行保持人民币升值的目的之一也是对抗国内的通货膨胀。

②　参考：The IMF and Recent Capital Account Crises：Indonesia，Korea，Brazil— ［Washington，D. C.］：International Monetary Fund，2003.

仍然跟不上国内通胀速度，使得汇率高估问题在金融危机爆发之前一直
存在。

二是高估的汇率降低了企业的国际竞争力，形成严重的贸易赤字，
长期而言影响了市场对于巴西维持钉住汇率制度的信心。雷亚尔汇率的
高估降低了出口，增加了进口，使巴西的贸易赤字恶化。如图 5－8 所
示，1999 年之前，巴西的贸易赤字持续高达 4% 以上。为了维持钉住汇
率制度，巴西不得不采取高利率政策，以吸引国际资本进入。这些国际
资本除了直接投资较稳定之外，其他如短期债务和股权投资等都带有很
强的投机色彩，一旦市场风吹草动，它们将快速撤退。

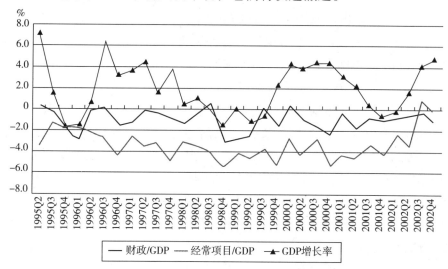

资料来源：Economic Intelligence Unit。

图 5－8 巴西高估的汇率导致严重的贸易赤字

终于 1997 年东南亚金融危机影响了国际资本在新兴市场的投资信
心。巴西与东南亚国家拥有诸多相似性，包括高估的汇率、贸易赤字和
经济增长放缓。这些因素都促使国际资本开始撤离巴西，逐步吞噬巴西
央行的外汇储备，并最终使其无法再维持钉住汇率制度。

三是不受制约的财政政策进一步加剧了贸易赤字，主权债务可持续
性受到怀疑后，更进一步加重了市场担心。财政赤字并不是引发巴西货

币危机乃至最终汇率制度改革的主要因素。但财政问题减弱了政府在危机时干预经济的能力，并且不受节制的财政扩张使进口快速增加，进一步加剧了贸易赤字。

长期的财政赤字和高额的利息成本使巴西主权债务占 GDP 的比例从 1994 年的 30% 稳步上升到 1999 年的约 50%[①]。这时市场已经开始怀疑巴西主权债务的可持续性问题。

不过，在 1999 年雷亚尔汇率迅速贬值时，巴西政府发行的美元挂钩公债保护了巴西金融业免受汇率波动的影响，然而政府承担了对冲汇率风险的成本，约为 10% 的巴西 GDP[②]。

三、不利的国际经济环境是改革的外因

引发金砖国家外汇体制改革的各种因素中，金融危机是导火索，不合理的国内经济政策是主因，而不利的国际经济和政治形势是外部因素，外部因素对于改革起到了推波助澜的作用。

金砖国家外汇体制改革之前都可以看到这些不利的外部因素在起作用。如印度 1991 年发生国际支付危机前，海湾战争导致国际油价高涨，进一步恶化了印度的贸易赤字，成为压垮骆驼的最后一根稻草。而俄罗斯 1999 年的债务危机和货币危机与此前两年爆发的东南亚金融危机息息相关。这一连串危机波及巴西，促使巴西也改革了钉住汇率制度。2001 年，美元指数高启时，引发了阿根廷史无前例的主权债务违约和大幅汇率贬值。

抛开不同国家所碰到的特殊情况，这些外部因素也存在一定的规律。

一是美元升值促使全球流动资本回流美国，频频引起发展中国家的资本流入突然逆转，一些宏观经济脆弱的国家纷纷爆发危机，进而引发改革。图 5-9 描绘了 1973 年以来美元指数的走势和几个金融危机频发的阶段。很明显，美元升值的阶段容易引起发展中国家的危机。其中 20 世纪 80 年代初美联储快速调高利率以对抗通胀，引起全球流动资金回流

---

① 数据来源：IMF。

② 参考：The IMF and Recent Capital Account Crises：Indonesia，Korea，Brazil— ［Washington，D. C.］：International Monetary Fund，2003. p24。

美国，美元升值。与此同时拉美国家突然面临资本枯竭，纷纷陷入困境。

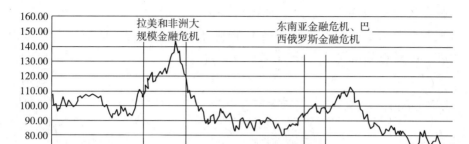

资料来源：Federal Reserve Economic Data①。

图5－9　美元指数上升，全球资本回流引起发展中国家金融危机

　　1997年的东南亚金融危机固然与这些国家房地产泡沫、股市泡沫和贸易赤字有关，而同时汇率高估和资本突然逆转也对危机起了推波助澜的作用。这次危机传导到俄罗斯和巴西，使这两个本来就脆弱的国家也发生了危机。

　　二是金融危机的传染效应往往是引起危机和改革的最后因素。传染效应就是一个国家或地区发生金融危机时，市场加深了对相关国家和地区的忧虑，引发资金从这些国家撤离，进而也让这些相关国家陷入困难之中的现象。随着金融全球化和信息技术飞速发展，危机的传染效应也越来越快，越来越明显。

　　我们还是以巴西为例子，说明传染效应在巴西1999年货币危机中的作用。

　　巴西保卫钉住汇率制度的过程可以分为两个阶段，其中第一阶段为1997年7月至1998年7月，东南亚金融危机引发资本流出，巴西外汇储

---

① 这里的美元指数是美联储发布的，与ICE发布的美元指数有所区别，但指数趋势相同。

备一个季度减少 100 亿美元。为此，巴西把利率从 30% 提高到约 70%，高利率吸引了短期资本流入，使巴西外汇储备增加了 200 亿美元。然而，高额的利率为巴西政府带来了巨额的利息负担。因此，抑制住资本流出之后，巴西重新降低利率至 20%。

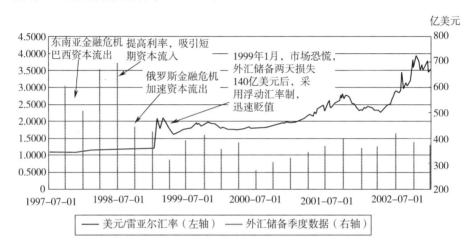

资料来源：Federal Reserve Economic Data 和 IMF IFS。

图 5 - 10　外部传染效应最终引发巴西外汇制度改革

　　第二阶段从 1998 年 7 月到 1999 年初。俄罗斯发生金融危机增加了市场对巴西的担心，同时美国长期资本管理公司（Long - Term Capital Management）的投资失败加速了资本回流美国。这时，即使巴西再次提高 1 倍的利率也不能阻止资本流出，外汇储备一个季度就减少了 50%。1998 年 8 月，巴西开始向国际货币基金组织（IMF）寻求援助，而 IMF 认为钉住汇率制度不可持续，要求巴西采取更为灵活的汇率制度。1999 年 1 月，坚定支持钉住汇率制度的巴西央行行长辞职，使雷亚尔贬值的市场担心最终成为现实，引发市场恐慌，巴西的外汇储备两天之内就损失 140 亿美元，逼迫巴西放弃扩大汇率弹性的选择，而采取浮动汇率制度。同时，巴西雷亚尔汇率迅速贬值，从 1999 年 1 月初的 1.20 雷亚尔/美元下降到 2.0 雷亚尔/美元。

5.1.3 金砖国家外汇市场的发展路径和特点

发达的外汇市场是实现汇率市场化的重要保障。金砖国家在严格控制风险的条件下快速发展了外汇市场。本书从产品推出、市场结构、清算机制和监管设计等方面分析金砖国家的外汇市场发展路径和特点。

一、外汇产品逐步推出，交易方式逐步自由

外汇市场中，在外汇产品的推出和交易方式的管制方面，金砖国家之间差别较大。印度在1991年金融危机之后就制定了较详细的外汇市场发展规划，包括新产品开发和交易方式的规定，而巴西和俄罗斯很少有这方面的限制，某种程度上这与巴西和俄罗斯政府主导的外汇市场有关。所以本书以印度作为例子，介绍新产品推出的次序和交易方式的逐步放松。

印度1993年3月宣布管理浮动汇率制度后，开始逐步改革印度外汇市场。改革措施主要体现在以下几个方面。

一是逐步推出外汇远期、掉期、期权和期货等主要产品，并允许和鼓励银行进行外汇产品创新。印度1997年4月正式推出卢比对其他货币的外汇远期和掉期，2003年允许银行交易外汇期权①，2008年允许交易所上市外汇期货，2010年允许交易所上市外汇期权。印度中央银行遵循从简单到复杂、先场外后场内的顺序逐步丰富外汇产品。

二是逐步允许更多的交易主体参与市场，提高市场活力和外汇衍生品市场的套期保值能力。印度外汇远期市场起初只对印度籍交易主体开放，1997年允许外国机构投资者进入这个市场，1998年进一步放宽到外国个人投资者。而外汇掉期刚开始只能在银行间市场交易，2006年之后印度居民如果拥有较长年限的外汇债务，比如3年以上，也可以用掉期对冲汇率波动风险。

三是控制风险的前提下逐步取消和放松交易限制。印度外汇远期产品1997年刚推出时要求客户提供真实的外汇风险证明，如外贸订单或海

---

① 这里指卢比对外币期权，而外币对外币期权早在1993年就可以交易。

外直接投资合约，即实际需求原则。并且远期合约一旦签订，不可以撤销。印度中央银行此后逐步放松了实需原则的限制，2006 年之后的改革措施包括：企业可以根据以往的外贸规模在一个额度内签订远期合约，超过这个额度部分必须提供文件证据；中小企业可以不必提供真实需求证明，自由地签订远期合约；个人可以在 10 万美元的额度内利用外汇远期合约规避风险，并且可以撤销和再签订。

二、建立了国家主导、有限竞争的外汇市场结构

巴西、印度和俄罗斯的外汇市场中，政府和中央银行都参与了具体的市场竞争，同时又不排斥本国其他交易所或企业参与竞争。由于交易所之间高度的竞争性，这种国家主导、有限竞争的模式到现在基本发展出一家或几家垄断本国外汇衍生品市场的交易所。

巴西外汇市场的主导机构是 BM&F Bovespa 交易所，该交易所由巴西圣保罗股票交易所（Bovespa）和巴西商品期货交易所（BM&F）于 2008 年 5 月合并成立。其中，Bovespa 成立于 1890 年 8 月，有超过百年的股票交易历史。并且直到 20 世纪 60 年代中期，Bovespa 一直是国家控股，其总经理也由政府任命。1965—1966 年机构改革之后，Bovespa 被赋予更多的自由，2007 年最终实现股份制改革，并上市成为一家追求利润的商业公司①。巴西商品期货交易所 BM&F 于 1986 年才成立并开始交易期货合约。1991 年，巴西商品期货交易所与成立于 1917 年的圣保罗商品交易所合并成立新的 BM&F。2007 年，BM&F 继 Bovespa 之后实现上市。2008 年，两家交易所合并成立新的 BM&F Bovespa。

巴西 BM&F Bovespa 在过去的一个世纪中几乎合并或收购了巴西所有的其他交易所，成为巴西证券和期货市场的主导力量。目前，BM&F Bovespa 在商品、证券、外汇和利率等市场有齐全的产品线。2010 年该交易所的市值达 154 亿美元，在全球交易所中仅次于 CME 和香港交易所。同年，BM&F Bovespa 与 CME 互换股份，目前两者互相持股各 5%，并结成全球优先战略伙伴（Global Preferred Strategic Partners），在平等互

---

① 参考 Wikipedia 中关于 BM&F Bovespa 的介绍。

利的原则上寻求与其他交易所的战略投资和商业合作①。

俄罗斯市场中，莫斯科银行间货币交易所（MICEX）和俄罗斯证券交易所（RTS）起了相似的角色。MICEX 由俄罗斯中央银行和主要银行于 1992 年组建。俄罗斯中央银行依赖这个市场制定美元/卢布的官方汇率。1995 年之后，MICEX 陆续兼并各区域的银行间货币市场交易所，成为全俄罗斯的银行间货币市场，占据外汇 OTC 市场大部分市场份额。此外，MICEX 还收购和兼并了其他商品期货和证券交易所，形成了完整的现货和期货产品线。2010 年，MICEX 的市值达约 35 亿美元。RTS 于 2009 年取代 MICEX 成为俄罗斯最大的外汇期货交易所，2011 年 RTS 平均每天成交约 75 万手外汇期货合约，占整个市场约 97% 的份额。2011 年 12 月，MICEX 和 RTS 合并，成为俄罗斯现货和衍生品市场的主导机构。

印度的外汇市场还没有形成像巴西和俄罗斯这样具备主导作用的交易所市场，还处于较分散和自由竞争的阶段。印度中央银行没有成立集中的银行间外汇交易市场，只是对银行间交易系统和清算模式提出很高的要求，各银行可以在符合这些要求后展开自由竞争。而交易所方面，印度共有 20 多家交易所，其中 3 家交易所建立了外汇期货电子交易系统，并申请到印度央行的外汇期货市场牌照。目前，印度外汇期货市场还处于激烈竞争的状态。但印度交易所也展现出其全球化视野，MCX - SX 的母公司印度金融技术公司（Financial Technologies）在全球建立或收购了 7 家交易所，包括新加坡商品交易所（SMX）和迪拜黄金商品交易所（DGCX）等。

三、建立了中央清算为主的外汇市场清算机制

巴西、印度和俄罗斯的外汇市场都以中央清算为主，并且外汇交易也多数集中在交易所市场。这次国际金融危机中，这种清算和交易模式较好地化解了违约风险，成为全球外汇市场学习的模式。

巴西外汇市场的清算主要在 BM&F Bovespa 的外汇清算所，采取中

---

① 参考 BM&F Bovespa 公司的网站。

央清算方式。巴西于 2002 年开发了新的全国支付系统，同时制定了中央对手方（CCP）规则。目前，巴西有三个清算机构满足中央清算规则，分别是清算和保管特殊系统（SELIC）、巴西托管结算所（CETIP）和巴西最大的交易所——BM&F Bovespa 的四个清算所。其中，BM&F Bovespa 的外汇清算所是巴西外汇市场的主要清算机构，不仅清算外汇期货和期权，也为 OTC 外汇产品提供清算。

俄罗斯的外汇市场清算主要集中于莫斯科银行间货币交易所（MICEX），也采用中央清算模式。MICEX 对于俄罗斯外汇市场的发展起了关键作用。现在，MICEX 拥有俄罗斯 OTC 外汇市场约 40% 的份额和几乎 100% 的外汇期货市场份额[1]。MICEX 通过其旗下的国家清算中心（NCC）进行外汇产品清算，也采取中央清算模式。

印度 OTC 外汇市场的清算主要集中于印度清算公司，也采取中央清算方式。印度清算公司（CCIL）成立于 2002 年，在印度央行的指导下由印度各国有银行和其他金融机构共同建立。几乎所有的银行间外汇交易都进入印度清算公司进行中央清算[2]。银行与客户的外汇清算 2008 年之前不强制纳入印度清算公司，不过作为危机之后的一项改革措施，印度提高了外汇零售市场中央清算的程度，目前整个 OTC 市场约 80% 的衍生品清算在印度清算公司进行。

印度外汇期货市场的清算分别通过各自交易所的清算机构进行，也都采用中央清算方式。印度外汇期货市场中的三家交易所，国家证券交易所（NSE）、多种商品交易所（MCX - SX）和联合证券交易所（USE）都有各自的清算所，与印度清算公司一样都属于中央对手方的清算模式。

此外，印度中央银行还对银行间外汇交易系统有严格要求，并且运营机构需要得到印度中央银行的许可。目前在印度存在三个银行间交易

---

① MICEX 刚刚与 RTS 合并，两者将占据外汇期货市场几乎 100% 的市场份额。

② Shah, A., Thomas, S. and Gorham, M., 2008, India's Financial Markets: An Insider's Guide to How the Markets Work, Elsevier, pp. 153 ~ 155。

系统：Reuter、印度清算公司的 FX – Clear 和 IBS Forex 公司的 FX Direct①。但是绝大多数外汇交易发生在前两个交易平台。与中央清算模式相似，严格管理的银行间外汇交易系统也较好地控制了风险。

四、形成了中央银行和证监会协调监管的监管模式

巴西、印度和俄罗斯在外汇市场监管上非常相似，它们都建立了中央银行和证券监管机构协调监管的模式，两者明确了各自的监管范围和职责，对于争议领域有很好的协调机制。

巴西外汇市场的监管机构主要包括国家货币委员会、巴西中央银行和巴西证券交易委员会。其中，国家货币委员会相当于后两者的上级机构，不过现在已经基本上退出具体的市场监管。巴西央行和证监会的监管分工上，前者负责外汇产品的开发和清算，而后者负责市场规范和交易监管②。值得一提的是，巴西证监会所监管的市场不仅包括交易所上市的外汇期货，也包括场外 OTC 市场。

印度外汇期货市场中，印度中央银行也和证监会协调监管，分工明确。中央银行参与产品创新和合约设计，并可以出于金融稳定的需要而限制某类参与者交易或限制其持仓头寸。紧急状况下，中央银行甚至可以命令交易所采取强制措施，这些措施包括强行平仓、延长交割时期甚至关闭市场。而印度证监会的职责是维持市场的正常稳定运行。

俄罗斯也有相似的协调监管机制。俄罗斯中央银行是外汇市场的主要监管机构，而联邦金融市场服务局（Federal Service for the Financial Markets）类似于证监会，主要负责市场监管。

5.1.4 启示

金砖国家之中，我国的经济规模最大，但人民币的国际地位却与之不相适应。与其他金砖国家相比，我国的汇率制度和外汇市场均比较落

---

① 该系统由 IBS Forex 公司和印度金融技术公司合作开发，而后者是印度 MCX 和 MCX – SX 交易所的母公司。

② 辛子：《巴西外汇期货在实体经济以及央行汇率调控中的角色研究》，2011 年 12 月中金所工作论文。

后。这种状况将制约人民币国际化战略的实施，并带来额外的系统性金融风险。对巴西和印度等国家外汇管理体制的比较研究，为我国汇率制度和外汇市场的进一步改革提供了借鉴和经验，本书得到以下三点启示。

一、加快人民币汇率市场化的步伐，积极促进人民币均衡汇率的形成

自从 2005 年 7 月人民币汇改以来，美元/人民币汇率的日内波动率显著上升，相对于中间价的双向波动特征逐步明显。然而，人民币汇率市场化的步伐还需加快，原因如下：一是境外人民币汇率对境内人民币汇率已经形成挑战，2011 年末人民币汇率连续 12 次跌停就是例子；二是借鉴金砖国家的经验，汇率弹性增加之后并没有引发实体经济的困难，反而由于快速实现均衡汇率而促进了经济的发展；三是缺乏弹性的汇率制度往往使汇率偏离均衡水平，一旦经济增长速度放缓，并面临不利的国际经济环境，将大幅增加金融系统性风险。

加快人民币汇率市场化步伐的措施包括：一是进一步放开日内人民币汇率的波动幅度限制；二是增加人民币中间价形成机制的透明度，以便市场形成更好的预期；三是增加市场在中间价形成过程中的权重，并在适当的时候公布这个权重；四是调整中间价的公布时间，如调整到10：00 外汇市场开始交易之后。具体采取哪些措施还有待于评估外汇市场的承受能力和汇率波动情况后确定。

二、逐步放松实需原则限制，加快发展人民币外汇市场

我国 GDP 远高于其他金砖国家，但外汇市场规模却很小，加速发展外汇市场才能匹配我国稳步增加的经济规模。根据 BIS 的调查，我国外汇市场平均每天交易额仅 198 亿美元[①]，低于巴西、俄罗斯和印度的外汇市场规模。如果以每天外汇市场交易额与 GDP 的比率作为衡量外汇市场相对规模的指标，则我国仅相当于巴西和印度的六分之一，俄罗斯的八分之一。

加快发展人民币外汇市场有利于汇率市场化的稳步推进和对抗国际

---

① 据 BIS2010 年的调查数据。

市场风险。金砖国家的经验表明，汇率市场化的基础是发达而完善的外汇市场，只有快速发展外汇市场才能最终实现市场化的人民币汇率形成机制。强大的外汇市场还可以吸收来自国际市场的外来冲击，是对抗国际金融风险的重要手段。

逐步放松外汇市场的实需原则是现阶段人民币外汇市场建设的关键。我国银行与客户之间的人民币外汇零售市场受到实需原则的限制。在控制风险的同时，这条规则也极大地束缚了外汇市场的发展，以至于形成银行间外汇市场和外汇零售市场的分割、外汇市场流动性较差、价差较高和企业套期保值成本很高等一系列问题。为了加快外汇市场的发展，我国有必要借鉴印度经验，逐步放松实需原则，如按照企业的贸易额确定套期保值额度，免除中小企业的实需原则限制等。

三、建立中央银行和证监会的协调监管机制，促进场外和场内市场的协调发展

场外和场内市场各有优势，互补性很强，协调两个市场的共同发展有利于我国外汇市场更好地服务实体经济，防范金融系统性风险。场外市场可以为企业提供非标准化或定制的风险对冲工具，然而发展中国家普遍存在场外衍生品流动性不足、价差较大等问题，并且银行的风险管理能力也是监管层的担忧。而场内市场可以提供充足的流动性，有利于银行更好地进行风险管理，从而间接地降低企业风险对冲的成本，使外汇市场更好地服务于实体经济。而场内市场的中央清算和集中交易也有利于降低金融系统性风险。

建立中央银行和证监会的协调监管模式，才能促进场外和场内市场的协调发展。巴西、俄罗斯和印度等金砖国家中场外和场内市场的共同发展直接得益于它们的协调监管模式。我国应该参考和借鉴这种模式，尽快建立人民币外汇期货和期权市场，以便更好地促进场外和场内市场的长远发展。

5.2　金砖国家外汇衍生品市场比较研究

"他山之石，可以攻玉。"金砖国家处于相似的经济发展阶段，分析

这些国家的外汇衍生品市场,借鉴其他金砖国家的经验,有助于我国更好地推进外汇衍生品市场建设,服务于实体经济的稳定发展。

5.2.1 金砖国家的场外外汇衍生品市场

外汇衍生品市场包括场外和场内市场,其中场外外汇衍生品市场以银行做市商为主体,通常包括远期产品、掉期产品和期权产品等。

一、金砖国家场外外汇市场发展迅速,但所占全球份额依然较小

金砖国家的外汇市场发展快速。一是金砖国家外汇市场的增长速度普遍高于全球平均。如表 5 - 1 所示,巴西、俄罗斯和印度的外汇市场相对于 1998 年分别增长了 5 倍[①]、5 倍和 10 倍,而全球平均增长幅度仅为 1.5 倍。中国外汇市场更是增长了近 100 倍。只有南非外汇市场的增长速度慢于全球平均水平。

表 5 - 1	金砖国家外汇市场增长率普遍高于全球			单位:10 亿美元	
国家	1998 年	2001 年	2004 年	2007 年	2010 年
巴西	5.1	5.5	3.8	5.8	14.1
中国	0.2	0.4	0.6	9.3	19.8
印度	2.4	3.4	6.9	38.4	27.4
俄罗斯	6.9	9.6	29.8	50.2	41.7
南非	8.9	9.9	9.8	14	14.4

二是金砖国家的场外外汇衍生品市场从无到有,增长速度惊人。1995 年,除了南非外,其他金砖国家的外汇衍生品市场不存在或者非常小,而现在各国场外外汇衍生品市场的每天交易规模普遍超过 100 亿美元。外汇衍生品市场占整个外汇市场的交易份额达到 50% 以上[②]。

三是金砖国家外汇市场所占的全球市场份额也快速增长,但仍然非常小。如图 5 - 12 所示,俄罗斯、印度和中国的全球市场份额显著增加,

---

① 这里外汇市场包括场外市场和场内市场,如果仅仅指 OTC 场外市场,则巴西的增长率为 2 倍。

② 巴西场外外汇衍生市场较小,因为巴西政府通过政策鼓励发展场内市场,但总体而言,巴西外汇衍生品市场的规模依然很大。

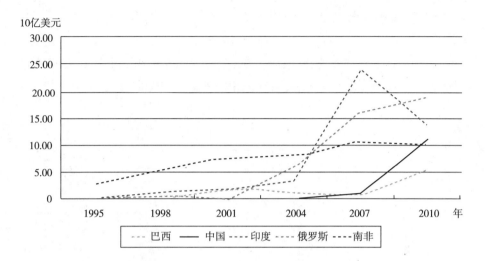

资料来源：国际清算银行。

图5-11 金砖国家场外外汇衍生品市场增长惊人

但是仍然小于1%，与金砖国家的经济规模不成比例。特别是中国，当前中国GDP占全球的9.3%，而外汇市场却仅占0.4%。

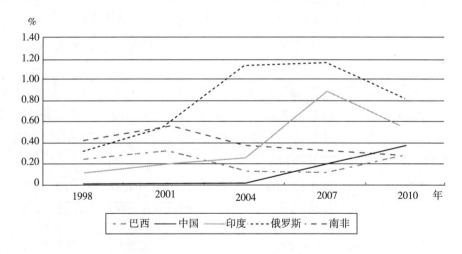

资料来源：国际清算银行（BIS）。

图5-12 金融国家外汇市场占全球市场份额显著提升，但依然弱小

此外，金砖国家外汇市场相对于各国 GDP 规模也较小。如图 5 – 13 所示，各国外汇市场的每天交易额与 GDP 比率普遍小于 5%，而发达国家如英国这个比率达 84%。由此可见，金砖国家的外汇市场还有很大的发展空间。值得注意的是，我国外汇市场相对 GDP 的规模尤其小。

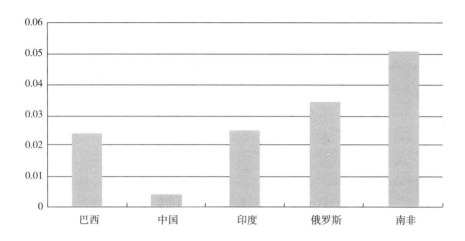

资料来源：国际清算银行和作者计算。

图 5 – 13　金砖国家外汇市场相对于各国 GDP 规模依然较小

二、产品结构：金砖国家场外外汇衍生品市场以外汇远期和外汇掉期为主

通常情况下，外汇远期和外汇掉期是外汇衍生品市场的主要产品，金砖国家市场也不例外。如表 5 – 2 所示，金砖国家的场外外汇衍生品市场中，外汇远期和外汇掉期几乎占了外汇衍生品市场绝大部分，而外汇期权和货币掉期的交易额很小。

表 5 – 2　　　金砖国家外汇远期和外汇掉期占整个外汇市场的份额　　　单位：%

	外汇即期的份额	外汇远期的份额	外汇掉期的份额
巴西	62.0	27.0	2.1
中国	43.5	15.4	40.6
印度	49.0	17.9	28.1
俄罗斯	54.1	1.4	44.2
南非	28.1	4.8	63.4

资料来源：国际清算银行。

不过，外汇远期和外汇掉期在金砖国际外汇市场的份额却差别较大，其中俄罗斯和南非的外汇远期市场相对很小，外汇掉期市场较大。巴西场外外汇衍生品市场的掉期市场不发达，不过巴西的场内市场交易非常活跃，替代了外汇掉期市场。

外汇远期和外汇掉期完成重要的经济功能。前者主要用于金砖国家企业规避汇率风险，后者可以为银行和其他机构提供更方便的外币资金拆借。

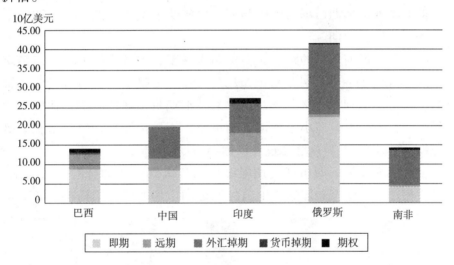

资料来源：国际清算银行。

图 5 – 14 金砖国家市场以外汇远期和外汇掉期为主

一是外汇远期以服务本国企业为主。金砖国家的外汇远期市场主要服务于本国企业。企业所参与的远期合约交易在整个远期市场中占比很大。不过，巴西和俄罗斯的外汇远期市场部分被外汇期货市场所代替，故而场外外汇远期市场的规模并不大。

中国的场外外汇远期市场中，本国企业的远期交易规模占整个外汇远期市场的72.5%，银行之间的交易份额占19.5%，其余交易份额来自非银行的其他金融机构。还有，当前中国严格限制涉及人民币的跨境外汇交易，因此外汇远期市场的跨境交易较小，仅占11%。

印度外汇远期市场与中国相似，本国企业交易份额占83.6%，并且跨境交易很少。

巴西外汇远期市场显著区别于中国和印度，一是企业的交易份额很小，仅占25％；二是跨境交易很活跃，占68.3％；三是巴西外汇期货市场规模远大于外汇远期。巴西场外的远期市场每天交易额为38亿美元，而外汇期货市场每天交易达192亿美元，巴西企业也主要利用外汇期货市场规避汇率风险。总体而言，巴西外汇远期和外汇期货市场也主要服务于本国企业。

俄罗斯外汇远期市场与巴西相似，包括跨境交易活跃，外汇期货市场显著高于外汇远期。

南非外汇远期市场的跨境交易也非常活跃，占整个外汇远期市场交易额的42％，而企业在外汇远期市场的交易额占整个市场的38.7％，银行的交易份额达到54.5％。不过南非的外汇期货市场还处于迅速发展的过程中，目前其规模还小于外汇远期市场，不过按照现在每年增长1倍的速度，估计2015年就会超过外汇远期市场。

金砖国家外汇远期市场的期限结构以7天到1年的合约期限为主。不过，相比于其他金砖国家，中国外汇远期市场的期限结构存在如下特

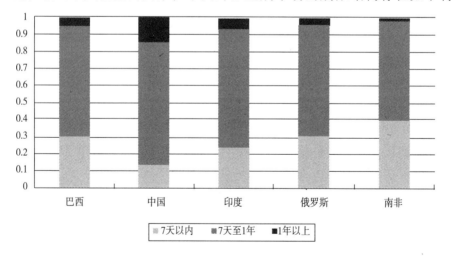

资料来源：国际清算银行。

图5－15　金砖国家场外外汇远期合约的期限结构

点：一是 7 天以内的远期合约占比很小，只有 13%，而其他金砖国家约
30% 以上；二是 1 年以上的远期合约占比却达到 14%，而其他金砖国家
基本在 5% 以下。形成这种特点的原因可能与我国远期合约较大的价差
和造船等行业很长的生产期限有关。

二是外汇掉期以银行间交易和短期合约为主。外汇掉期市场主要以
银行之间的交易为主，主要功能是为银行提供外汇资金拆借和融资。印
度和南非的外汇掉期市场中，银行之间的交易占整个市场交易额的
93%，而俄罗斯外汇远期市场的银行间交易仅占 51.4%。中国外汇掉期
市场的主要参与者也是银行。2011 年我国银行间人民币外汇掉期市场的
日均交易额达到 71 亿美元，而其他金融机构和企业的掉期交易规模
较小[①]。

巴西外汇掉期市场中银行间交易仅占 10%，显著区别于其他金砖国
家。究其原因，是巴西银行主要通过巴西商品期货交易所（BM&F）的
场内衍生品市场交易类似外汇掉期产品。这些产品如 DDI 合约，其交易
标的为资本化的银行间利率和汇率波动幅度之差，实际上具有与 OTC 外
汇掉期合约一样的经济功能[②]。

金砖国家外汇掉期市场的跨境交易占比各自区别较大。南非的金融开
放程度最高，因此南非外汇掉期市场中跨境交易占 74.7%。而中国经济的
开放度最低，跨境交易也仅占 9.7%。俄罗斯、巴西和印度的外汇掉期市
场中，跨境交易占总交易额的比率分别为 53.7%、47.3% 和 23.5%。

至于期限结构，外汇掉期市场以 7 天以内的短期合约为主。如图
5－16 所示，短期合约占金砖国家外汇掉期市场约 50% 以上的市场份额。
似乎只有巴西是例外，不过巴西外汇掉期主要在巴西商品期货交易所
（BM&F）的场内市场交易，而场内市场也以 7 天以内的短期合约为主。

---

① 不过国际清算银行的数据却显示我国外汇掉期市场的银行间交易份额仅占 43.7%，而根据央
行的货币政策执行报告，我国银行间人民币外汇掉期市场规模 2010 年和 2011 年分别达 12 834 亿美元
和 17 710 亿美元。以此，我国银行在外汇掉期市场所占份额约为 61%。

② 更详细的内容请参考：辛子、刘文财：《巴西外汇期货市场在实体企业规避外汇风险中的角
色研究》，载《金融期货研究》，2012（5）。

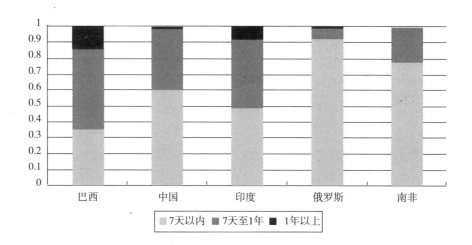

资料来源：国际清算银行。

图 5 - 16　金砖国家外汇掉期合约的期限结构

三是外汇期权规模很小，并且不同国家之间区别较大。金砖国家外汇期权占整个外汇市场的交易额不到 5%，外汇期权规模很小。并且，各国的外汇期权市场有显著区别。

巴西场外外汇期权市场中，非银行的金融机构跨境交易占 82.5%。这说明，外汇期权的主要使用者是国外非银行的金融机构，而巴西银行、巴西其他金融机构和企业都很少使用场外外汇期权。

中国的外汇期权市场非常小，仅占整个外汇市场规模的 0.5%。并且，2011 年之前，只有不涉及人民币的交叉汇率外汇市场存在外汇期权，而人民币外汇期权于 2011 年 4 月之后才在银行间市场和银行柜台市场相继推出，不过成交额依然很小。

印度外汇期权市场规模相对较大，约占整个外汇市场的 4.8%，达每天 13 亿美元。印度企业是外汇期权市场的主要使用者，其交易额占 72%。此外，银行的交易份额占 25.7%。而其他非银行的金融机构交易非常少，几乎可以忽略不计。

俄罗斯外汇期权市场中，银行和其他金融机构的跨境交易占 78.1%。本国企业的交易额占 21%，企业的跨境交易很少。

南非的外汇期权市场中，银行是主要的市场参与者，其中银行本地交易和跨境交易分别占23.5%和59.4%。非银行的金融机构极少适用外汇期权，而企业的交易占15.1%。

三、币种结构：以美元为主，美元相关的交易份额达90%

金砖国家外汇市场以美元相关交易为主。如图5－17所示，巴西、中国、印度、俄罗斯和南非的外汇市场中，美元相关交易占整个市场的份额分别为91%、84%、97%、96%和97%[①]。由此，美元是金砖国家外汇市场中最主要的交易媒介。

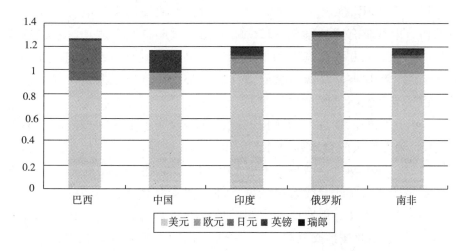

资料来源：国际清算银行。

图5－17 金砖国家外汇市场的美元交易份额高达90%

至于具体的货币对，美元和本币是最主要的交易货币对。金砖国家美元参与的外汇交易中，美元对本币的交易普遍占60%以上。印度市场中，该比例甚至达到79%。金砖国家中美元对本币的交易份额很高的原因，一是美元是金砖国家主要的国际贸易结算货币，二是金砖国家汇率制度都有一段钉住美元的历史，甚至中央银行仍然以美元/本币汇率为主要的外汇市场干预对象。

———————

① 由于每次外汇交易涉及两种货币，因此这里所有货币的交易份额总和为200%。

5.2.2　金砖国家的场内外汇衍生品市场

场内外汇衍生品是指在交易所上市交易的外汇期货、外汇期权和其他外汇衍生品合约。目前，除了中国外，其他金砖国家都已经推出场内交易的外汇期货和期权产品，并且发展迅速，已经形成场内和场外市场协调发展的局面。

一、金砖国家的外汇期货产品增长迅速，改变了全球场内外汇衍生品市场的格局

1972 年 CME 推出外汇期货产品之后，其他发达市场的交易所也纷纷效仿，但却难有成功案例。ICE 的美元指数期货获得成功，不过这个产品严格意义上并不是真正的外汇期货产品。在调查中，我们也发现香港交易所、新加坡交易所、悉尼交易所等都推出过外汇期货产品，但都因为市场流动性不足而没有成功。

金砖国家外汇期货市场增长迅速，逐渐改变了由芝加哥商品交易所（CME）独占鳌头的全球场内外汇衍生品市场格局。

第一，外汇期货是增长最迅速的场内金融衍生品。不管按照成交金额，还是按照成交的合约数量计算，外汇期货都是增长最快的场内金融衍生品种类。印度、俄罗斯和南非的外汇期货合约面值普遍较小，只有 1 000 美元，因此按照交易量计算，金砖国家的外汇期货增长率更高。如表 5-3 所示，从 2006 年到 2010 年间，外汇期货的成交量增长了 11 倍，而其他类型的金融期货或期权的增长幅度不到 1 倍。

表 5-3　　　　　　　　全球金融期货的年交易量　　　　单位：10 亿张合约

年份	2006	2007	2008	2009	2010
股指期货	4.5	5.5	6.5	6.4	7.4
股票期权	2.9	4.4	5.5	5.6	6.3
利率期货	3.2	3.7	3.2	2.5	3.2
外汇期货	0.2	0.5	0.6	1.0	2.4

资料来源：FIA 和 Nasdaq OMX[1]。

----

[1]　表中数据的原始来源是 FIA，但该表直接引用 Nasdaq OMX 的 PPT 报告材料。Nasdaq OMX 于 2011 年 10 月在中国金融期货交易所主持了一系列讨论会。

第二，以交易量而言，金砖国家的交易所已经占据全球场内外汇衍生品市场前十名中的六席。近十年来，发展中国家的交易所纷纷推出外汇期货产品，并获得成功，改变了外汇期货市场以芝加哥商品交易所（CME）一家独大的局面。如图 5-18 所示，印度、俄罗斯、巴西等金砖国家的交易所发展尤其快，逐渐登上全球外汇期货市场交易量排名的前列。印度多种商品交易所（MCX-SX)① 和印度国家证券交易所（NSE）甚至占据该排名榜冠亚军，每天交易 200 多万手合约。当然，印度外汇期货合约只有 1 000 美元，如此低的合约价值也是交易量特别大的主要原因。

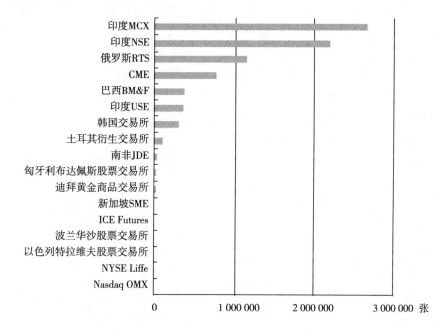

资料来源：FOW Data。

图 5-18　全球交易所中的外汇期货合约每日交易量排名

---

① 为了减少文字，使图片更美观，本书中 MCX-SX 也称 MCX 交易所。但实际上，MCX 是 MCX-SX 公司的母公司，两者有所不同。不过所有的外汇期货合约都在 MCX-SX 交易，因此本书中的印度 MCX 交易所都指 MCX-SX。

人民币国际化与外汇期货市场建设研究

　　第三，以交易额计算，金砖国家交易所已经占据五分之一的份额，不过美国芝加哥商品交易所（CME）仍然是市场领导者。据 FIA 和各交易所的公开数据，芝加哥商品交易所（CME）2011 年第一季度的交易额是 4.2 万亿美元①，而同时期的巴西商品期货交易所（BM&F）②、印度国家证券交易所（NSE）和印度多种商品交易所（MCX – SX）分别只有 0.677 万亿、0.173 万亿和 0.12 万亿美元。这样，芝加哥商品交易所还是占据约 78% 的全球外汇期货市场份额。但是金砖国家已经占据五分之一的份额，改变了全球场内外汇衍生品市场的格局。

　　为什么金砖国家的外汇期货市场能获得成功？相对于发达市场，金砖国家的场外外汇衍生品市场较不发达，特别是流动性较差。场内市场有利于金砖国家的银行更好地管理外汇风险。而发达市场成熟的场外外汇衍生品市场制约了场内外汇期货市场的发展。场外外汇市场中，银行掌握着重要的客户资源。如果外汇期货市场难以吸引银行进入，那么这个市场常常沦为投机的场所，而难以服务于终端的金融机构和企业客户，因此发达国家除了芝加哥商品交易所起步早有优势之外，其他国家难以发展外汇期货市场。

　　二、产品结构：以外汇期货产品为主，其中本币对美元的期货合约占据交易量的 50% 以上

　　巴西、印度、俄罗斯和南非场内外汇衍生品市场的产品结构具有如下特点：

　　一是产品结构以外汇期货合约为主。如图 5 – 19 所示，外汇期货合约占各交易所场内外汇衍生品市场的绝大多数。至于外汇期权，除了印度国家证券交易所（NSE）外，其他交易所中的外汇期权份额普遍非常小，其中印度多种商品交易所（MCX – SX）和莫斯科银行间货币交易所

---

　　① 交易额数据直接来源于 2011 年中国外汇交易国际峰会中 Eurex 交易所，CME、BM&F、NSE 和 MCX – SX 的交易额分别为 5.6 万亿、0.9 万亿、0.23 万亿和 0.16 万亿欧元，然后统一以欧元/美元 = 1.33 的汇率换算成美元。

　　② BM&F 全称 BM&Fbovespa，下同。

（MICEX）甚至还没有上市外汇期权①。

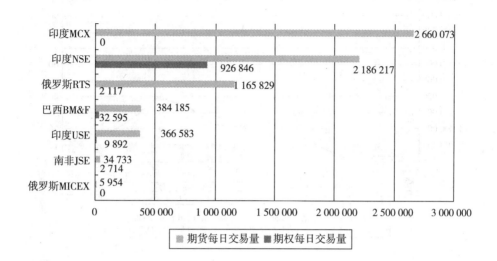

图5－19　金砖国家交易所的期货和期权交易量

印度国家证券交易所（NSE）的外汇期权交易活跃，约占外汇期货交易量的40%。而外汇期权的量仓比（每天交易量与持仓量之比）约为10，远小于外汇期货的量仓比，显示外汇期权相对于外汇期货具有相对更大的持仓量。

二是币种结构以美元相关合约为主。金砖国家交易所的场内外汇衍生品市场的币种结构中，美元相关合约普遍占90%以上份额，只有莫斯科银行间货币交易所（MICEX）和南非约翰内斯堡股票交易所（JSE）小于90%，分别为86%和80%。

场内外汇衍生品市场的币种结构与汇率制度和外汇市场的发达程度相关。俄罗斯的汇率制度以美元和欧元组成的货币篮子为锚，因此欧元合约在莫斯科银行间货币交易所（MICEX）的占比也较高。而南非外汇

---

① 这里 MICEX 是指没有合并之前的莫斯科银行间货币交易所。由于目前为止，MICEX 和 RTS 还没有采用单一品牌，各机构还是习惯于将 MICEX 和 RTS 的交易额数据单独统计，本书也沿用这种习惯。MICEX 和 RTS 合并之后的新交易所，本书写成 MICEX － RTS。

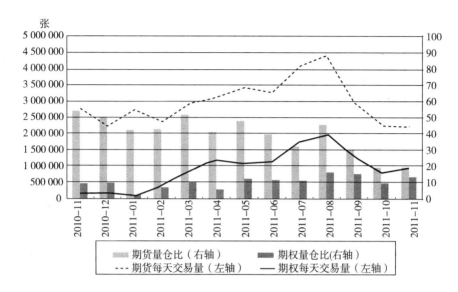

资料来源：FOW Data。

图 5 - 20　印度国家证券交易所外汇期货和外汇期权的量仓比

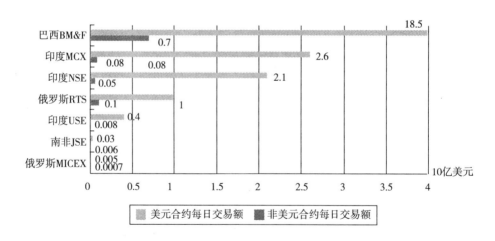

资料来源：FOW Data 和作者计算。

图 5 - 21　金砖国家交易所以美元相关合约为主

市场相对于其他金砖国家更加开放，因此其他币种在南非的交易也较活跃。

三是最活跃的合约为本币对美元合约。表5-4显示了全球交易最活跃的外汇期货或期权产品。值得注意的是，几乎所有交易活跃的期货产品都是本币对外币期货产品，只有俄罗斯RTS推出的美元/欧元期货属于外币对外币期货合约。

金砖国家场内外汇衍生品市场中，本币对美元期货合约成交最活跃的原因如下：一是本币对美元的交易动机最强。美元是金砖国家的主要交易结算货币，本国企业所需要规避的风险一般都是本币对美元的风险。二是金砖国家的外币负债或跨境资金也以美元为主，故而本币对美元期货合约也是最活跃的投资产品。

表5-4　　　　全球20只成交最活跃的外汇期货或期权产品①

	外汇期货合约名称	交易所	合约价值	成交量（张）
1	USD Rupee Futures	印度MCX-SX	1 000 USD	821 254 927
2	USD Rupee Futures	印度NSE	1 000 USD	705 319 585
3	EURO FX Futures	美国CME	125 000 EURO	86 232 358
4	USD Futures	巴西BM&F	50 000 USD	82 453 621
5	USD Ruble Futures	俄罗斯RTS	1 000 USD	81 122 195
6	USD Futures	韩国交易所	10 000 USD	64 256 678
7	USD Futures	阿根廷Rofex②	1 000 USD	61 729 396
8	EURO Rupee Futures	印度MCX-SX	1 000 EUR	46 411 303
9	EUR USD Futures	俄罗斯RTS	1 000 EUR	39 476 420
10	Australian Dollar Yen Futures	日本TFX	10 000 AUD	34 272 436
11	Yen Futures	美国CME	12 500 000 Yen	31 862 793
12	Pound Futures	美国CME	62 500 GBP	30 220 239
13	USD Yen Futures	日本TFX	10 000 USD	27 551 634
14	Australian Dollar Futures	美国CME	100 000 AUD	25 903 355
15	USD Options on Futures	巴西BM&F	50 000 USD	24 170 975
16	Canadian Dollar Futures	美国CME	100 000 CAD	22 083 807
17	EUR Yen Futures	日本TFX	10 000 EUR	19 921 565
18	USD Rollover	巴西BM&F	50 000 USD	19 223 570
19	EUR Rupee Futures	印度NSE	1 000 EUR	17 326 787
20	Pound Yen Futures	日本TFX	10 000 GBP	17 108 444

资料来源：FIA，2010。

①　资料来源：FIA，2010年年报。FIA把日本东京金融期货交易所TFX的外汇保证金合约算成外汇期货合约，但有些机构如FOI认为这个合约不属于外汇期货而没有将其列入数据库中。

②　阿根廷Rosario期货交易所，Rosario Futures Exchange（ROFEX）。

三、市场主体：除了中国外，金砖国家都形成了参与全球竞争的金融衍生品交易所

巴西、印度、俄罗斯和南非都积极发展金融衍生品市场。经过一段时期的自由竞争，这些国家发展出一家或几家垄断本国外汇衍生品市场的交易所，并积极开拓国际市场，参与国际竞争。2012 年，中国外汇交易中心准备建立境外机构，建设面向全球的人民币支付清算网络。不过，在交易所的国际竞争力上，中国显然落后于其他金砖国家。

巴西外汇市场的主导机构是巴西商品期货交易所（BM&F Bovespa）。

巴西商品期货交易所在过去的一个世纪中几乎合并或收购了巴西所有的其他交易所，成为巴西证券和期货市场的主导力量。目前，该交易所在商品、证券、外汇和利率等市场有齐全的产品线。2010 年该交易所的市值达 154 亿美元，在全球交易所中仅次于芝加哥商品交易所集团和香港交易所。同年，巴西商品期货交易所与芝加哥商品交易所集团互换股份，目前两者互相持股各 5%，并结成全球优先战略伙伴（Global Pre-ferred Strategic Partners），在平等互利的原则上寻求与其他交易所的战略投资和商业合作[①]。

俄罗斯市场中，莫斯科银行间货币交易所（MICEX）起了相似的角色。莫斯科银行间货币交易所由俄罗斯央行和主要银行于 1992 年组建。俄罗斯央行依赖这个市场制定美元/卢布的官方汇率。1995 年之后，该交易所陆续兼并各区域的银行间货币市场交易所，成为全俄罗斯的银行间货币市场。此外，莫斯科银行间货币交易所还与其他商品期货和证券交易所合并，特别是 2012 年与俄罗斯股票交易所（RTS）合并，形成 MICEX – RTS 交易所[②]，并计划于 2013 年实现公开上市。

南非的约翰内斯堡股票交易所（JSE）拥有 100 多年的运营历史，已经建立了包含股票、商品、利率和汇率类的衍生品，品种齐全，体系齐全。2001 年，约翰内斯堡股票交易所与伦敦股票交易所（LSE）实现

---

① 参考 BM&Fbovespa 公司的网站。

② 据 MICEX 网站介绍，MICEX – RTS 正在重新构建品牌，新品牌于 2012 年上半年公布，在此之前交易额数据还是按两个交易所计算，故而本书也按照 MICEX 和 RTS 分别统计和分析数据。

了交叉上市。

印度的外汇市场还没有形成像巴西、俄罗斯和南非这样具备主导作用的交易所市场，还处于较分散和自由竞争的阶段。印度中央银行没有成立集中的银行间外汇交易市场，只是对银行间交易系统和清算模式提出很高的要求，各银行可以在符合这些要求后展开自由竞争。而交易所方面，印度共有20多家交易所，其中3家交易所建立了外汇期货电子交易系统，并申请到印度中央银行的外汇期货市场牌照。目前，印度外汇期货市场还处于激烈竞争的状态。但印度交易所也展现出其全球化视野，印度多种商品交易所（MCX－SX）的母公司印度金融技术公司（Financial Tech－nologies）在全球建立或收购了7家交易所，包括新加坡商品交易所（SMX）和迪拜黄金和商品交易所（DGCX）等。

四、产品策略：金砖国家交易所采用扩张性或集中性产品策略，并且国际金融危机之后，纷纷加快推出场内外汇衍生品

金砖国家中，巴西于1987年就推出第一个外汇期货合约，外汇期货市场已经发展了20多年，巴西商品期货交易所（BM&F）也成了全球第二大外汇期货交易所。俄罗斯的莫斯科银行间货币市场于1996年推出外汇期货合约，后来该市场组成莫斯科银行间货币交易所（MICEX）。南非和印度推出外汇期货的时间较晚，分别是2007年和2008年。

金砖国家的七大交易所分别采用了两种不同的产品策略，一是扩张性产品策略，二是集中性产品策略。

巴西商品期货交易所（BM&F）和南非约翰内斯堡股票交易所（JSE）采取了扩张性产品策略。如表5－5所示，这两家交易所都推出了很多外汇期货合约，囊括十几种货币。它们采取这种扩张性产品策略的原因，一是这两个交易所的历史悠久，技术系统先进，能同时处理如此多的外汇期货合约同时上市；二是与它们的竞争策略有关，即风险突然升高的情况下，市场对外汇期货产品的需求会突然一下子暴增，因此推出合约等待交易量的提高是一个竞争策略。

表 5 – 5 金砖国家外汇期货和期权合约概况

交易所名称	外汇期货		外汇期权		主力合约面值
	起始时间	数目	起始时间	数目	
巴西 BM&F	1987 年	16	1988 年	1	50 000 美元
俄罗斯 MICEX	1996 年	3	—	—	1 000 美元
俄罗斯 RTS	2002 年	5	2005 年	2	1 000 美元
南非 JSE	2007 年	18	2008 年	17	1 000 美元
印度 MCX	2008 年	4	—	—	1 000 美元
印度 NSE	2008 年	4	2010 年	1	1 000 美元
印度 USE	2010 年	4	2010 年	1	1 000 美元

资料来源：FOW Data 和各交易所网站。

　　扩张性产品策略源自芝加哥商品交易所（CME）。梅拉梅德发现，外汇期货合约除了"第一家最多，便是胜利"的规律外，还有另一条规律，就是每当货币危机或其他金融危机到来时，外汇期货市场由于其良好的流动性可以为全球的套保者和投机者提供价格，而获得爆炸性发展[1]。因此芝加哥商品交易所倾向于在危机来临之时快速推出外汇期货合约。

　　巴西商品期货交易所（BM&F）和南非约翰内斯堡股票交易所（JSE）都采取相似的产品策略。它们尽快推出较齐全的外汇期货产品，并等待市场需求的突然提升。而国际市场金融风险升高之时，更加快推出新产品。如 2010 年和 2011 年两家交易所分别都推出 13 个新的外汇期货合约，占外汇期货合约总数的大部分。

　　2008 年之后，金砖国家推出外汇期货和期权产品的速度明显加快的原因如下：一是国际金融危机来临，市场对外汇风险管理工具的需求增加；二是这次危机凸现国际货币体系的内在不稳定，金砖国家纷纷寻求

---

　　[1]　详细请见梅拉梅德的自传：《逃向期货》，北京，机械工业出版社，196～199 页，2011。

本币国际化，完善外汇期货市场也是一种应对的方法。

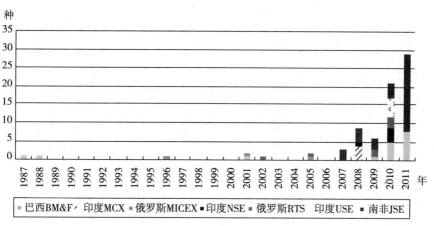

资料来源：FOW Data 和交易所网站。

图 5 – 22　金砖国家推出外汇期货和期权的合约数目和时间

印度和俄罗斯的交易所采取集中性的产品策略，即仅仅推出几种关键货币对的期货合约。这种策略有两个优势：一是有助于集中流动性，以便与国内其他交易所竞争；二是集中资源，使这几个关键产品更可能获得成功。

五、金砖国家外汇期货市场的量仓比显示，印度市场的投机性最强，而南非和俄罗斯最弱

金砖国家外汇期货市场的投机性区别很大。图 5 – 23 中的量仓比（每天交易量与持仓量之比）显示，印度市场的投机性最强，量仓比达到 50 以上，而南非约翰内斯堡股票交易所（JSE）和莫斯科银行间货币交易所（MICEX）的量仓比最小，显示这两个市场的套期保值功能发挥得较好。巴西商品期货交易所（BM&F）的量仓比约是 8，小于芝加哥商品交易所约 16 的量仓比，显示了印度之外的金砖国家外汇期货市场拥有良好的风险对冲功能。

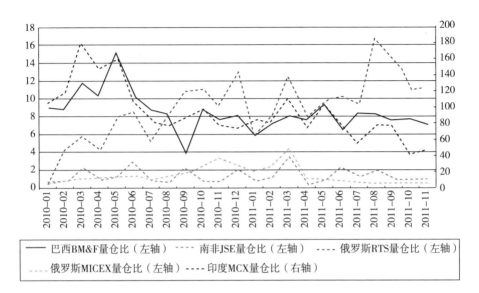

资料来源：FOW Data 和作者计算①。

图 5－23　金砖国家外汇期货市场的量仓比

5.2.3　金砖国家场外和场内外汇衍生品市场之间的关系

除了中国，其他金砖国家都建立了场内外汇衍生品市场。那么，这些国家推出场内外汇衍生品市场是否影响了场外外汇衍生品市场的健康发展呢？

一、场内市场的发展没有显著影响场外市场的交易规模

金砖国家场内外汇期货市场的迅速发展并没有显著阻碍场外外汇衍生品市场的发展。如图 5－23 显示，巴西、南非和俄罗斯的场外外汇衍生品市场还处于高速增长阶段，并没有受到场内市场的影响。

印度外汇期货市场的发展也没有显著影响场外外汇衍生品市场。如图 5－24 所示，相对于 2008 年，印度外汇远期市场在 2009 年的交易量稍有下降，但总体而言，下降幅度并不显著。从交易量的增长速度来看，

──────────

①　采用各交易所平均的每天交易量和持仓量计算量仓比。

外汇即期、外汇远期和外汇期货市场具有相似的增长趋势和波动周期，外汇期货市场不会显著降低外汇远期市场的交易额[①]。从市场交易目的看，印度外汇远期市场主要为套期保值者提供了对冲他们真实外汇风险敞口的工具。而外汇期货市场中，主要的交易目的为套利和投机，市场参与者希望通过外汇价格的波动赚取差价，因此外汇期货市场的迅速发展不会摊薄远期市场的交易额。

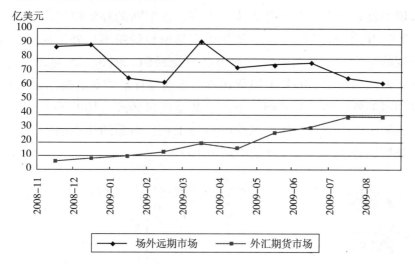

资料来源：Gopinath (2010)，印度央行和各交易所网站。

图 5-24 印度外汇期货市场发展没有显著影响场外外汇衍生品市场

为什么金砖国家场内外汇衍生品市场的发展不会阻碍场外外汇衍生品市场的发展？其主要原因是金砖国家的场外外汇衍生品市场并不发达，不能全面发挥套期保值和风险管理的作用，市场还存在大量的发展空间，而场内市场正可以弥补场外市场的不足之处，从而促使两个市场发挥协调发展。一是场内和场外市场服务于不同的客户群体。场外市场由于规模歧视和价差较大，经常将中小企业拒之门外，而场内市场却实行匿名集中交易，对所有客户一视同仁，更有利于中小企业的汇率风险管理。

---

① 具体分析见 Lingareddy, T., 2009, Foreign Exchange Markets in India: Futures v/s Forward Trading, Collection of Articles, pp. 168 - 174, The Clearing Corporation of India Ltd。

二是银行作为场外市场的交易主体，需要一个流动性充足的场内市场。场外市场由于经常缺乏足够的流动性，而不利于银行的外汇风险管理。一个流动性充足的场内市场将有助于改善银行的风险管理能力。

二、场内和场外市场的协调发展有助于金砖国家更好地服务实体经济，防范金融风险

除了中国以外的金砖国家逐渐形成了场内和场外外汇衍生品市场协调发展的良好局面。2002 年以来，巴西、俄罗斯的外汇期货市场增长很快。2007 年之后，印度、南非等国的交易所也纷纷推出外汇期货，特别是印度的交易所，短期内就达到很高的交易额。图 5 – 25 显示了巴西、印度、韩国和俄罗斯的外汇期货和外汇远期每日平均交易额。如图所示，这些国家的外汇期货交易额都很大，甚至超过场外市场的外汇远期交易额，成为实体经济对冲外汇风险的重要工具。南非的外汇期货市场目前交易规模还较小，但每年增长率超过 100%。

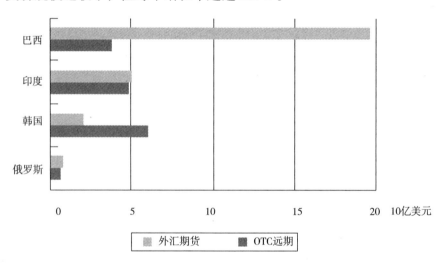

资料来源：国际清算银行和 FOW Data①。

图 5 – 25 外汇期货和外汇远期每天平均交易额

---

① 外汇远期交易额的数据来自 BIS 2010 年的场外衍生品市场调查报告，而外汇期货交易额根据 FOI Intelligence 的数据计算，具体为 2011 年 4 月每日平均交易额。

金砖国家场内和场外外汇衍生品市场的协调发展有助于更好地服务实体经济。一是场内的外汇期货市场为企业签订避险合同提供了参考价格；二是场内外汇衍生品市场为银行对冲风险提供流动性，成为实体企业转移外汇风险的最终场所；三是场内外汇衍生品市场配合实体经济进行产品创新，不断满足各类主体的避险需求。

5.2.4　借鉴和启示

本书比较分析了金砖国家的外汇衍生品市场。其他金砖国家发展外汇衍生品市场的经验有助于我国更好地建设人民币外汇衍生品市场。

金砖国家场外外汇衍生品市场具有以下特点：一是金砖国家场外外汇衍生品市场发展迅速，但所占全球份额依然较小；二是产品结构以外汇远期和外汇掉期为主；三是外汇远期以服务本国企业客户为主；四是外汇掉期以银行间交易和短期合约为主；五是外汇期权规模很小，并且不同国家之间区别较大；六是币种结构以美元为主，美元交易占比高达90%。

金砖国家的场内外汇衍生品市场具有如下特点：一是金砖国家的外汇期货产品增长迅速，改变了全球场内外汇衍生品市场的格局；二是产品结构以外汇期货产品为主，其中本币对美元的期货合约占据交易量的50%以上；三是除了中国外，金砖国家都形成了参与全球竞争的金融衍生品交易所；四是产品策略分为扩张性和集中性两种策略，并且国际金融危机后，金砖国家的交易所纷纷加快推出了外汇期货产品；五是金砖国家外汇期货市场的量仓比显示，印度投机性最强，而南非和俄罗斯最弱。

至于场外和场内外汇衍生品市场之间的关系，金砖国家场内市场的发展没有显著影响场外市场的交易规模。并且，金砖国家场内和场外市场的协调发展有助于金砖国家更好地服务实体经济，防范金融风险。

我国央行扩大了银行间外汇市场人民币兑美元汇率的波动幅度，预示着我国汇率市场化改革进入一个新的阶段。随着美元/人民币汇率波动加剧，我国实体经济对于外汇避险工具的需求将进一步增强。借鉴其他金砖

人民币国际化与外汇期货市场建设研究

国家的经验，场外外汇衍生品市场的服务对象和服务质量都存在局限性的情况下，发展场内外汇衍生品市场，建立起场内和场外市场相互协调的发展局面，有助于外汇市场更好地发挥服务实体经济的套期保值功能。

附件：金砖国家场内外汇衍生品市场的主力合约①

巴西商品期货交易所（BM&F）的主力合约

合约名称	美元/雷亚尔外汇期货合约
报价方式	每 1 000 美元的雷亚尔价格，3 个小数点
合约价值	50 000 美元
合约月份	12 个连续月份，最多 24 个连续月份
交易时间	09：00—16：00
最后交易日	交割月份前一个月的最后一个工作日
最后交割日	交割月份的第一个工作日
交割形式	以巴西雷亚尔现金交割
每日结算价	最后 15 分钟的平均交易价格
最后结算价	巴西央行公布的基准汇率

印度国家证券交易所（NSE）的主力合约

合约名称	美元/卢比外汇期货合约
报价方式	美元/卢比汇率
合约价值	1 000 美元
最小变动价位	0.0025
合约月份	12 个连续月份
交易时间	09：00—17：00
最后交易日	交割月的倒数第三个交易日
最后交易时间	当地时间 12：00
最后结算日	交割月的最后一个交易日
交割方式	以印度卢比现金交割
每日结算价	最后半小时价格的交易量加权平均值
最后结算价	印度央行公布的基准汇率

---

① 主力合约规格参考各交易所网站的资料，不过部分合约规则并不全面，因为交易所没有详细公布。

俄罗斯股票交易所（RTS）的主力合约

合约名称	美元/卢布外汇期货合约
报价方式	1 美元的卢布价格
合约价值	1 000 美元
最小变动价位	0.001
合约月份	4 个季月合约
交易时间	10∶00—23∶50
交割方式	以俄罗斯卢布现金交割
最后结算价	最后交易日 MICEX 美元/卢布汇率的加权平均价

南非约翰内斯堡股票交易所（JSE）的主力合约

合约名称	美元/兰特外汇期货合约
报价方式	美元/兰特汇率
合约价值	1 000 美元
最小变动价位	0.0001
合约月份	4 个季月合约
交易时间	09∶00—17∶00
最后交易日	交割月第三个周三的倒数第二个交易日
最后交易时间	纽约时间早上 10∶00
最后结算日	与最后交易日相同
交割方式	以南非兰特现金交割
每日结算价	现货市场收盘前 5 分钟交易价的算术平均值加上相应的远期点
最后结算价	最后交易日最后前半小时即期汇率的分钟算术平均值

5.3　经验借鉴与总结

　　金砖国家外汇期货市场的发展与它们的汇率制度息息相关，浮动或管理浮动的汇率制度是外汇期货市场建设的条件。外汇期货市场建设中，金砖国家都形成了场内和场外外汇衍生品市场协调发展的局面。

5.3.1 富有弹性的汇率制度是外汇期货市场发展的前提条件

众所周知，CME1972 年推出的外汇期货合约获得成功。不过，CME并不是第一个推出外汇期货的交易所。最早推出外汇期货合约的是纽约农产品交易所（即后来的 ICE），其于 1970 年 4 月推出外汇期货合约，不过最终失败。失败的原因是当时布雷顿森林体系还没有瓦解，市场对外汇衍生产品缺乏需求。CME1972 年推出外汇期货时，各国已经开始采用浮动汇率制度。外汇期货的推出适逢其时，获得快速发展。

印度、南非、巴西和俄罗斯等金砖国家推出外汇期货时，都实行了浮动或管理浮动的汇率制度。如图 5 - 26 所示，南非于 2007 年推出外汇期货，印度于 2008 年推出。它们推出外汇期货时，汇率弹性或者波动率已经很大。国际货币基金组织（IMF）的年度汇率制度评估中，南非被认定为浮动汇率制度，而印度为管理浮动汇率制度。巴西和俄罗斯在1994 年之前没有每天的汇率数据，我们还将进一步分析。

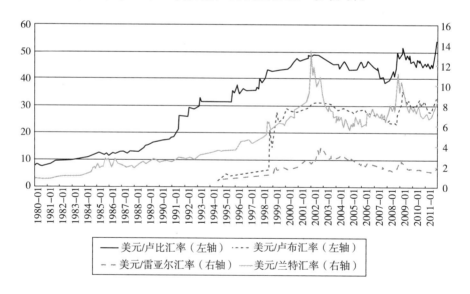

资料来源：Federal Economic Data。

图 5 - 26　印度、南非、巴西和俄罗斯的汇率

巴西 1987 年推出外汇期货时，其汇率也面临巨幅波动。20 世纪 80 年代，巴西经济处于剧烈动荡当中，经济衰退、债台高筑和货币贬值是这一阶段巴西经济的主要特点。巴西政府为了稳定国民经济而尝试了多次货币稳定计划，如 1986 年的 Cruzado 计划、1987 年的 Bresser 计划、1989 年的 Verao 计划和 1990 年的 Collor 计划。每一次计划都意味着实行一种新的货币，这个时期巴西货币对美元的汇率巨幅波动，如表 5 – 6 所示。直到 1994 年，巴西实行雷亚尔（Real）计划，才最终稳定了汇率，在短暂浮动汇率之后，巴西从 1995 年开始实行钉住美元的汇率制度。但是，80 年代巴西汇率波动异常剧烈，正是这个时期巴西推出了外汇期货合约，为市场提供汇率风险的管理工具。

表 5 – 6 　　　　　　20 世纪 80 年代巴西的汇率剧烈变化

年份	巴西货币对美元汇率
1980	1.916×10^{-11}
1981	3.385×10^{-11}
1982	6.525×10^{-11}
1983	2.0973×10^{-10}
1984	6.7×10^{-10}
1985	2.25×10^{-9}
1986	4.96×10^{-9}
1987	1.426×10^{-8}
1988	9.527×10^{-8}
1989	9.6173×10^{-7}
1990	2.4836×10^{-5}
1991	1.4786×10^{-4}
1992	1.6417×10^{-3}
1993	3.2158×10^{-2}
1994	0.63931

俄罗斯早在 1992 年就推出外汇期货产品，这个时期卢布的汇率也极其不稳定。俄罗斯休克疗法之后，一度存在多个美元/卢布汇率，汇率制度非常混乱。1992 年 7 月，俄罗斯实行了单一的汇率制度改革，并采取浮动汇率制度，这个汇率制度一直保持到 1995 年。莫斯科商品交易所

（MCE）推出外汇期货合约时，俄罗斯正面临剧烈的汇率波动。1994 年 10 月 11 日，俗称"黑色星期二"，俄罗斯汇率从 3 081 卢布/美元贬值 27.5% 到 3 929 卢布/美元。

5.3.2　一般情况下，完善的远期市场是外汇期货发展的基础，但特殊情况下外汇期货市场也可以先于远期市场发展

一般情况下，外汇期货市场是在外汇远期市场基础之上发展起来的。外汇期货作为外汇远期的标准化产品，是在远期市场发展较完善之后才搬上交易所的。如印度和南非在上市外汇期货的时候，两个国家的外汇远期市场都较完善，并且成交活跃，南非的场外外汇市场甚至具有与发达国家相似的特点。

不过，某些特殊情况，外汇期货市场也会先于远期市场发展，巴西和俄罗斯就是两个典型例子。20 世纪 80 年代，巴西经济面临严重问题，政府遭遇主权信用危机，大量银行破产。面对高涨的通货膨胀和超高利率，企业和银行都无法安心经营，外汇远期市场没有发展的机会，可是由于汇率面临剧烈动荡，市场也需要风险对冲机制。于是，1987 年，巴西政府允许 Bovespa 交易所（BM&F Bovespa 的前身）上市外汇期货。而巴西外汇远期市场直到巴西经济 90 年代逐步稳定之后才缓慢发展起来。

俄罗斯的外汇期货市场也先于外汇远期市场发展。莫斯科商品交易所（MCE）在学习西方交易所的经验之后，于 1992 年 10 月就上市了外汇期货。而外汇远期合约直到 1993 年 11 月，才由少量商业银行向企业客户提供。经济面临剧烈波动时期，外汇期货市场具有相对优势。一是外汇期货实行集中交易，能较好地控制信用违约风险，而企业还没有与银行建立良好的信用关系，因此这种环境下外汇远期市场难以发展。二是外汇期货市场可以积聚流动性，对早期有利，而银行自身规模也很小，经常面临单边风险，使得它们也不愿意提供外汇远期产品。

5.3.3　金砖国家外汇期货市场发展较快的原因是场外市场不发达、违约风险较高和政策限制

2003 年以来，外汇期货市场经过一轮波澜壮阔的发展时期，也使外

汇期货成为近十年发展最快的金融期货产品。这些增长主要由金砖国家的交易所推动，包括印度 MCX – CX 和 NSE、巴西 BM&FBovespa、俄罗斯 RTS 和南非 JSE。

这些国家外汇期货市场增长快速的原因如下：

一是外汇远期市场无法满足企业不断增长的避险需求。金砖国家普遍在 1999 年之后采取了管理浮动的汇率制度。随着近十年这些国家的国民经济快速增长，与世界经济融合加深，企业在经营中面临不断增加的外汇风险，而场外外汇远期市场却不能满足企业的需求，这是金砖国家外汇期货市场快速增长的主要原因。

二是银行在金融危机之后面临更大的经营风险，纷纷提高保证金水平，促使企业进入场内市场交易。这次金融危机更是暴露了银行间市场的风险黑洞。即使是风险管理能力很强的发达国家，银行间市场还是发生不可控制的系统性风险事件。为了控制风险，银行一方面提高资本金，降低杠杆率，另一方面提高外汇衍生品的保证金。据调查，南非的外汇远期市场中，与银行没有信用关系的企业必须缴纳 10% 的保证金，才能签订外汇远期合约。而危机之前，企业仅需支付 2% ~ 2.5% 的保证金。这样，企业纷纷进入外汇期货市场进行外汇风险管理。

三是金砖国家企业的违约风险也较高，信用体系还有待健全，而外汇期货可以有效地消除违约风险，因此获得更快的发展。外汇期货市场最大的优点是能够消除信用违约风险，而这一点对金砖国家或发展中国家更加重要。这些国家往往不具备完善的信用体系，而让银行为所有这些信用记录不清或不良的企业提供衍生品服务，显然将大幅增加银行体系的系统性风险，银行也不愿意接纳诸多中小企业进入外汇远期市场。而外汇期货市场通过一系列制度设计，如中央对手方清算，消除了违约风险，因此拥有很大的发展空间。

四是政府对外汇远期市场投机行为的限制也客观上促进投机者纷纷进入外汇期货市场，提高了场内市场的流动性。金砖国家政府非常担心企业或个人利用外汇远期市场进行投机活动，而采取一定的制度限制投机行为。如印度和南非所采取的实需原则，即企业签订外汇远期合约必须提供真实贸易背景证明。这样，政策上外汇期货拥有更好的发展空间，可以吸纳一部分投机者进入市场。

5.3.4 顶层设计角度推进外汇期货市场建设，形成场内场外外汇衍生市场协调发展的局面，提高效率，降低系统性风险

金砖国家的经验表明，场内和场外外汇衍生品市场的协调发展有助于降低系统性风险，提高市场运行效率。

一是场内场外市场的协调发展可以服务更多的企业和投资者。场外外汇衍生品市场主要服务于大企业和大机构，这些客户信用良好，是银行的主要目标客户。而对于中小企业，很多银行却没有足够的服务能力，同时也由于这类客户不能产生足够的利润，银行往往忽略这部分客户。外汇期货市场实行连续竞价交易，交易信息公开透明，并且不会按照客户的性质而加以排斥，有利于扩大外汇衍生品市场的服务群体。

二是两个市场分工协作可以降低系统性金融风险。巴西外汇衍生品市场中，企业向银行购买场外外汇衍生品，而银行再通过外汇期货市场对冲它们的零售市场积累的风险头寸。外汇期货市场由于具备更好的流动性，更强的价格发现能力，能够对冲零售市场积累的外汇风险，成为整个外汇衍生品市场最终的风险对冲平台。同时，由于场内市场实行中央对手方清算，整个设计方案可以降低系统性金融风险。

三是两个市场相互促进可以降低交易成本，提升效率。金砖国家的经验表明，场内和场外市场的协调发展有利于降低整个外汇市场的价差和交易成本，加快信息流通速度，提高市场运行效率。

本章参考文献

［1］Reinhart，C. M. and Rogoff，K. S.，2002，The Modern History of Exchange Rate Arrangements：A Reinter － pretation，NBER Working Paper No. 8963；IMF，2010，Annual Report on Exchange Arrangements and Exchange Restrictions.

［2］Sharan，V.，2009，Indian's Financial Sector：An Era of Reform，

SAGE Publications, p154.

［3］Reinhart, Carmen M. , and Kenneth S. Rogoff, 2011, From Financial Crash to Debt Crisis.

［4］American Economic Review, 101 （5）: 1676 – 1706.

［5］The IMF and Recent Capital Account Crises: Indonesia, Korea, Brazil— ［Washington, D. C.］: International Monetary Fund, 2003.

［6］Shah, A. , Thomas, S. and Gorham, M. , 2008, India's Financial Markets: An Insider's Guide to how the Markets Work, Elsevier, pp. 153 – 155.

［7］梅拉梅德:《逃向期货》，北京，机械工业出版社，2011。

［8］Lingareddy, T. , 2009, Foreign Exchange Markets in India: Futures v/s Forward Trading, Collection of Articles, pp. 168 – 174, The Clearing Corporation of India Ltd.

［9］Gopinath, S. , 2010, Over – the – counter Derivative Markets in India – Issues and Perspectives, Banque de France · Financial Stability Review · No. 14 – Derivatives – Financial Innovation and Stability July 2010.

［10］Report of the Internal Working Group on Currency Futures, Reserve Bank of India, April, 2008.

［11］Report of the SEBI – RBI Standing Technical Committee on Exchange Traded Currency Futures, Reserve Bank of India and Securities and Exchange Board of India, 2008.

［12］Currency Futures （Reserve Bank） Directions, 2008, Notification No. FED. 1/DG （SG） – 2008 dated August 6, 2008.

［13］Report of the Working Group on Reporting of OTC Interest Rate and Forex Derivatives, Reserve Bank of India, May, 2011.

［14］Korolev, I. S. , The Currency Market in Russia: Trends and Prospects, Translated by Lawson – Tancred, H. , Euromoney Publications PLC.

6 推进我国外汇期货市场建设的若干思考

6.1 人民币国际化对外汇期货市场建设的内在要求

6.1.1 外汇期货市场在开放型经济体中具有举足轻重的地位

金融全球化进程的加速，促进了跨境资本流动的扩张，并对各国经常账户与资本账户带来了巨大冲击。在国际收支失衡以及汇率管制放松的过程中，汇率风险逐渐突显为各个经济体特别是开放型经济体所需面对与处理的关键问题。为此，众多开放型经济体也纷纷适时推出了外汇期货市场，以期完善外汇风险管理体系，满足市场对于避险工具的多元化需求。当前外汇期货已经发展成为一种成本低廉、交易简捷、监管严密的风险管理工具，服务经济发展的功能不断显现，重要性不断提高，特别是相对于外汇远期等场外外汇衍生品发挥了独特、差异化的作用。更重要的是推出外汇期货也为外向型经济体抵御经济开放风险、增强外汇市场效率、促进经济稳定增长作出了积极贡献。

一、应用广泛的外汇期货丰富了市场避险渠道，增强了外向型经济体抵御经济对外开放风险的能力

（一）外汇期货在全球得到了较为广泛的应用，是市场普遍接受并认同的风险管理工具

当前，外汇期货已被全球广大投资者所熟悉，并已逐渐接纳为外汇风险管理的有效工具。调查研究表明，在美国、英国以及新加坡等外汇市场较为发达和成熟的国家中，企业使用外汇期货管理风险的比例分别

6 推进我国外汇期货市场建设的若干思考

为43.2%、35.6%和62.3%。而根据 Bartram（2003）对全球 48 个国家的 7 263 家企业的调查，大约有 4.4% 的企业会使用外汇期货管理汇率风险。

表6-1 全球各国外汇期货使用状况

调查开展方	样本数	样本国家	外汇期货的使用比例（%）
Bartram, 2003	7 263	48 个国家	4.40
Grant 和 Marshell, 1997	55	英国	35.60
Alkeback 和 Hagelin, 1999	163	瑞典	23.2
Khim 和 Liang, 1997	69	新加坡	62.30
Gey 和 Nam, 1995	489	美国	43.20
Grant 和 Marshell, 1997	73	比利时	25
Batten, 1993	94	澳大利亚	4.30
Berkman, 1997	79	新西兰	2.30

资料来源：根据各研究报告整理而成。

根据国际掉期与衍生品工具协会（ISDA）的研究，在所有外汇风险管理工具中，外汇期货是投资者使用频率仅次于外汇远期与场外期权的产品。并且相对于利率期货，外汇期货的应用比例更高。

（二）外汇期货满足了中小企业的风险管理需求

转移外汇风险是外汇衍生品的基本功能之一，但是与场外外汇衍生品相比，外汇期货针对的客户群体有所不同：场外市场往往以银行间市场为主，服务对象集中于银行等大型金融机构与大型企业；而外汇期货市场入门门槛低，市场参与者群体覆盖面广。因此外汇期货的上市，不仅仅丰富了市场避险渠道，更重要的是满足了中小企业迫切的汇率风险管理需求，弥补了场外外汇衍生品市场在服务中小企业方面的不足，提升了开放型经济体整体抵御经济开放风险的能力。

以印度为例，2008 年 8 月外汇期货市场建立以前，场外外汇衍生品市场主要供大型银行参与，中等规模以下的企业市场渗透度有限。据印度证券与交易委员会的统计，至 2009 年 8 月印度场外外汇衍生品市场中企业参与者的占比仅有 30.3%，而银行的占比则达到 69.7%（图 6 -

277

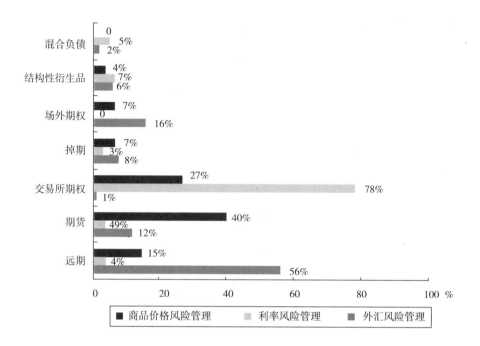

资料来源：ISDA。

图6-1　全球衍生品分类使用状况

2）。在此情况下，印度政府以推出小面值合约的方式建设外汇期货市场，起到了吸引与服务中小实体企业的作用。据印度证券与交易委员会的统计，印度外汇期货市场企业等非银行机构参与者的占比约为64.73%（见图6-3），由此与场外市场形成了良好的互补关系。

　　二、健康发展的外汇期货市场增强了本币持有者的信心，因此在汇率剧烈波动阶段能够减少资金跨境流动，由此反过来起到平抑汇率波动的积极作用

　　一个健康发展的外汇期货市场能够为投资者提供抵御汇率波动风险的渠道，增强持币者信心，提高境内资金承受汇率波动的动力，避免资金大规模跨境逃离。因此，从这一角度看外汇期货能够在汇率波动阶段起到平抑资金跨境流动、减少汇率波动的作用。

　　从印度推出外汇期货后卢比汇率的表现来看，2008年至2011年期

6 推进我国外汇期货市场建设的若干思考

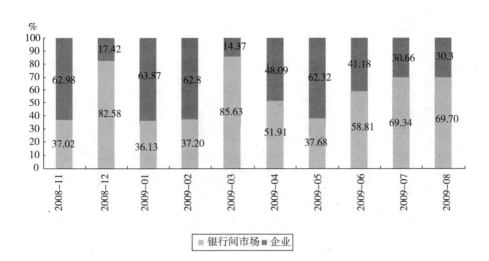

资料来源：印度证券与交易委员会《场外外汇衍生品市场外汇期货比较研究》。

图6-2 印度场外外汇衍生品市场投资者结构

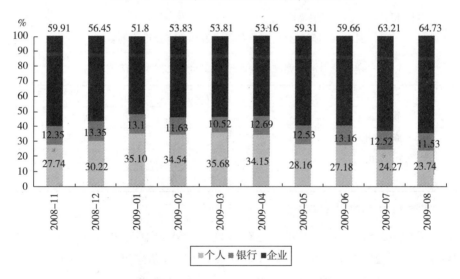

资料来源：印度证券与交易委员会《场外外汇衍生品市场外汇期货比较研究》。

图6-3 印度外汇期货市场投资者结构

间，随着外汇期货市场的日均交易量由 41.3 亿卢比扩大至 963.3 亿卢比，卢比汇率的年波动幅度也由 1.67% 下降到了 0.04%，见表 6-2。

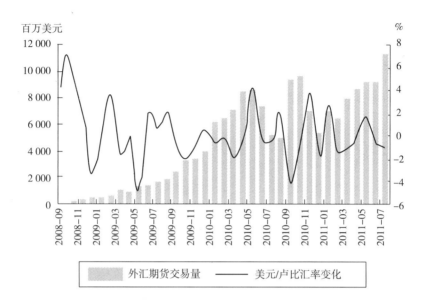

资料来源：印度证券与交易委员会。

图6-4 印度外汇期货交易量及印度卢比汇率的变化

表6-2 印度卢比汇率波动与外汇期货交易量之间呈反向关系

时期	日均交易量（千万卢比）	卢比升（贬）值幅度（%）
2008—2009	413	1.67
2009—2010	3 329	-0.59
2010—2011	7 295	0.21
2011—2012	9 633	0.04

资料来源：印度证券与交易委员会。

类似的结论在学术研究中也有体现。1998 年国际货币基金组织运用 1995 年 4 月 25 日至 1997 年 4 月 4 日数据[①]，分析了新兴市场国家外汇期货交易对现货市场的影响，结果发现墨西哥比索期货的交易降低了现货市场的波动性，使得现货市场更平稳。

---

① Jochum, 1998, Does the Introduction of Futures on Emerging Market Currencies Destabilize the Underlying Currencies, International Monetary Fund Report.

三、通过优化外汇市场价格发现能力、增强外汇市场流动性、降低外汇市场交易成本，外汇期货能够提高外汇市场整体的定价能力与资源配置能力

（一）外汇期货能够优化外汇市场的价格发现能力

正如诺贝尔经济学奖获得者默顿·米勒所言："期货市场的魅力在于让你真正了解价格。"尽管相对 OTC 外汇即期市场，外汇期货往往在成交量上处于劣势，但是凭借更强的信息汇集能力，外汇期货对外汇市场整体价格发现能力的贡献度更高①。

以巴西为例，由于 OTC 市场存在价格不透明的问题，因此企业在 OTC 与银行签订外汇掉期合约规避风险的过程中，往往参考外汇期货市场的价格。而在 2000 年左右，巴西外汇市场的价格发现功能就实现了由即期市场向外汇期货市场的转移。

外汇期货市场强势有效的信息发掘能力主要来自三种渠道：一是更高的价格透明性，而价格本身即是一种信息；二是更为多样化的市场参与者结构，丰富的参与者类别决定了多元的信息资源渠道；三是由于外汇期货具有低成本、高杠杆以及匿名性的特点，因为拥有更多信息的市场参与者往往也更倾向于选择外汇期货市场。以外汇交易商与对冲基金为例，前者往往会根据交易的类别选择相应的交易途径，基于私有信息的自营交易一般采用匿名的外汇期货交易方式，单纯的头寸平盘交易则会采取银行间市场的非匿名通道②，而后者在外汇期货高杠杆、高收益可能的驱动下，也有很强的激励获取信息，并以此为基础开展交易，最终将信息体现于外汇期货价格。

（二）外汇期货能够增强外汇市场流动性

外汇期货市场建立之后，可以通过两种途径提高外汇市场整体流动性：一是外汇期货市场能够吸引新的投资者参与外汇交易，二是外汇期货的引入允许投资者在外汇期货、外汇即期、外汇远期以及外汇掉期等市场之间开展套利交易。

---

① 见美联储工作报告 Price Discovery in the Foreign Currency Futures and Spot Market.

② Bjonnes and Rime, 2005, Dealer Behavior and Trading Systems in Foreign Exchange Markets.

以印度为例，2008 年外汇期货引入后，无论是外汇现货、外汇远期，还是外汇掉期市场交易量均有不同程度的提高。印度储备银行公布的数据显示，2008 年 8 月外汇期货市场推出之前，印度外汇市场日均交易量仅有 382.4 亿美元，而至 2011 年 7 月，该数字已经上升 27.6%，达到 488.1 亿美元，其中，外汇现货、外汇远期以及外汇掉期日均交易量分别由最初的 188 亿美元、118 亿美元和 72 亿美元，上升 24%、31% 和 38%，至 233 亿美元、155 亿美元和 99 亿美元。

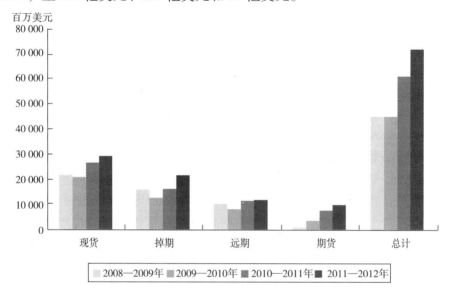

资料来源：印度储备银行。

图 6 - 5   2008 年外汇期货推出以后，印度外汇市场成交量明显上升

（三）外汇期货能够缩小外汇市场交易成本

理论而言，外汇期货能够通过以下两种渠道降低外汇市场交易成本：一是外汇期货市场的出现会对场外市场形成竞争与威胁，迫使场外市场降低买卖价差，由此促进整个外汇市场交易成本的降低；二是在套利交易的帮助下，外汇期货的引入能够扩大外汇市场整体的流动性，而流动性改善的结果本身即是交易成本降低。

印度储备银行统计的数据显示，自外汇期货市场建立至 2009 年 11

月，其交易成本始终低于场外远期市场。在 OTC 外汇远期市场，买卖价差低于 5 个基点的交易仅占总体成交量的 6.53%，而无论是国家证券交易所还是多种商品交易所上市的外汇期货，买卖价差低于 5 个基点的交易均占总体成交量的 90% 以上。因此，外汇期货引入之后，受到更低廉交易渠道的竞争驱动，印度外汇市场整体的交易成本也有明显降低。2008 年 11 月至 2009 年 9 月，随着外汇期货买卖价差由最初的 86 个基点降至 29 个基点，OTC 即期市场的买卖价差也由原有的 187 个基点降至 108 个基点。

表6-3　　　　印度市场外汇期货与外汇远期交易的买卖价差分布　　　单位：%

价差	价差在指定范围的交易比例		
	外汇远期	国家证券交易所外汇期货	多种商品交易所外汇期货
0.0025	0.58	62.98	88.58
≤0.0025	6.53	94.74	98.97
≤0.01	49.25	99.92	99.93
≤0.02	99.54	99.98	100
≤0.03	100	99.98	100
≤0.04	100	99.98	100
≤0.05	100	99.99	100
≤0.1	100	100	100

资料来源：印度储备银行。

四、借助流动性充裕、参与者群体丰富等优势，外汇期货容易发展成为外汇市场的主要信息源，进而起到防范本国汇率定价权旁落的作用

理论上，汇率的定价权掌握在流动性高、交投活跃的外汇市场区域，表现为该市场既是汇率价格信息的发源地，也是汇率波动的起动点。借助流动性充裕、参与者群体丰富、汇集信息全面等优势，外汇期货市场很容易发展成为外汇市场的主要信息源。因此，在本土市场建立运行有序、监管规范、流动性活跃的外汇期货市场，有助于防止汇率定价与波动的主动权流失海外，进而维持本土汇率政策的独立性与自主性。

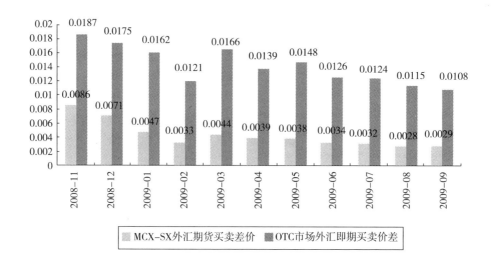

资料来源：印度储备银行。

图6-6　印度外汇期货上市后，场外外汇市场买卖价差明显缩小

俄罗斯是利用外汇期货市场维护本国汇率定价权的典型代表。1998年俄罗斯国债违约事件爆发，导致大量以国债冲抵保证金的交易所关闭或停业，因而外汇期货市场发展也陷入停滞。在此期间，芝加哥商品交易所（CME）于1998年4月21日借机推出了卢布期货。该合约上线后不久，交易量便立即刷新了CME电子交易系统GLOBEX的纪录，并进入了机构投资者积极参与的良性发展循环，由此也对俄罗斯本土外汇市场产生了一定影响，表现为：一是俄罗斯本土客观存在的外汇风险管理需求，转向海外CME市场寻求满足，其中核心证据是CME卢布期货成交量的1/4到1/3来自GLOBEX的莫斯科交易时段；二是俄罗斯本土外汇即期市场卢布交易价格受到CME卢布期货交易价格的牵制。

为了夺回交易的主动权与汇率的定价权，2004年俄罗斯着手构建做市商制度、提高交易所风险控制能力，并利用这些因素推动外汇期货市场发展。2005年后俄罗斯外汇期货交易量以平均每年400%的速度增加，并最终于2006年超过CME，使卢布期货交易的主战场回归本土。

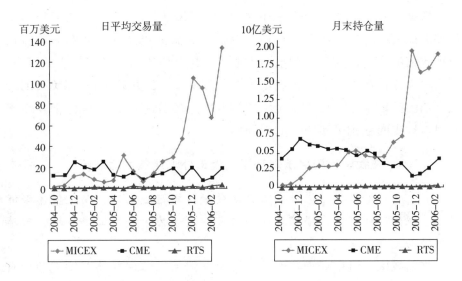

资料来源：MICEX 网站。

图6－7　1998年后CME卢布期货成交与持仓一度超过俄罗斯本土市场

五、为中央银行提供了成本低廉、信号明确的外汇市场干预工具

外汇期货的推出也能在一定程度上丰富中央银行外汇市场干预的工具。与传统的外汇即期交易相比，利用外汇期货干预汇率还有以下几方面的优势：一是根据利率平价理论，外汇期货与外汇即期两者价格，可以通过投资者在相应货币对间的套息行为相互影响，因此以外汇期货市场为依托干预汇率走势，效果与外汇即期市场相近；二是与外汇即期市场干预百分之百的资金兑换不同，外汇期货仅需占用一定比例的保证金，因此节约了中央银行的干预成本，同时也提高了中央银行外汇储备的使用效率；三是由于外汇期货市场价格透明性高，因此中央银行利用外汇期货市场干预汇率，所释放的价格信号更为明确，形成的政策导向也更为强烈；四是中央银行利用外汇期货进行汇率干预，所面临的违约风险更低。

人民币国际化与外汇期货市场建设研究

根据美联储对23个①国家中央银行的调研②，6.3%的中央银行会使用外汇期货进行货币干预。以巴西为例，金融危机期间，面对全球宽松货币政策的冲击，为了抑制巴西雷亚尔过快升值给出口部门带来的压力，巴西中央银行在外汇期货市场出售了2万手、金额共计9.88亿美元的美元合约。而根据国际货币基金组织（IMF）的分析研究，这种干预也确实对汇率走向起到了实质性的引导作用③。

6.1.2 在我国当前经济形势下，上市外汇期货尤为必要

一、上市外汇期货能够丰富我国金融市场避险渠道，满足实体经济风险管理的迫切需求，增强外向经济部门竞争力，并为汇率市场化改革提供辅助支点

当前我国金融市场现实的特征是发展滞后，体现在外汇领域即现有单一的场外外汇衍生品市场难以满足实体经济发展需要。外汇期货市场的建立，有助于拓宽市场避险渠道，完善市场避险机制。相比其他风险对冲手段，外汇期货的突出优势表现在，一是门槛低，参与群体覆盖面广、公平性高；二是标准化程度高，操作简单，手续便捷；三是透明度高，中央担保清算机制，信用风险低。

建设一个健康规范的外汇期货市场，犹如为实体经济运行提供了一条分流汇率风险的泄洪道，能够提升实体经济整体的抗风险能力。一方面，在我国当前劳动力、资源和环境优势逐渐退化甚至成为明显制约的情况下，经济体风险管理能力的提高，有助于弥补上述优势退出对经济增长动力造成的负面影响，进而发挥金融市场改革推动经济加速发展的积极效应。另一方面，伴随人民币国际化战略方针的深入推进，我国汇率体制也将进一步实现市场化改革，这种改革本质上是货币平衡方式的

---

① 比利时、巴西、加拿大、智利、捷克、丹麦、法国、德国、中国香港、印度尼西亚、爱尔兰、意大利、日本、墨西哥、新西兰、波兰、南非、韩国、西班牙、中国台湾、美国、瑞士、瑞典。

② Federal Reserve Bank of ST. LOUIS, The Practice of Central Bank Intervention: Looking Under the Hood.

③ IMF Working Paper, From Lombard Street to Avenida Paulista: Foreign Exchange Liquidity Easing in Brazil in Response to the Global Shock of 2008 – 09.

转变，转轨的过程必然涉及汇率水平的调整，特别是价格由原先数量配给水平向市场化水平过渡，可能引发汇率大幅波动。以外汇期货市场以依托增加实体经济抗风险能力，有助于微观主体适应汇率体制转变，降低汇率波动对其造成的负面影响，对平稳推进汇率市场化改革，维护经济稳定、健康、可持续发展具有积极作用。

二、建立功能健全的外汇期货市场，有利于我国实现由"藏汇于国"向"藏汇于民"的转变，分散外汇储备集中风险压力，提高经济运行效率，扩大货币政策的自主性与操作空间

加入世界贸易组织十多年来，我国已逐步转变为典型的官方债权国，对外金融资产高于对外金融负债，并且外汇资产主要以国际性货币对外债权形式集中于政府手中，民间外汇资金蓄水池规模有限。在外汇储备以官方为主的结构下，建立功能健全的外汇期货市场，将有效降低私人部门持汇、用汇成本，增强私人部门持汇、用汇信心，丰富私人部门外汇投资渠道，有利于实现我国由"藏汇于国"向"藏汇于民"、由"由国储汇"向"由民用汇"的转变。

通过这种转变，外汇期货市场将对稳定经济发展、提高经济运行效率发挥积极作用。一是有利于改善我国对外金融资产分布结构的失衡，促进对外金融资产在政府与私人部门间再分配，缓解政府部门集中管理外汇储备风险的压力。二是实现"藏汇于民"实际上也是推动原本沉淀于外汇储备中的国民财富再运用，这部分金融资源参与经济运行能够辅助解决"三农"和中小企业发展中的资金紧张问题，并且，由于民间外汇运用效益往往高于官方，因此这种运用也可提高金融资源使用效率，进而提高经济运行效率。三是以外汇期货促进民间外汇持有、运用，有助于减轻货币当局对冲操作与货币调控的压力，扩大货币政策的自主性与运用空间。

三、建设外汇期货市场，发挥期货价格发现功能，有利于提高我国外汇市场定价效率，活跃外汇市场交易，完善外汇市场体系，促进交易所和银行间外汇市场协调发展，推进外汇市场统一互联

我国目前的外汇市场交易以银行间市场为主，后者主要采取询价交

287

易机制，价格连续性差、市场透明度低。外汇期货市场能够形成全国性的公开价格，在价格发现功能方面，有着场外市场无法比拟的优势，因而引入外汇期货市场，有利于提高外汇市场定价效率。

首先，外汇期货流动性高，能够更快地反映市场信息；其次，外汇期货市场投资者更加多元，汇集并反映的信息更加全面；最后，外汇期货采用竞价交易机制，价格更具准确性、真实性与权威性。

此外，外汇期货发展也可活跃市场交易，促进外汇市场整体流动性提高。一是外汇期货市场的引入，增加了外汇市场整体的信息灵敏度，为投资者提供了更多交易机会；二是外汇期货提供了期现套利机会，能够同时促进期现两个市场交投；三是外汇期货有助于优化外汇市场投资者结构，增加市场意见分歧，拓展市场交易。

最后，交易所市场与银行间外汇市场各有优势，两者是功能互补、相互协调、共生共容的关系。基于场内与场外两个市场的套利交易，可实现两个市场在空间上的联通，消除定价差异，促进两个市场的统一互联、协调发展。

6.1.3 人民币国际化对外汇期货市场的内在要求

外汇期货市场有助于人民币国际化的稳步推进。不过，人民币国际化需要什么样的外汇期货市场呢？下面从全球性、风险控制和政策调控三个方面叙述人民币国际化对外汇期货市场建设的内在要求。

一、全球性

人民币国际化带来全球各地的人民币使用者，为了让外汇期货市场发挥最大的功能，也必然要求外汇期货市场能够到达全球，为全球的人民币使用者提供风险管理工具。

一是投资者的全球参与。全球的人民币使用者或投资者都可以参与人民币外汇期货市场。为了配合我国现在的外汇管理制度，我们可以采取额度审批或持仓限额的方法，控制海外市场参与者的交易份额。当然，这些限制也将随着人民币资本项目逐步开放和外汇管制逐步放松而不断减少，最终达到全球人民币投资者可以自由参加境内的人民币外汇期货

6 推进我国外汇期货市场建设的若干思考

市场的目的。

二是会员公司的全球到达。随着我国期货经纪市场的开放，一些期货公司开始走出国门，进入香港和新加坡等市场，这些期货公司将把国际客户带入境内的人民币外汇期货市场。同时，我们也有必要考虑让一些国际性的期货经纪公司直接成为结算会员或交易会员，以便更快地扩展人民币外汇期货市场的全球参与程度。

当然，香港交易所已经在离岸市场推出人民币外汇期货产品。不过，离岸和在岸的外汇期货市场迟早要融合在一起。我们在一开始就将目标设定为国际化的人民币外汇期货市场，将更有利于人民币国际化的稳步推进。

三是信息全球到达。为了使外汇期货市场产生的汇率信息成为全球人民币外汇市场的重要价格，就要让外汇期货市场的信息快速通过各种途径到达全球。这些途径既包括媒体，如报纸杂志和互联网等，也包括专业信息服务商，如彭博和路透等。

二、严格的风险控制

人民币国际化带来更多的风险。其中，跨境资本频繁流出流入将增加人民币汇率的波动，而一些专业性的国际机构投资者可能在交易中打败我国金融机构，从而带来信用甚至违约风险。

外汇期货市场不仅自身要控制好风险，还要有能力帮助整个金融体系在人民币国际化进程中降低外来风险冲击。其中，我国股指期货市场建设过程中的一些经验也可以在外汇期货市场得到应用。

一是通过套保投机的分类控制投机性资本的进入。区分套期保值和投机性质的账户，将有利于更好地控制投机性资本对市场的冲击。而套期保值账户可以给予更高的持仓量，但是不允许频繁地改变持仓头寸，并且必须提供现货头寸的相关证明。

二是执行严格的仓位限制和交易额限制。我国金融市场长久以来具有投机炒作的不良习惯，而持仓限制和交易额限制是较好控制这种投机倾向的有效手段。股指期货市场的运行经验也支持这种监管方法。况且，人民币汇率是我国国民经济对外的重要价格，保持汇率的相对稳定有利于国民经济在一个相对稳定的环境之中运行，而仓位限制和交易额限制是减少投机力量影响汇率稳定的重要手段。

三是建立场内和场外外汇市场联合报告制度。现阶段，我国建立了完善的场外外汇市场报告制度，银行每天都要向国家外汇管理局报告当天的外汇头寸和交易规模。外汇期货市场建立之后，相似的报告制度也可以建立起来。作为外汇期货市场的参与者，银行应该同时报告场内和场外外汇市场的持仓和交易情况，以便监管当局对外汇市场风险状况有全面的了解。

三、满足政策调控要求

我国实行管理浮动汇率制度和较严格的外汇管理体制。这种背景下，我国中央银行经常调节外汇市场，以便达到一定的政策目标。人民币国际化背景下，这种市场调节还将长期存在，因此外汇期货在设计过程中也要满足政策调控的需要。以下外汇市场的制度设计将满足监管当局的政策调控需要。

一是 OTC 大宗交易市场。为了满足中央银行匿名快速地市场调节需要，我们可以设计一个类似于场外市场的交易场所，即大宗交易场所。中央银行可以与做市商或其他银行在场外达成价格和交易额，然后通过大宗交易市场完成交易登记和结算。同时，这些交易可以根据需要不披露相关价格信息和交易量，以便使相关交易达到匿名的目的。

二是有限竞争的做市商制度。我国银行间市场普遍采取做市商制度，并且做市商制度在汇率政策执行等方面发挥了重要作用。外汇期货市场也有必要采取相似的制度设计，有利于场外和场内市场的联合监管。此外，做市商制度还有助于降低价差，提高流动性。不过，做市商数量太多也将带来其他问题，诸如竞争太激烈反而不利于提高做市积极性。因此，有限竞争式的做市商制度是较好的选择。

6.2 资本管制下发展外汇期货市场的路径分析

6.2.1 资本管制下可以建设外汇期货市场

当前，资本管制是我国外汇管理体制的核心特征，同时，我国"十二五"规划也明确将"逐步实现人民币资本项目可兑换"作为经济发展的一大目标。在此情况下，决策层设计与规划我国外汇期货市场建设，首先需要回答几个问题。一是资本账户管制与外汇期货市场建设是否存在不可协调的矛盾，或者说资本账户管制下，外汇期货市场建设是否可行；二是若两者并非绝对冲突，那么应如何保证外汇期货市场与资本管制现实的协调性，并且促进资本账户的渐进式开放。反观全球各国建立并发展外汇期货市场的实践，诸多例子充分表明，即便在资本账户管制的状态下，部分国家也建立了植根于本土的外汇期货市场，由此对第一个问题作出了肯定的回答。其中，印度、韩国、南非、澳大利亚便是典型代表，只是为了顺应资本管制的现实，各国决策层所采取的发展模式有所不同。为此，本部分将通过详细解读这些国家在资本管制下发展外汇期货市场的方式方法，进一步回答上述第二个问题，从而为决策层合理有效规划外汇期货市场的建设方案提供参考。

一、印度资本管制下建设与发展外汇期货市场的实践

2008 年印度在资本管制的条件下建立了专门面向本土投资者的外汇期货市场。并且，凭借优越的 IT 交易技术支持、坚实的现货市场流动性基础以及合理的投资者结构，印度仅用了三年时间，便登上了全球外汇期货市场交易量排名的榜首。其外汇期货市场建设方案的实施提供了在资本管制下如何建设外汇期货市场的良好经验借鉴。

（一）印度外汇期货建设所面对的经济与制度环境

2008 年印度外汇期货市场建成前夕，所面对的经济与制度环境如下：一是印度已经形成了有管理浮动汇率制度；二是央行对外汇市场保持适度干预；三是外汇市场发展初见成效，具备足以支持外汇期货市场高效运作的现货市场流动性深度；四是法律上，外汇管理制度对货币兑换的约束以及针对外汇衍生品交易的实需原则，在某种程度上制约了外汇期货交易的开展。因此，总体而言，印度发展外汇期货市场具备了客观的经济基础条件，同时也面临着一定的制度障碍。

1. 有管理的浮动汇率制度

2008 年印度外汇期货市场建立前，印度汇率形成机制属于有管理的

浮动汇率制。该种制度介于浮动汇率制与固定汇率制之间,汇率水平由银行间市场供求决定。出于管理汇率的目的,货币当局会不定期地与特许交易商(Authorized Dealers)开展外汇即期、远期与掉期交易(主要是卢比与美元之间的交易)干预汇率走势。在干预的具体方式上,央行并不事先设定或公布需要捍卫和追求的汇率目标,但是会根据货币的对外经济基础价值,设置一个汇率波动的容忍区间,并及时根据经济情况的变化对此区间进行调整,一旦汇率超出容忍区间,央行可灵活选择是否实施干预。

2. 外汇市场发展初具成效

2008 年印度外汇市场整体已经取得了适度发展,体现为两点:一是市场流动性相对充裕,2007 年印度外汇市场整体成交额达到 12.304 万亿美元,较 1997 年上升了 8.4 倍,约为国际收支净额的 8.7 倍、央行外汇储备的 41.1 倍。卢比在全球外汇市场中的交易份额明显提高,根据国际清算银行(BIS)的报告,2007 年卢比交易的全球外汇市场份额已由 2004 年的 0.3% 上升到 0.7%。二是银行间与柜台外汇市场交易量的比例有所下降,自 1997 年的 5.2 倍减少至 2007 年 2.4 倍,表明实体企业对外汇市场的参与度大幅提升。三是外汇衍生品交易市场份额有所提高,至 2007 年印度外汇衍生品交易在外汇市场整体交易中的占比已由 1997 的 41% 上升至 58%,表明经济对于外汇风险管理工具的需求有所增强。

表 6-4　　　　　印度柜台与银行间外汇市场的规模　　　单位:10 亿美元

	2006—2007 年	2007—2008 年	2008—2009 年	2009—2010 年	2010—2011 年
外汇市场整体日均交易量	26.1	49.2	48.4	42.0	55.2
柜台市场日均交易量	7.2	14.3	12.9	10.8	14.7
柜台市场占外汇市场的比例	27.6%	29.1%	26.6%	25.7%	26.6%
银行间市场日均交易量	19.0	35.0	35.4	30.6	40.5
银行间市场占外汇市场的比例	72.4%	70.9%	73.4%	74.3%	73.4%

资料来源:印度储备银行。

表6-5　　印度外汇市场相对国际收支净额以及央行外汇储备的规模

单位：10 亿美元

年份	外汇市场交易量	国际收支净额	央行外汇储备	外汇市场交易量与国际收支净额的比例	外汇市场交易量与央行外汇储备的比例
2006—2007	6 534.0	918.8	191.9	7.1	34.0
2007—2008	12 304.6	1 417.3	299.2	8.7	41.1
2008—2009	12 091.8	1 417.3	241.4	8.5	50.1
2009—2010	10 354.9	1 369.2	254.7	7.6	40.7
2010—2011	13 790.8	1 875.1	274.3	7.4	50.3

资料来源：印度储备银行。

表6-6　　　　　　　　印度外汇衍生品市场规模　　　单位：10 亿美元

	2006—2007 年	2007—2008 年	2008—2009 年	2009—2010 年	2010—2011 年
远期	1 171.5	2 373.4	2 555.0	2 035.9	2 891.8
掉期	1 969.6	3 821.6	4 065.7	3 145.4	4 116.1

资料来源：印度储备银行。

3. 中央银行公开市场干预较为频繁，卢比汇率市场化水平中等

数据显示，2007 年至 2008 年外汇期货市场引入期间，印度货币当局对外汇市场采取了频繁、密集的干预。两年间印度中央银行——印度储备银行每月购入的美元总额均在 15 亿美元以上，而年度购入美元净额则分别达到 782.03 亿美元和 268.24 亿美元。受到中央银行干预行为的影响，两年 516 个交易日中卢比汇率仅有 74 个交易日振幅超过 1%，而 2008 年卢比汇率的年波动率仅有 1.03%，波动水平与低于巴西雷亚尔、南非兰特等新兴市场国家货币。由此可知，在此期间卢比汇率水平不但并非完全由市场决定，还表现出适度的稳定性。

人民币国际化与外汇期货市场建设研究

表 6-7		2000 年至 2008 年印度储备银行 外汇干预的交易金额及市场占比		单位：百万美元，%
年份	外汇购买	外汇出售	净购买	印度储备银行市场干预量占 整个外汇市场交易额的比率
2000—2001	28 202	25 846	2 356	3.9
2001—2002	22 822	15 668	7 154	2.7
2002—2003	30 639	14 927	15 712	2.9
2003—2004	55 418	24 940	30 478	3.8
2004—2005	31 398	10 551	20 847	1.4
2005—2006	15 239	7 096	8 143	0.5
2006—2007	26 824	—	26 824	0.4
2007—2008	79 696	1 493	78 203	0.7

资料来源：印度储备银行。

4. 资本账户管制约束境内外投资者外汇账户的设立、与本币相关的货币兑换，同时约束境外投资者参与境内外汇衍生品市场交易的自由性

根据 IMF《汇兑安排与汇率限制年报》的界定，2008 年印度设立外汇期货市场前夕，仍处于经常账户可兑换、资本账户不可兑换的状态。具体实践中，为了达到外汇管理的目的，印度《外汇管理法》（1999FEMA）及储备银行对境内投资者持汇、购售汇以及境外投资者参与本土金融市场交易的行为，作出了以下规定：

（1）限制境内外投资者外币账户的开立、外币留存以及涉及本币的货币兑换。具体来说包括：一是境内外投资者开立外币账户必须事先得到印度储备银行的允许；二是出口收汇必须在规定期限内汇回国内；三是出口商在银行开立指定账户保存外汇收入，必须维持一定比例的账户留存；四是针对个人不同目的的购汇需求，实施不同的金额上限要求。

（2）限制或是对境外（境内）投资者参与境内（境外）外汇衍生品市场的交易行为设置门槛，体现在：一是印度本国或境外居民①参与外汇衍生品交易，需接受《外汇管理法》及其规章制度的监管；二是印

---

① 境外居民包括境外机构投资者、在印度本土进行投资的境外居民以及非印度居民。

度境内居民允许交易的外汇衍生品品种仅包括外汇远期、外汇期权以及专门的卢比掉期；三是境内居民参与外汇衍生品交易必须以外汇风险暴露为前提，并且保证这些外汇衍生品交易确实适用于自身的情况；四是境外居民允许使用的外汇衍生品取决于他们实际承担的风险类别。

（二）印度政府建立外汇期货市场的具体做法

印度衍生品市场的发展一贯遵从深入研究准备—细致顶层设计—高效方案执行的路径，外汇期货市场的建立也不例外。为了保证外汇期货市场的平稳推出与顺利运行，决策层对外汇期货市场建设采取了三步走的策略。

1. 资本账户开放委员会首先对外汇期货交易的可行性与必要性进行初步分析

早在 2007 年外汇期货交易启动一年前，印度储备银行便启动了外汇期货市场的考察与发展计划。当时专门负责印度资本账户准备工作的印度资本账户可兑换委员会（FCAC）对外汇期货的可行性做了初步分析，并得出结论：只要科学合理地设计期货合约、建立适当的交易机制以及尽可能完善监管的环境，那么外汇期货就可以引入本国作为市场风险调控的工具。

2. 印度储备银行成立内部外汇期货专项研究小组，完成设立外汇期货市场所需的前期研究准备

在综合考虑 FCAC 的建议之后，2007 年印度储备银行外汇管理司、金融市场司、货币政策司、银行业务与发展司、法律司以及对外投资与运营司的高管组建了一个专项小组，专门负责深入研究外汇期货市场的益处及其对印度资本账户改革开放、经济平稳发展的必要性，考察海外外汇期货市场的经验研究，并设计一套与本国法律法规相协调、同时兼具较强操作性的外汇期货建立方案。

在工作发展过程中，小组先后召开了三次会议，邀请众多金融市场专家参与分享经验建议，并以此为基础完成了有关设立外汇期货的报告初稿，公示于印度储备银行网站以征求社会公众的广泛意见，最终又根据社会公众的反馈意见，于 2008 年 4 月完成了有关引入外汇期货的定

稿，正式建议在印度设立场内外汇期货交易。

3. 印度储备银行与证券交易委员会共同设立场内交易外汇及利率衍生品常务技术委员会，负责外汇期货市场建设的具体实践

作为外汇期货市场设立计划付诸实践的第一步，2008 年 2 月 28 日，印度央行和证券交易委员会组织旗下众部门官员，成立了印度储备银行及证券交易委员会场内交易外汇及利率衍生品常务技术委会员（RBI – SEBI Standing Technical Committee on Exchange Traded Currency and Interest Rate Derivatives）。成立后考虑到印度资本账户管制的现实，委员会采取了以下措施推进外汇期货市场的建设：

（1）对《外汇管理法》中约束外汇期货市场建立的条款进行修改与调整

在外汇期货推出以前，印度《外汇管理法》尚未允许经济实体以投机或金融杠杆为目的参与风险对冲交易。因此，外汇期货上市之后，一旦经济实体获准参与投机，那么该行为便会与《外汇管理法》中有关套期保值的规定相冲突。为此，委员会对《外汇管理法》第 25 号通知的内容进行了修改与调整，调整之后的法律框架则包涵有关外汇期交易的内容，并且取消了针对外汇期货交易的外汇风险暴露前提要求。

（2）设计适应资本管制下卢比不完全兑换现实的外汇期货合约及规则方案

资本管制对于外汇期货合约及规则设计的要求主要体现在两个方面：一是交割方式，印度资本管制下对于非贸易背景交易下的货币兑换存在限制，如果外汇期货采取实物交割的方式，则交割环节开展非贸易背景下的货币兑换，将与资本管制的要求发生冲突；二是资本管制限制境外居民参与本土外汇期货市场的交易行为。

为此，委员会对外汇期货合约与规则的设计采取了如下方案：

首先，对外汇期货交易设置了现金结算的方式。具体来说，委员会有如下考虑：一是现金交割的方式能够适应印度卢比不可自由兑换的现实；二是外汇期货市场中部分参与者本身并不存在真实的外汇现货头寸，并且资本管制下货币兑换的限制也导致实体经济外汇现金流短缺，因此

采用实物交割的方式会限制市场流动性的积累；三是实物交割具有相当的复杂性；四是采取现金交割的方式了结交易，具体价格可以参考到期日的央行即期汇率；五是投资者在 OTC 市场两笔方向相反交易的远期合约，相当于对第一份合约执行了现金结算，因此在交易所市场采用现金交割的方式还可保证 OTC 市场和外汇期货市场在监管制度上的一致性，避免监管套利。

其次，对境外居民参与外汇期货市场的行为采取分阶段逐步放开准入的方式。对此，委员会的考虑以及理由如下：一是虽然在 OTC 外汇衍生品市场中，境外投资者仅被允许交易不高于其持有外汇头寸 2% 的合约金额，但是对于电子化频繁买卖交易的外汇期货市场该规定却不适用。二是倘若不限制境外投资者参与外汇期货交易，则境外投资者可动态频繁进行交易操作，这可能提高外汇现货市场的波动率。因此外汇期货引入初期，为了保持金融稳定，外汇期货的参与者应局限于印度籍的个人和机构。但是这种方案仅仅是从评估各类监管、监视和报告系统的稳健性角度考虑。一旦外汇期货交易系统建成并且工作良好，将逐步考虑允许外国机构投资者和个人参与交易。三是为了保证与 OTC 外汇衍生品相同的开放口径，外汇期货市场建立后，在交易执行、风险控制和监管制度等系统运作良好的情况下，允许境外投资者以套期保值者的身份参与外汇期货交易，以便能对冲他们的部分外汇风险，但是为了便于监管，要求境外投资者的外汇期货交易仅能通过指定的授权交易商进行。

最后，不对境内居民参与外汇期货交易的数量进行限制。对此，委员会的理由是：首先，在成熟发达市场，包括一些新兴市场，投资者可以利用远期及期货合约设计对冲头寸、非对冲头寸和投机头寸的动态组合，因而取消了外汇期货交易针对国内机构和个人的定量限制，可以帮助印度境内投资者更好地与海外企业竞争并取胜；其次，取消数量限制可以保证更高的市场流动性和更广的市场参与度；最后，这也符合允许本国居民尽可能地享受自由化经济的政策取向。

二、韩国、南非、澳大利亚等国也在资本管制下发展了外汇期货市场

（一）韩国

与印度类似，韩国的外汇期货市场建设同样是在资本管制的背景下完成的。1999 年 4 月，虽然韩国表面上宣布资本项目可兑换，但实际上却维持着相当的资本项目管制。在此情况下，韩国期货交易所（KOFEX）依然推出了美元期货，而至 2006 年韩国全面完成外汇自由交易计划以前，韩国证券交易所（KSE）、韩国创业板市场以及韩国期货交易所合并而成的韩国交易所（KRX）又再次推出了日元与欧元两个外汇期货品种。虽然当前韩国外汇期货的发展势头远不如印度、巴西等新兴市场，但在 2004 年，韩国美元期货的交易量也曾跻身全球外汇期货合约的前 10 名。由此再次证明外汇期货的发展与资本账户管制间没有绝对性的矛盾。

具体而言，1999 年韩国外汇期货市场设立所面对的经济环境主要表现为三个方面：一是资本管制并非完全放开，具体表现为资本项目交易保有负面清单，资本交易必须事先经过申请许可系统的审批，最后外汇并未实现完全自由交易；二是央行对韩元有一定干预，即便在 1997 年韩国废除了韩元波动幅度的限制，表面上允许韩元自由浮动，但是央行时常仍会实施较为明显的入市干预；三是 1997 年亚洲金融危机的爆发加强了韩国政府对于风险管制重要性的认识，而 1999 年 4 月新颁布的《外汇交易法》又废除了外汇衍生品交易的实需原则。

（二）南非

南非也在资本管制的条件下建立了外汇期货市场。南非 1961 年建立了资本管制体系（Exchange Control Regulation），并且财政部一直在修改更新相关的法律法规。2007 年南非建立外汇期货市场之时，南非兰特汇率体制已经自由浮动，但资本管制体系一直存在，只不过在逐步放松。

南非的资本管制部分措施如下：一是南非个人每年向国外的资本转移额度受到限制，2009 年这个额度从价值 200 万兰特提高到 400 万兰特；二是南非个人境外旅游可以携带不超过一定金额的外汇，2009 年这个额

度提高为 75 万兰特等值外汇（对于超过 18 周岁的成人）；三是南非企业的对外直接投资必须满足一定条件，比如同一个行业的投资、必须获得至少 10% 的股份和不允许房地产投资等；四是南非企业必须将部分外汇收入转换成兰特，这条强制结汇条款直到 2009 年才彻底取消。

南非财政部不认为资本管制会阻碍外汇期货市场发展，他们建立外汇期货市场的主要目的是深化金融市场，提高外汇市场的流动性。

（三）澳大利亚

澳大利亚同样也提供了资本管制背景下建立外汇期货市场的案例。总结 1980 年澳大利亚外汇期货上市前夕的整体经济环境，主要体现出以下几方面的特征：一是汇率体制仍然实行爬行钉住制，由中央银行、财政部以及总理内阁组成的小组负责根据相关经济因素对汇率水平进行评估，当评估结果显示汇率需要变动时，小组便会采取小幅频繁干预的方式调整汇率；二是资本账户交易仍然存在诸多管制，澳大利亚元不可自由兑换，中央银行对外汇远期交易实行严格的实需原则与头寸管制，商业银行只能与有实需证明的客户进行外汇远期交易，并将相应的风险头寸及远期交易收入转给中央银行。

在此情况下，为了保证外汇期货市场建设与资本账户开放的协调性，澳大利亚外汇期货市场在建设过程中，采取了与印度类似、以现金结算外汇期货合约的迂回措施。

6.2.2 以印度经验为鉴发展中国外汇期货市场的可行模式

一、对比我国当前与印度外汇期货推出前期的经济与金融市场环境可知，现阶段我国引入外汇期货切实可行

将我国当前经济与金融市场环境与印度外汇期货市场引入前期进行对比，可以发现两者在建立外汇期货市场方面所具备的条件相近：一是两者均处于有管理的浮动汇率体制下，并且中央银行对外汇市场均采取了较为频繁与密集的调节，相对而言，印度卢比汇率的波动性更强，但是人民币汇率波动性也足以充当外汇期货标的；二是在资本账户管制方面，两者均对境外投资者参与外汇衍生品交易的行为设置门槛，并且限

人民币国际化与外汇期货市场建设研究

制资本账户项下的货币自由兑换；三是在外汇管制方面，两者对外汇账户开立的事先申报、结售汇金额的上限约束均有要求，但在出口留汇方面，中国当前的管制较印度更为宽松；四是两者外汇市场的交易品种、规模以及流动性相近，相比而言，中国外汇市场交易量相对国际收支净额的比例还更高，意味着市场活跃度更好。由此可知，中国当前引入外汇期货切实可行。

表 6 – 8　　　　中国当前经济金融环境与印度外汇期货推出前期的对比

		印度（2008 年）	中国（2012 年）
汇率体制		有管理的浮动汇率体制	有管理的浮动汇率体制
央行外汇市场干预		频繁，不设置汇率目标，但对汇率波动的容忍度有限	频繁，每日设置基准价，仅允许汇率在基准价上下1%的范围内波动
汇率波动水平（年标准差）		0.0103（中等偏低）	0.0014（低）
资本账户开放情况		根据 IMF 界定的标准，在 13 个项目中均有管制，特别是限制境外投资者参与外汇衍生品交易	根据 IMF 界定的标准，在 13 个项目中均有管制，特别是限制境外投资者参与外汇衍生品交易
外汇管理的方式	外汇账户	需要经过印度储备银行的批准	需要经过外汇管理局的批准
	资本账户交易下的货币兑换	限制，即非贸易交易背景的货币兑换存在一定程度限制或完全禁止	限制，即非贸易交易背景的货币兑换存在一定程度限制或完全禁止
	结售汇管理	超过一定额度的购汇与售汇行为，需要提前获得印度储备银行的批准	每人每天购汇额度具有上限
	出口收汇资金管理	出口商必须将50%的外汇保留在银行的外币账户内	取消强制结售汇，外汇资金可境外保存
外汇市场规模	外汇交易品种	即期、远期、掉期、期权	即期、远期、掉期、期权
	外汇市场年交易量	12.304 万亿美元	8.64 万亿美元
	外汇市场规模对国际收支净额的比例	8.7 倍	20.44 倍

6 推进我国外汇期货市场建设的若干思考

二、我国发展外汇期货路径方案的选择

考虑到我国当前的经济环境与制度条件，发展外汇期货可能采取的路径方案包括以下几种。

方案一：推出以现金结算的人民币期货。

由于我国经济系统所面临的最突出的汇率风险是人民币汇率波动风险，因此从推动期货市场服务实体经济的角度出发，以上市人民币期货为依托，开拓并建立外汇期货市场，能够在最大程度上实现期货市场转嫁汇率风险的功能。

为了适应我国资本管制对于货币兑换的要求，引入人民币期货只能采用现金结算的方式：一方面以现金结算不涉及外币账户的开立与资金划转，另一方面以现金结算意味着交割环节无须开展人民币与外币之间的货币兑换。

但是值得注意的是，以人民币期货为先锋建设外汇期货市场，难度最大，原因在于人民币期货涉及人民币汇率的定价问题，该问题涉及一国货币政策导向与汇率稳定，因此也是央行及外汇管理部门关注的核心敏感点。虽然人民币期货的推出符合我国汇率决定逐步向自由市场化发展的方向，但是在汇率市场化实施的节奏方面，政策部门始终存有疑虑。在此情况下，就人民币期货与央行、外汇管理部门进行协商，对方部门的顾虑较多，进而可能使推进速度受到影响。

方案二：推出交叉汇率期货。

以交叉汇率期货为先锋建立外汇期货市场的优势在于，一是交叉汇率期货不涉及人民币汇率的定价问题，政治敏感性低，因此证监会与人民银行、外汇管理局就引入交叉汇率期货问题进行沟通相对简单顺畅，进而要求人民银行与外汇管理局对限制外汇期货交易进行的外币账户开立、外币资金划转以及外汇经营场所相关法规进行修改也相对容易；二是交叉汇率波动性相对较高，因此以此为标的上市外汇期货合约更易吸引投资者参与，市场流动性更有保证；三是交叉汇率期货与银行间柜台市场面向投资者推出的外汇保证金交易非常相似，而后者先行已为交叉汇率期货交易积累了一定的市场操作经验。

与人民币汇率期货相比，交叉汇率期货主要针对非人民币汇率波动的风险，因而从转移经济体系汇率角度而言，效果不如人民币期货直接，但是通过以下几方面的努力，这种不足能够得到弥补：一是交叉汇率与人民币汇率往往具有一定的相关性，利用这种相关性，交叉汇率期货也能在某种程度上发挥套期保值的作用；二是欧盟目前已经成为我国第一大对外贸易地区，但是在国际市场美元仍是绝大多数大宗商品的定价货币，因此对于以美元进口原材料，经过加工后向欧盟收取欧元收入的企业而言，交叉汇率期货也能为其规避汇率风险。

方案三：推出交易所外汇期权。

以推出外汇期权交易的方式建立交易所外汇衍生品市场的优势在于，一是外汇期权交易对汇率波动率进行定价，同时与交叉汇率期货相同，不涉及人民币汇率的定价，因此就外汇期权问题与人民银行及外汇管理局进行协调，相对简单；二是目前银行间市场已经推出了外汇期权产品，其目的旨在依据先布局再完善的思路，健全银行间市场产品线，交易所外汇衍生品市场建设也可采取该种思路，并且从国际惯例来看，外汇期权交易本身即有场内与场外之分，因此上市外汇期权与外汇交易中心的产品不存在利益冲突；三是场外市场外汇期权的前期运作，既为场内期权市场的建设积累了投资者的交易经验，也为后者提供了学习蓝本。

6.3　加强顶层设计，协调发展场内、场外外汇衍生品市场

前些年的国际金融危机暴露了场外金融衍生品市场的一些问题，包括信息不透明和交易对手方风险等。而在发展中国家，这类问题和风险将更加突出。外汇期货市场形成公开而透明的价格，并且实行中央对手方清算。建立外汇期货市场，形成场内、场外市场协调发展的局面，有助于弥补场外外汇远期市场的不足，更好地服务于实体经济的发展。

6.3.1　场内和场外外汇衍生品市场的协调发展有利于弥补我国远期结售汇市场的不足，更好地服务实体经济

场内和场外外汇衍生品市场存在互补性，两个市场的协调发展有利

6 推进我国外汇期货市场建设的若干思考

于发挥各自的优势。一是外汇远期需要双边授信，客户的信用质量将影响交易成本；而外汇期货对所有客户都收取保证金，不存在信用违约风险。二是外汇远期合约可以客户化设计，交割时间也更灵活，但流动性不佳；而外汇期货产品设计标准化，交割时间不灵活，不过有利于积聚流动性。三是外汇远期一般采取实物交割，并且一些发展中国家不允许投机；而外汇期货可以采取现金交割，交易机制更灵活。

我国远期结售汇市场存在交易成本太高、服务群体有限、交易机制不灵活和不利于普及风险管理理念等不足之处。积极推进外汇期货市场建设，构建场内和场外外汇衍生品市场协调发展的局面，有利于弥补我国远期结售汇市场所存在四大不足，发挥两个市场的互补作用，使外汇衍生品市场更好地服务于实体经济。

一、远期结售汇市场的交易成本很高，外汇期货市场有助于降低远期结售汇市场的交易成本，从而提高市场运行效率

我国远期结售汇的综合交易成本很高。一是我国远期结售汇市场的价差一直很高。当前，6 个月合约的价差为 100 点到 200 点之间，约占汇率的 0.3%。而欧元/人民币远期协议的价差更是几倍于美元/人民币合约，几乎接近于汇率的 1%。根据银行的远期报价，合约期限越长，则价差越大。5 年期的合约价差甚至高达 1 200 点，约占汇率的 2%。二是违约和展期等成本较高，平均而言是汇率的 2%～3%[①]。我国远期结售汇的管理非常严格，一旦企业不能如期交割，就会导致违约。而违约发生之后，银行一般的处理方法是，盈利归银行，但是亏损却要企业承担。如果仅仅是交割时间不合适，企业还可以通过展期更改交割时间，不过却要承担展期成本。

外汇期货市场有助于降低远期结售汇业务的交易成本。

一是外汇期货市场可以集中流动性，获得更好的价差。远期结售汇市场中，各个银行分散经营，没有形成统一的市场，因此流动性较分散。

---

① 不少研究也认为我国外汇衍生品交易的费用在 2% 以上，如宗良和李建军：《人民币国际化：理论与前景》，165 页，北京，中国金融出版社，2011；卢鹤：《企业汇率风险控制之远期结售汇》，载《商品与质量》，2010 (47)。

再者，银行提供非标准的远期协议，故而更难以积聚流动性。而外汇期货市场中，企业、个人和银行等机构在一个市场中集中交易标准化合约，可以更好地聚集流动性，取得更好的价差。

二是银行利用外汇期货市场可以增加汇率风险管理能力，从而为客户提供价差更小的远期结售汇产品。当前，远期结售汇业务的价差很高，主要原因是银行缺乏有效的风险对冲工具。我国银行间外汇远期市场虽然发展了 7 年，但是当前流动性依然不好，每天平均成交 8.6 亿元，约 145 笔，平均 3.3 分钟才能成交 1 笔①。如果银行可以进入流动性非常好的外汇期货市场，无疑能极大地改善银行的汇率风险管理能力，从而降低远期结售产品的价差。

三是企业多了选择，增加了与银行的谈判能力，也有助于降低远期协议的价差。在签订协议之前，企业一般会咨询多家银行，以便选择更好的报价。外汇期货市场的报价透明，并且向全社会免费发布，从而企业不需要浪费精力去比较各个银行的报价，而是只要它们的报价不差于外汇期货就可以签约。这样，既减少了签约成本又节约了询价时间。当然，这也就是所谓的外汇期货市场的价格发现功能。

二、银行服务存在规模歧视，而外汇期货市场为所有企业提供一个公平交易的平台，不存在规模歧视等不良影响

我国远期结售汇市场普遍存在规模歧视，服务的客户群体有限，远期结售汇规模也仍然较小。一是银行的远期结售汇业务倾向于为大企业服务，而中小企业却受到一定程度的规模歧视。这些歧视包括报价差别、服务差别、合约条款区别和违约处理方式区别等。二是适合进行远期结售汇的业务种类也受到一定限制。当前，我国远期结售汇监管严格，更适合于那些进出口时间稳定、收付汇时间稳定并且金额不会随意变化的企业。

外汇期货市场实行匿名交易，为所有企业和投资者提供一个公平交易的平台。

---

① 2012 年 4 月之后，我国银行间外汇远期市场的交易量迅速下降，现在外汇远期市场的流动性更差。

一是交易者性质不影响外汇期货的交易过程。远期结售汇市场中以互相谈判的形式确定协议内容，因而交易者的性质必然会影响谈判能力，进而影响报价等条款，这也是远期结售汇市场存在企业性质歧视的原因。期货市场实行中央对手方清算，理论上交易所是所有交易的对手方，而所有的交易者都在市场中集中竞价，他们不知道真正的交易对手是谁，因而也就不存在对企业性质的歧视。交易方性质，如民营企业、跨国企业、国有企业和个人在外汇期货市场上都只是符号，不会对交易过程或报价有任何影响。

二是交易规模一般不会影响外汇期货的报价和交易过程。远期结售汇市场中，企业的交易规模越大，银行就可以提供更好的报价，因此存在一定程度的规模歧视，从而对中小企业不利。外汇期货市场不存在这个问题，因为多个标准化合约可以轻易分拆。只要市场流动性充足，不同规模的订单不会影响报价，或决定交易的达成与否。

三是外汇期货市场价格透明，使欺诈和价格歧视变得更困难。场外市场所提供的一些非标准化合约往往带有复杂的特殊条款，并非一般人所能看懂，因此欺诈和价格歧视成为可能。而外汇期货市场规则简单，价格透明，不存在这类问题。并且，与外汇期货挂钩的理财产品也可以提高价格透明度，从而促进场外外汇市场的良性发展。

三、远期结售汇的交易机制缺乏灵活度，而外汇期货的交易非常方便，可以弥补场外市场交易速度慢和手续烦琐的不足

我国远期结售汇体制不仅要求实需原则，还对交易机制施加了诸多限制，使企业不能自由地对冲外汇风险。一是实需原则限制了企业自由地对冲汇率风险。二是远期结售汇的交易机制不灵活。远期结售汇协议一旦签订就不可撤销，也不可买卖，最终只有交割或违约两种选择。而企业的实际经营情况往往非常复杂，不会完全按照当初的计划发生。三是到期交割方式只能选择实物交割。远期结售汇到期交割不能采用现金交割或其他差额价格方式。四是远期结售汇交易烦琐，完成交易需要一定的时间。

外汇期货市场的交易非常方便，可以弥补场外市场的不足。

一是外汇期货交易不必提供各种文件证明。我国场外外汇市场实行外汇指定银行制度，企业一般情况下只能在银行办理与外汇相关的业务，而银行都会要求客户提供业务相关的文件证明，以确保该项外汇交易符合国家的政策，也就是所谓的实需原则。而外汇期货市场实行匿名交易，每个交易者并不知道对手方是谁，因此也就无法执行实需原则，而让交易所负责实需原则的执行，显然也是不可能的。因此，交易所一般采取量化控制，如开户审核、持仓量限制或交易次数限制等，交易过程本身不必提供文件证明，手续简单或根本没有手续。

二是外汇期货都可以采取网上、电话或传真等交易方式，非常方便。当前，多数远期协议是企业在银行营业部与客户经理签订的，只有少部分大企业可以与客户经理通过传真或电话确定合约主要条款。而采用网上远期结售汇协议签订的，据我们了解，目前还处于试点阶段，远不是一种普遍的交易方式。况且，网上交易需要上传一些相关文件，并且还要等待审核和审批。相反，外汇期货市场的交易不仅形式多样，并且非常方便，网上交易系统往往能在几秒钟内完成交易。随着人民币汇率波动率的增加，更方便的交易方式在企业的风险管理决策中将越来越重要。

四、银行远期结售汇体系不利于培养企业的风险管理理念，而交易所作为第三方有助于推进外汇风险管理理念的普及

以银行为主体的远期结售汇体系不利于培养社会和企业的外汇风险管理理念。银行本身是参与方，与企业之间存在利益冲突。银行与客户签订远期结售汇协议时，难以做到公正、公平，因为银行作为对手方也要承担一定的风险。在调研中，众多企业也提到它们非常警惕银行所提供的各种外汇衍生品，担心这些产品的设计可能对银行有利。因此，银行与企业之间的互相猜疑不利于企业形成良好的风险管理习惯。

以交易所为平台的外汇期货市场更有助于推广外汇风险管理知识，普及外汇风险管理理念。

一是交易所具备公正性和中立性，有助于推动风险管理教育。场外市场普遍采取做市商制度，在法规不健全和执法不完善的国家，做市商制度往往带来银行与客户之间很多的利益纠纷，不利于风险管理理念的传播。而以交易所为中介平台的场内市场不实际参与市场交易，与市场参与者不存在直接的利益博弈关系，因此可以秉承公正性和中立性为市场的健康发展作贡献。

历史上，1972 年芝加哥商品交易所（CME）成功推出外汇期货合约，此后一直致力于风险管理策略的研究和风险管理理念的传播，至今为止，全球所用的各类风险管理书籍和学术研究之中，芝加哥商品交易所仍然参与编写和推动。

二是交易所的参与者涉及更广的投资者群体，更有利于风险管理理念和方法的传播。场外市场中，银行仅仅为自己的客户服务，远不如交易所积聚的投资者种类丰富。而更广泛的参与人群，也就更有利于外汇风险管理理念的传播和普及。

6.3.2 金砖国家场内和场外外汇衍生品市场的协调发展经验

除了中国以外的金砖国家逐渐形成场内和场外外汇衍生品市场协调发展的良好局面。2002 年以来，巴西、俄罗斯的外汇期货市场增长很快。2007 年之后，印度、南非等国的交易所也纷纷推出外汇期货，特别是印度的交易所，短期内就达到很高的交易额。图 6 - 8 显示了巴西、印度、俄罗斯和南非的外汇期货和外汇远期每日平均交易额。如图所示，这些国家的外汇期货交易额都很大，甚至超过场外市场的外汇远期交易额，成为实体经济对冲外汇风险的重要工具。南非的外汇期货市场目前交易规模还较小①，但每年增长率超过 100%，不久就可能超过场外外汇远期市场。

---

① 南非外汇期货市场中，普通合约每天成交约 4 万手，合约价值 1 000 美元。而 MAXI 合约每天成交约 40 手，合约价值 100 000 美元。其他合约如 Can - Do 合约有时每月成交超过 100 万手，但成交量非常不稳定。总体而言，南非外汇期货市场 2011 年每天成交 5.9 万手。

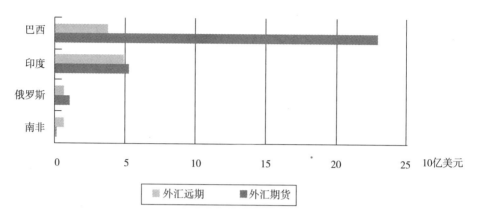

资料来源：国际清算银行和 FOW Data①。

图 6 - 8　金砖国家外汇期货和外汇远期每天平均交易额

金砖国家场内和场外外汇衍生品市场的协调发展有助于更好地服务实体经济。

一、巴西外汇期货市场为场外掉期产品提供了价格参考，并且提高了市场流动性，成为实体经济转移外汇风险的最终场所

场外市场的掉期合约是巴西企业使用最多的外汇避险产品。据调查，在使用外汇衍生品的企业中，65% 以上的企业通过与银行签订掉期合约避险，20% 左右的企业以掉期和期权相结合的形式进行避险。不同种类的掉期合约之中，交易量最大的掉期合约是 DIxUS $ Com，该合约也是 DDI 期货合约的场外交易形式。

巴西外汇期货市场是场外市场的有益补充，也为实体经济规避外汇风险发挥了重要作用。

一是巴西外汇期货市场为场外掉期合约提供了参考价格。虽然企业通过场外市场的掉期合约规避外汇风险，但场外市场存在信息不充分、市场不透明等问题，场外掉期合约难以确定有效的价格。早在 2000 年，

---

① 　外汇远期交易额的数据来自 BIS 于 2010 年的场外衍生品市场调查报告，而外汇期货交易额根据 FOI Intelligence 的数据计算，具体为 2011 年 4 月份每日平均交易额。

6 推进我国外汇期货市场建设的若干思考

巴西外汇期货市场就取代即期市场，成为价格发现功能的主导市场，从而为企业和银行在合约签订过程中提供了价格参考。

二是巴西外汇期货市场是银行对冲掉期合约风险的最终场所。巴西银行在和企业签订了掉期合约以后，一般会选择在外汇期货市场调整头寸或对冲风险。银行成了连接外汇 OTC 市场和期货市场的桥梁，将企业的风险转移给期货市场中的各种投机者。银行可以选择 BM&F 交易所的任何期货产品进行对冲。外汇期货市场中众多交易对手承担了银行的多头或空头的外汇风险，成为转移实体经济外汇风险的最终场所。

巴西建立场内和场外外汇市场协调发展的经验值得借鉴。一是巴西证券交易委员会和巴西央行在国家货币委员会的统筹协调之下共同管理外汇期货市场，其中证监会负责规范和监管市场交易，而央行负责监管产品开发和清算。二是通过政策引导投资者进入场内交易。巴西央行更希望衍生品在中央对手方系统内进行交易，因此通过税收优惠、强制登记等制度鼓励投资者进入场内。三是允许 BM&F 清算所同时在场内和场外市场开展清算业务，增强对银行的吸引力，并且交易所综合管理头寸和抵押品的机制还可为银行降低交易成本。

最终，巴西的外汇期货市场发挥了价格发现功能，这个市场良好的流动性和价格发现功能是巴西有效管理外汇风险的基础，也是实体企业能够转移外汇风险的保障。

二、俄罗斯场外外汇衍生品市场发展滞后，外汇期货市场成为俄罗斯企业规避汇率风险的重要补充

俄罗斯外汇远期市场发展滞后，不足以服务实体经济。俄罗斯外汇远期市场规模仅仅是即期市场的 2%~4%，而全球范围内该比例约为 30%。外汇掉期则在 2004 年才正式启动，远远落后于同属发展中国家的巴西。此外，实体经济参与外汇远期和掉期的程度有限。

俄罗斯外汇期货市场成为场外市场的重要补充，也是企业规避外汇风险的重要渠道。一是实体企业成为外汇期货市场的交易会员。这种制度安排提高了实体企业参与外汇期货交易的便利性，并降低了交易成本。如俄罗斯最大的石油冶炼及加工企业——卢克公司（LUKOIL Ltd）于

2010 年注册成为 RTS 外汇期货的交易会员。二是俄罗斯外汇期货市场的量仓比（交易量/持仓量）很小，反衬市场以套期保值交易为主。2011 年，RTS 交易所的外汇期货市场量仓比约为 8.9，莫斯科银行间货币交易所（MICEX）的量仓比甚至只有 1.1。而全球外汇期货市场的平均量仓比约 22.1，显示出俄罗斯外汇期货市场以套期保值为主，市场较好地发挥了服务实体经济外汇风险管理的功能。

俄罗斯的场内外市场协调发展经验是鼓励竞争。一是 20 世纪 90 年代"休克疗法"之后俄罗斯场内和场外市场先后出现，监管机构没有偏袒任何一方，而是允许两个市场同时发展。二是俄罗斯允许两个市场的自由融合，比如 RTS 交易所也可以提供场外交易产品，而场外市场也可以上市集中交易产品。

三、印度外汇期货市场显著改善了印度 OTC 外汇市场的流动性，降低了价差

印度中央银行 2008 年 4 月关于建立外汇期货市场的报告认为，外汇期货相比于场外交易的外汇远期价格更透明，并且能够有效防止交易对手方风险，还能更好地发现价格而降低交易成本。

印度外汇期货市场的建立确实显著降低了外汇市场的价差。2008 年下半年印度推出外汇期货市场交易。从 2008 年 11 月到 2009 年 9 月，外汇期货市场的价差从 0.0086 卢比/美元降到 0.0029 卢比/美元。与此同时，外汇期货还带动印度外汇远期市场的价差从 0.0187 降低到 0.0108。虽然外汇远期的价差还是高于外汇期货，不过相对于 2008 年外汇期货刚刚推出之时，这个价差已经大幅降低[①]，从而为印度企业节约了交易成本，提高了外汇市场的运行效率。

印度监管当局充分认识到外汇期货市场的重要性，并采取一些措施推动场内和场外外汇市场协调发展。一是监管机构之间成立联合常务技术委员会，共同筹备领导工作，并协调印度中央银行和证监会在外汇期货市场的监管重叠问题。二是修改法规，解除从事外汇期货交易实需原

[①] 以上数据来源于：Securities and Exchange Board of India, Comparative Study of Currency Futures versus OTC Currency Market, 2009. [Online] http：//www. sebi. gov. in/boardmeetings/128/currency. pdf。

则的限制。三是推进场外外汇衍生品市场改革，并保留场外市场的优势。四是建立方便银行参与外汇期货市场的制度，让获得授权的银行可以成为交易所的交易或清算会员。

四、南非场内和场外外汇衍生品市场的配合更好地满足了不同客户的需求

南非场内和场外外汇衍生品市场的协调发展，更好地满足了客户的需求。这些客户包括进出口企业、基金等机构投资者和银行。

一是企业参与外汇远期市场需要满足实需原则，从而限制了企业的避险行为，而外汇期货市场不受实需原则限制，企业可以更灵活地对冲汇率风险。实际市场中，企业必须面对不断变化的经营环境作出调整，而一定要签订合约之后才能通过外汇远期市场规避风险，显然将影响企业的套期保值效果，使企业不能规避那些能预期到但还没有真正面对的汇率风险，从而增加经营的难度。外汇期货合约的交易不要求实需原则，企业可以更灵活地对冲汇率风险，甚至允许投机活动的存在，从而在外汇远期市场之外，企业增加了灵活规避汇率风险的场所。

二是南非的机构投资者不能在境内的场外市场对冲汇率风险，但可以在外汇期货市场交易，以实现汇率风险对冲。南非的外汇远期市场仅仅允许进出口企业在提供进出口合同的情况下对冲汇率风险。南非的机构投资者，如资产管理公司或对冲基金，只能通过离岸市场对冲汇率风险。离岸市场的不透明性增加了南非监管当局调控经济的难度，并且离岸市场对境内市场的影响又很难准确评估。外汇期货市场既可以为南非的机构投资者提供对冲汇率风险的工具，又可以降低离岸市场对南非经济的影响。

三是银行等金融机构在国际金融风险加剧的背景下，鉴于信用风险和资本金要求的考虑也纷纷增加在场内市场的交易。国际金融危机的爆发严重影响了银行之间的信用关系，显著降低了场外外汇衍生品市场的交易额。当前，世界经济的前景仍然不明朗，欧元区债务危机持续阴云不散，银行之间的信用关系持续处于紧张状态。这些都可能打断场外市场正常的外汇衍生品交易。危机之后，一些中小银行倾向于在场内市场

交易，因为它们的信用在国际金融风险加剧的情况下最先受到冲击。

国际场外外汇衍生品市场的监管规则变迁也迫使银行的交易转入场内市场。巴塞尔协议Ⅲ对银行资本金提出更高和更严格的要求。为了满足监管规定，一些银行开始去杠杆化，收缩外汇衍生品市场的做市业务，而进入场内市场交易，以更有效地运用资本金。

南非的场内外市场协调发展经验是促进两个市场的互补性。一是南非不允许个人签订外汇远期合约，但允许进入外汇期货市场交易。二是南非企业在外汇远期市场受到实需原则的限制，只有进出口业务所产生的风险暴露才能在场外市场对冲，但外汇期货却没有相似的实需原则限制，只是交易金额有一定的限制。

五、金砖国家外汇期货市场的发展没有对场外市场产生不利影响

金砖国家场内外汇期货市场的迅速发展并没有显著阻碍场外外汇衍生品市场的发展。巴西、南非和俄罗斯的场外外汇衍生品市场还处于高速增长阶段，并没有受到场内市场的影响。

印度外汇期货市场的发展也没有显著影响场外外汇衍生品市场。相对于2008年，印度外汇远期市场在2009年的交易量稍有下降，但总体而言，下降幅度并不显著。从交易量的增长速度来看，外汇即期、外汇远期和外汇期货市场具有相似的增长趋势和波动周期，外汇期货市场不会显著降低外汇远期市场的交易额，见图6-9①。从市场交易目的看，印度外汇远期市场主要为套期保值者提供了对冲他们真实外汇风险敞口的工具。而外汇期货市场中，主要的交易目的为套利和投机，市场参与者希望通过外汇价格的波动赚取差价，因此外汇期货市场的迅速发展不会摊薄远期市场的交易额。

为什么金砖国家场内外汇衍生品市场的发展不会阻碍场外外汇衍生品市场的发展？其主要原因是金砖国家的场外外汇衍生品市场并不发达，不能全面发挥套期保值和风险管理的作用，市场还存在大量的发展空间，而场内市场正可以弥补场外市场的不足之处，从而促使两个市场发挥协

---

① 具体分析见 Lingareddy, T., 2009, Foreign Exchange Markets in India: Futures v/s Forward Trading, Collection of Articles, pp. 168 – 174, The Clearing Corporation of India Ltd。

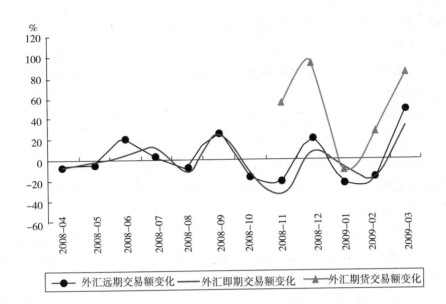

资料来源：Lingareddy，T.（2009）。

图 6 – 9　印度外汇期货市场发展没有显著影响场外外汇衍生品市场

调发展。一是场内和场外市场服务于不同的客户群体。场外市场由于规模歧视和价差较大，经常将中小企业拒之门外，而场内市场却实行匿名集中交易，对所有客户一视同仁，更有利于中小企业的汇率风险管理。二是银行作为场外市场的交易主体需要一个流动性充足的场内市场。场外市场由于经常缺乏足够的流动性，而不利于银行的外汇风险管理。一个流动性充足的场内市场将有助于改善银行的风险管理能力。

6.3.3　加强顶层设计，推动我国场内和场外外汇衍生品市场的协调发展

　　场内和场外外汇市场的协调发展对于我国顺利实现经济转型意义重大。当前，人民币汇率逐渐进入均衡区间，汇率双向波动加剧，而企业规避汇率风险的能力受到考验。然而，场外外汇衍生品市场短期内难以提高套期保值功能。只有场内场外市场的协调发展，才能很快提高外汇衍生品市场的流动性，进而降低交易成本并提高套期保值效率，提高企

人民币国际化与外汇期货市场建设研究

业规避汇率风险的能力而保障经济顺利转型。

不过，建立外汇期货市场涉及证监会、人民银行、银监会和国家外汇管理局等众多部委。中央需要从中协调，并成立联合工作小组才能推进外汇期货市场建设。

联合工作小组的职责建议如下。

一、协调场外外汇市场和外汇期货市场不同的监管体制

当前，证监会监管交易所上市的金融期货市场，而人民银行和外汇管理局监管场外外汇市场。协调场内和场外外汇衍生品市场的监管体制包括以下几点。

一是场内和场外外汇衍生品市场可以实行不一样的监管体制。印度和南非推出外汇期货产品时的经验说明了两个市场可以在不同的监管体制之下共存。我国当前的银行结售汇体系、实需原则和银行间外汇交易的地点限制都不利于推出外汇期货产品。但外汇期货市场完全可以绕开这些监管限制而实行不同的监管体制。外汇市场也会由于提供两种不同的产品和监管体制而提高效率和得到更快发展。

二是场外外汇市场改革过程中考虑外汇期货市场的发展。场外外汇市场自从 2005 年汇改以来一直在不断改革，并建立了包括外汇远期、外汇掉期、货币掉期和外汇期权在内的外汇衍生品市场。人民币外汇期货市场建成后，场外外汇市场改革要考虑场内市场发展，如银行结售汇综合头寸改革过程中考虑银行在外汇期货市场的持仓头寸，清算模式改革过程中考虑场外外汇远期和掉期合约进入场内市场进行中央对手方清算。

三是场内市场建设过程中尽量考虑与场外市场现有制度的融合。比如，将企业在外汇期货市场的交易活动也纳入外汇管理局总量控制的监管范畴内，企业在外汇期货市场的持仓量与它们的贸易额联系在一起，以满足实需原则。

此外，外汇期货市场的建设也不会对现有的场外外汇市场监管造成冲击。一是外汇期货市场实行集中交易，交易场所固定，交易信息透明，有利于联合工作小组的监管。二是场外外汇市场仍然可以保持原来的监管制度，或稳步推进既定的外汇市场改革计划，而外汇期货市场对场外

314

6　推进我国外汇期货市场建设的若干思考

市场的影响也可以通过联合工作小组而得到实时评估和修订。三是外汇期货市场对场外外汇市场的影响更多是正面的。其中，场内、场外市场之间套利活动的增加将促进价格发现功能的提高，增强人民币汇率弹性。

二、完善法律法规，为外汇期货产品推出构建法律基础

金融期货交易必须遵守《期货交易管理条例》，同时由于我国汇率市场化改革善未完成，外汇类交易也受到《外汇管理条例》的制约。为此，联合工作小组需要讨论并修改相关的法律法规。

一是评估两部条例关于推出外汇期货产品的分歧。《期货交易管理条例》明确规定金融期货合约的交易应当遵守该条例。《外汇管理条例》主要适用于外汇现货资产，并且授权外汇局负责监管全国的外汇市场。由于场外和场内市场的运行机制和交易规则存在差异，两部条例对于外汇期货市场的监管会产生分歧。

二是出台专门性法规，完善外汇期货产品的法律基础。我国外汇管理立法除了《外汇管理条例》之外，还包括人民银行和外汇管理局先后发布的一系列专门性外汇管理法规和规范文件。这些法规随着外汇市场的发展而不断修订。外汇期货市场的建设也需要各监管机构出台专门的法规。

三、建议设计外汇期货市场的监管规则和风险防范措施

联合工作小组应该讨论外汇期货市场的监管制度，并提出制度设计建议和协调各机构之间联合监管制度的实现。外汇期货市场的监管制度设计应该注意以下几点：一是外汇期货市场的监管规则应该主要根据场内市场特性而作出；二是借鉴场外外汇市场的交易习惯设计外汇期货市场的风险防范措施；三是参照场外外汇市场相关规则，协调对银行等大型金融机构在外汇期货市场上的监管。

四、参照人民币资本项目开放的时间表制定外汇期货产品推出的时间表

人民币外汇期货市场建设具有紧迫性，一旦错过最佳时间，窗口将难以成功建立。特别是，我国人民币资本项目将在未来十年内基本完成可自由兑换。届时，境内外人民币市场融成一体，我国境内的人民币外

人民币国际化与外汇期货市场建设研究

汇期货市场面临香港和其他交易所的激烈竞争将难以起步。为此，联合工作小组必须制定人民币外汇期货产品的推出计划，并在人民币资本项目基本开放之前初步建成外汇期货市场。

联合工作小组可以按照人民币资本项目可自由兑换的时间进度编排人民币外汇期货市场的建设时间表。短期内（1~3年），各监管机构之间应该沟通人民币外汇期货市场建设的监管协调问题，场内和场外外汇市场的监管体制协调问题和基础性的法律法规问题。中期内（3~5年），开始人民币外汇期货市场的具体建设，包括合约设计、技术系统、具体监管框架、交易和结算系统等，并在人民币资本项目基本开放之前推出外汇期货产品。

本章参考文献

［1］卢鹤：《企业汇率风险控制之远期结售汇》，载《商品与质量》，2010（47）。

［2］宗良和李建军：《人民币国际化：理论与前景》，北京，中国金融出版社，2011。

［3］Lingareddy，T.，2009，Foreign Exchange Markets in India：Futures v/s Forward Trading，Collection of Articles，pp. 168 – 174，The Clearing Corporation of India Ltd.

［4］Securities and Exchange Board of India，Comparative Study of Currency Futures versus OTC Currency Market，2009. http：//www. sebi. gov. in/boardmeetings/128/currency. pdf，Bartram et. al. International Evidence on Financial Derivatives Usage，Working Paper，2003，www. ssrn. com.